田青文集

第二卷

宗教文化与宗教音乐 ◆ 下

文化藝術出版社
Culture and Art Publishing House

扫　描　二　维　码
让田青带您漫步音乐世界

目录

一、《禅与乐》

二、《佛教音乐漫谈》

一、《禅与乐》

弁　言

1996年初夏，我带着北京佛乐团去德国巴伐利亚参加“世界宗教音乐节”，在许多场演出中，有一场演出给我留下了深刻的印象。那是在一所大学的小礼堂，上半场是一个日本音乐家的尺八独奏，下半场是我们北京佛乐团的节目。在后台共享的演员休息室，我们团的十几个团员一边准备演出的“家伙”，一边你一言我一语地聊天。而那个日本音乐家却在休息室的一个角落默默打坐，他唯一的随从——他的儿子则默立在侧。我们团的一个团员对我说：“他只有一个人？那肯定演不过我们！”我没有说话，只是示意他们轻声，不要打扰那个打坐的日本音乐家。快开演了，那个日本音乐家徐徐起身，他的儿子托着一套绣着族徽的礼服跪在他面前。待他向族徽行礼之后，儿子才侍候他恭敬谨严地穿上礼服。这一切，都是在沉默中进行的。这仪式感极强的穿衣过程结束后，他不跟任何人打招呼，眼睛看着地面，轻轻地向舞台走去。

我让我的团员们安静候场，然后绕进观众席，在最后一排静静坐下。那个日本音乐家跪坐在舞台中央，依旧低眉看着地面，一言不发。我不知道那静默究竟有多久，是两分钟，还是三分钟？抑或更长？但我却深深地感到，他的沉默不是空白，而是一种力量，因为所有的观众都似乎感受到了什么，不知不觉地和他一样沉浸在静寂中，大气不出，好像不是等待一场音乐会，而是在期待着某种重大事件的发生。他终于把尺八放到嘴边，那声音，仿佛从辽远的时间深处传来，呜咽着，把一种亘古即在的苍凉和温暖送到观众的心中。他一个人，一支尺八——一支从中国传过去，但在中国绝大部分地区失传而只保留在南音音乐里、被闽南人称作洞箫的乐器——不间断地演奏了半场，没有第二个人，没有任何其他的陪衬和帮助。当他起立行礼的时候，观众才仿佛从他音乐的魔法中惊醒，用长时间的掌声向他们心目中的东方致敬。

后半场是我们团演奏的北京佛乐，十几个团员，除了来自北京广化寺的两个僧人外，其余都是北京民间佛乐著名传人张广泉的弟子，能够娴熟地演奏从智化寺京音乐到被称为“怯音乐”的北京民间佛曲。他们的乐器，完全是正宗的北方佛教音乐的正统乐器——笙、管、笛加云锣，还有鼓、铙钹、铛子、木鱼等法器，这是在内地经历过数十年“破除迷信”教育和“文革”浩劫之后少数仅存的尚可演奏佛教音乐的队伍。他们的演奏，当然也获得了欧洲观众的赞赏和欢迎。我不能说那天的演出是上半场更成功还是下半场更成功，因为两种音乐“各美其美”，无法比较。但是那天演出结束后晚宴上一个欧洲音乐学者的问话，却令我感到一种羞愧和困惑。而正是由于这个羞愧和困惑，促使我写下了读者正在读的这本书。他说：“在日本的尺八音乐中，我听到了禅意。而在中国的佛教音乐中，我听到的却和我在中国民间音乐中听到的一样，嗯，好听，但是有点吵。请问你，这是为什么？”

我当时给他讲了中国佛教“华化”的过程和佛教与中国民众社会生活的密切联系，讲了明清之后中国兴起“人间佛教”的情况，讲了中国佛教音乐的功能和场合，讲了中国普通民众的审美习惯与民间音乐对佛教音乐的影响，我更强烈地向他指明，无论是禅还是尺八，其故乡都是中国！但是，我却从他的眼睛里，读到了一种被礼貌掩盖着的他自己的价值判断。

其后，我不断地被这个问题困扰：为什么中国现存的传统音乐（包括佛教音乐和道教音乐）里，我们似乎感受不到禅意？感受不到这个曾经深深影响中国文化的各个领域、各个层面的深邃博大的东方智慧和精神？是中国音乐与禅无缘，还是我们的考察不够深入？尤其是近年来，当研究禅与中国文化的关系已经成为一门显学，乃至禅与中国文学、禅与中国诗歌、禅与中国绘画等的著作大量出版的时候，禅与中国音乐的关系，却至今鲜有论者。这很奇怪，也不应该。因为无论就其形而上的层面而言，还是就其形而下的层面而言，都再也没有一种艺术门类像音乐一样与禅有着如此众多的相似性了。

禅与中国音乐的密切关系、中国传统音乐中所深蕴着的禅意，以及禅和禅宗曾经深刻地影响了中国音乐的事实，从未引起人们足够的重视。

当今中国音乐发展中暴露出的主要问题，是背离了中国传统音乐的本性和传统，丢弃了中国传统音乐中曾经蕴涵着的禅意，盲目、全面地照搬西方音乐的一切。只有在透彻了解中国音乐与禅近似的本质之后，只有在重新忆起禅和禅宗曾经深刻影响中国音乐的发展历程之后，我们才能突破“弱势文化”的困境，找回中国音乐独特的意境。而只有深具禅意的音乐，才能在国际乐坛上彰显华夏独特的乐风。

唐时，有一位诗人有幸在僧院中听琴，听琴之后，他吟出了这样四句诗：“禅思何妨在玉琴，真僧不见听时心。离声怨调秋堂夕，云向苍梧湘水深。”① 禅思悠悠，琴韵悠悠，禅与音乐的因缘，也如秋日的湘水一样，澄澈深幽。

---

① 杨巨源：《僧院听琴》，载《全唐诗》第 5 函第 9 册，内府写刻本，第 23 页。

第一章　中国人的宗教观和音乐观

一、郭沫若的问题：中国为何没有产生宗教？

禅作为一种哲学、一种思维方式、一种生活态度，无疑是世界上最具宗教性的思想体系；而禅宗作为一种信仰、一种修行方式、一种佛教宗派，无疑也是世界上所有宗教中最灵活、最具世俗性的宗教。讲到佛教的传入和禅宗的产生以及禅对中国音乐的影响，就必须先知道我们中国人是如何看待宗教的，先知道我们中国人独特的宗教观，先知道中国人传统的音乐观，只有了解了这些，我们才会理解为什么佛教传入中国后，会“一花五叶”，发展出独具中国文化特色的禅宗和禅。

但是，假如我在这里说我们中国人是世界上最缺少宗教感和宗教意识的民族的话，不知你是否会同意？但事实的确如此，不理解这一点，就无法理解为什么在佛教传入中国后会产生禅宗，不理解为什么禅会深深影响中国文化并深深吸引中国的知识阶层和艺术家。与世界上其他同样具有古老文明的民族相比，我们中国人是一个更注重“实践理性精神”的民族。或者换句话说，与中华民族对“实践理性精神”所作出的思考和贡献相比，我们较少关心宗教及宗教问题。古埃及留给世界的，是企望法老灵魂不死

金字塔

长城

的金字塔；玛雅人留给世界的，是曾经无比辉煌、神秘的神殿和祭坛；而古代中国最伟大的建筑留存，是反映了中国人基于现实安全考虑的世界上最大的防御体系——长城。中国不但从没有过统一的国教，从没有过真正的宗教战争，从没有过政教合一的政权（这当然都是些大好事），任何宗教也从未能单独成为官方的意识形态。

作为历史学家的郭沫若曾提出过这样一个问题，即为什么像中国这样一个有着灿烂的古代文明，尤其是在先秦便出现了伟大的思想体系的古国，却未能产生世界三大宗教中的任何一个呢？1944 年夏，郭沫若在中国著名的“三大火炉”之一的重庆乡下，在冒着酷暑对墨子的思想、行为做了他名之为“批判”的分析之后说：

我是感觉着中国有这样一位标准的教主人格，为什么没有产生出

> 一个固有的宗教？世界上的几个大宗教差不多都发生在距今二千年前上下。墨子生在二千四五百年前，以他的精神和主张尽可以成立一个中国独特的宗教……我的看法是，中国的地理条件有很大关系。各个世界大宗教都产生在热带国家。那些地方的贵族们一样受着自然界的压迫，故尔容易在幻想中去讨生活，在生前想求得一种法悦以忘却现世的辛苦；在死后自己升上天堂，把敌对者打进地狱里去。中国是温带国家，天堂何如现世的宫殿？地狱何如现世的监牢？故尔中国贵族最质实，无须乎再有升天入地的必要了。因此中国的统治者早就知道欢迎比较更现实的统治工具，而冷落了那虚无缥缈的东西。这，恐怕就是固有宗教虽是具体而微，而终竟未能完成的根本原因吧？[①]

郭沫若试图从地理文化学的角度解释宗教产生的大问题，当然不够全面、不够究竟。但他的观点，也有一定的道理。我们知道，宗教与一切意识形态一样，都只能产生于掌握文化并具备思想创造力的知识阶层。而一切宗教的基本出发点都是对“现世”的否定和对“来世”的向往，即基于对现实生活的“苦”和不合理性的透彻认识，而产生对一个存在于可感知的空间或时间之外的理想世界的追求。在中国，统治者住在冬暖夏凉的广厦中，从商代起便懂得了将冬冰窖藏至夏天享用，他们“恒舞于宫，酣歌于室”[②]，甚至“以酒为池，悬肉为林，使男女倮，相逐其间，为长夜之饮”[③]，对生老病死之苦视而不见，将人生的享受推至极致，可以说是肆无忌惮地饕餮生命。这样的生活方式和生活态度，又怎么会产生“来世”的思想呢？

① 郭沫若：《十批判书 · 孔墨的批判》，载《郭沫若全集 · 历史编》第 2 卷，人民出版社 1982 年版。

② （汉）孔安国撰，（唐）陆德明音义：《尚书 · 伊训》，四部丛刊景宋本，第 43 页。

③ （汉）司马迁：《史记 · 殷本纪》，清乾隆武英殿刻本，第 59 页。

我们必须承认，在中国人的民族性里，有着根深蒂固地执着于生命、迷恋于生命的文化传统。当然，不带贬义的“贪生怕死”，是一切有意识的生物的本能，也是人的本能。但是，中国人的这种民族性却不仅仅是一种脱离文化背景的本能，中国固有的哲学在对待生命和灵魂的态度上，曾极大地影响了中国民众的生命观和生死观。

其实，对于“来世”以及灵魂、鬼神的有无，中国远古先民们的态度与春秋战国后，尤其是秦汉后的中国主流思想有着很大的不同。不但生前“横扫六合、虎视何雄哉”的秦始皇在死后会把整个一支军队带入地下，早在距今约三万年的山顶洞人，便已有一定的葬式，他们的殉葬品有取火的燧石，有作为工具的石器，甚至还有作为装饰品的石珠、带孔的兽牙、骨坠等。从中可见山顶洞人已萌生“来世”及灵魂的思想。在仰韶文化的瓮棺葬中，瓮棺的顶部多有小孔，似为灵魂出入之处。大约葬于公元前 433 年的曾侯乙墓的棺椁上，更清楚地绘着供灵魂出入的窗口。

但是，以孔子与老庄为代表的“诸子百家”出现之后，情形便逐渐有些不同。当汉代“罢黜百家，独尊儒术”之后，对现实政治与现实生活的考虑，更压倒了对灵魂等问题的探讨。起码在主流中国思想家们的口中和笔下，灵魂与鬼神的问题被基本排斥在思考的范畴之外了。直到佛教传入

曾侯乙棺椁

之后，中国人才逐渐接受了一整套现成的“转世轮回”的思想。

在灵魂、鬼神的有无与“来世”的问题上，对中国民众有着长期影响的中国先秦时代的哲人们一致采取了一种冷漠的、敬而远之的态度。孔子及他之后的大部分儒家学者们，几乎把他们全部的注意力都投射在现实生活之中，他们更多地关心“今生”的政治、道德、伦理的众多问题，而无暇顾及或不愿讨论“不着边际”的宗教性问题。当孔子最器重的学生子路问孔子鬼神之事时，孔子一反往常“诲人不倦”的态度，拿出先生的架子来反问学生道：“未能事人，焉能事鬼？”“未知生，焉知死？”[①]对来世及死后的灵魂问题采取了一种被很多人称为“明智”的回避态度，既不肯定，也不否定，甚至也不深究，这就是孔子所谓“敬鬼神而远之可谓知矣”的方法。孔子从来“不语怪力乱神”，对超常或超生命体验的事物三缄其口，不仅是他个人的一种中国式的“乖巧”，老夫子“祭如在，祭神如神在”的态度在其后千百年的历史中，已经深入人心，逐渐养成了中国人对鬼神的一种极其普遍的实用主义态度。这种态度，一方面使所有外来的宗教都得以在中国立足，另一方面却也使所有外来宗教在中国都必须改变自己本来的面貌。佛教传入中国后逐步“中国化”并最终产生禅宗这一“中国化佛教”，便是生动的例证。

大部分中国人对宗教的态度可以从流传至今的俗语中得到生动的验证，从三个方面看出传统中国人宗教精神的“中国特色”：

第一，中国有句俗话“平时不烧香，临时抱佛脚”，形象地说明大部分中国人平时没有一个一贯的、明确的宗教信仰和宗教思想、宗教生活，也没有起码的宗教热情和宗教准备，事到临头，一筹莫展了，这才想起神佛，想起宗教。希望宗教能使他摆脱困境，幻想着超自然的“神力”能帮他解

① （三国）何晏集解：《论语·先进》卷 6，四部丛刊景日本正平本，第 25 页。

大年初一烧头香的民众

决日常生活中的难题。对一些人来说，宗教只不过是他（她）压在箱子底的一笔留待不时之需的“私房钱”，是“死马当活马医”的最后一招而已。同时，一旦愿望达到了，有的人却可能醺醺然于自己的“能干”、自己的“有福气”，而早把神佛抛到脑后了。中国人常说的另一句俗话“无事不登三宝殿”，其实也是大部分中国人“宗教生活”的真实写照。与每周都要到教堂去“过礼拜”的基督徒不同，在中国，大部分佛教信众，除去虔诚的佛教居士，“无事”的时候，也只是在一年中的有数几天里，比如释迦牟尼诞辰或菩萨诞辰，才去庙里烧香拜佛，很多地区的居士，也只有在初一和十五才食素。在普通中国人生活中的大部分时间里，宗教与宗教问题被置于日常生活的切实需要之下。旧戏文中常唱：“为人不当家，当家乱如麻。开门五件事，油盐酱醋茶。”大多数中国人无论穷富，都习惯于把日常生活的诸种需要，哪怕极其琐碎的需要，视为“居家过日子”的要务，而视真正的灵魂的需要为一种“奢侈”，一种“不正常”，一种不可理解的、类似“怪僻”的东西。对许多没有信仰的中国人而言，虔信一种宗教，是不可理解的；而虔诚的宗教信徒，则常常被“大众”视为“另类”。

第二，中国还有一句俗话：“见佛就烧香，是庙便磕头。”大部分中国人没有一个明确、固定的宗教信仰，没有宗教方面的排异性，而是持一种宽容的、宽泛的、极富包容力同时又极具实用主义色彩的宗教观。在中国，世界三大宗教都有自己的信众。虽然外来宗教在进入中国初期，都会遇到一些问题，但比较而言，中国人在对待外来宗教方面，的确是宽容大度的。由于在大一统的中国，教权基本上处于王权之下，除极个别的情况外，宗教从来没有对政权造成过真正的威胁。所以，在中国历史上的大部分时间里，“信教”的事只是个人的私事。这的确有点儿奇怪，在中国这样一个封建专制的国家，只要宗教不对王权造成真正的威胁，居然大部分人在大部分时间里可以享受到“信仰自由”的权利！但这却是历史的真实。当然，在中国千百年的历史中，也有过“三武一宗”的灭佛法难[①]，有过激昂慷慨的“三教论衡”，有过近代的“教案”和“义和团”运动，但与在欧洲、中亚、北非发生过的诸如“十字军东征”之类的宗教战争和中世纪的宗教迫害相比，与已有了千百年仇恨史、目前仍无了结希望的中东的悲剧相比，

① 指北魏太武帝灭佛、北周武帝灭佛、唐武宗灭佛、后周世宗灭佛这四次法难。

德拉克罗瓦油画《十字军占领君士坦丁堡》

中国人在宗教方面的态度，也真称得上是明智之极、开放之极的了。

在许多普通中国民众的眼里，凡非本国人，都是外国人；凡非本省人，都是外地人；凡非本乡人，都是外乡人。不管他们是张是李，是齐是鲁，是英是法。因此，凡是现实生活中不存在的佛、菩萨、上帝、神灵、鬼怪、妖魔，在他们眼里，几乎统统都是一样的，除善恶之别外，再无分别。所有宗教，也都是一样的，是一回事儿，用不着再分什么佛、道、天主、基督。所以，中国人“见佛就烧香，是庙便磕头”，在这里，“佛”是一种泛指，指一切超自然力量和所有神明。也许正因为此，主要在中国知识界出现的所谓“三教论衡”，终归变成一种“三教合一”的局面并长时间形成

妈祖像

中国宗教生活的传统格局。而在中国民间，在中国普通老百姓的心目中，似乎更难找到那种单纯的、轮廓清晰的宗教，而是对各种宗教一视同仁，一方面极随便地混淆了各宗教间的界限，一方面又出于实用主义的目的而随时创造出各式各样“全心全意为人民服务”并“各司其职”的“专业神”来：想发财的拜“财神”，拜“赵公元帅”；想得功名的拜“文曲星”，拜“大成至圣文宣王”；想得子嗣的拜“送子观音”，拜“子孙娘娘”……各行各业，也都有自己的“行业神”：木匠供鲁班，织工供嫘祖，医师供三皇，茶行供陆羽，梨园行供唐明皇，药铺祭“药王”，渔民祭“妈祖”，就连剃头匠甚至乞丐、妓女，也都有自己的“行业神”。五花八门的神祇世界构成了中国人无限庞杂的信仰体系。这里既表现出中国人的精神信仰是多么缺乏边界，也表现出中国人的一种发自内心的宽容、多元和在信仰层面上的不求甚解。

在中国历史上，普通百姓对鬼神基本上持一种类似对官府一样的心理：怕，但又必须同其打交道，所以，便大致采用了一种在对付官府时被普遍采用的方式：能躲就躲，躲不过，就行贿、糊弄、敷衍。最有趣的例子便是在中国广大地区普遍流行的腊月二十三“过小年”时“祭灶”的风俗了。据说，在你家饭厅耳闻目睹了你家人一年的所作所为、是是非非的“灶王爷”，要在这一天去向“玉皇大帝”“述职”，报告你家一年的功过。因为担心“灶王爷”上天搬弄是非，人们便在这一天用麦芽糖做的“糖瓜”祭灶，人们不但希望用甜蜜封住“灶王爷”的口，让他觉得“拿人家手短，吃人家嘴短”，能够“上天言好事，回宫降吉祥”，而且，也许是因为对大部分普通人来讲总是“过”大于“功”，所以，在这种公开的“行贿”中，还隐藏着一个小小的伎俩：即希望用非常黏的“糖瓜”粘住“灶王爷”的牙，干脆让他张不开嘴，好话坏话都甭说。这种农民式的狡讦，这种在清醒的“自欺欺人”中陶然心醉的心态和行为，正好说明大部分中国人的宗教观和宗教思维方式。

木刻年画《灶王爷》

不光是普通民众，大部分中国传统知识分子的宗教意识也极其淡薄。儒与道这两根精神支柱，几乎与生俱来的忧患意识、参政意识与强烈的伦理观念，似乎构成了中国文人士大夫精神世界的全部内容。“穷则独善其身，达则兼济天下”[①]的理想，已经成为大部分中国知识分子共同遵守的价值标准和行为守则。“达”，是每个中国传统文人最高的人生目标和理想，但能“达”的毕竟只是少数。问题是，即使是困厄中的中国文人，他更重视的，往往也是“身”的善恶，而非“灵魂”的善恶。“身”是行为、品性、操守，实际上都是佛教所说的“业”。因此，大部分中国文人“入世（仕）”不得，便选择“遁世”“避世”或干脆“混世”的人生态度，却较少“出世”。使不少中国文人徜徉其中流连忘返的老庄哲学和魏晋玄学，都与

① （汉）赵岐注：《孟子·尽心上》卷 13，四部丛刊景宋大字本，第 106 页。

宗教的本质相去甚远。儒家主张的“三年之丧”，其所关注的实质也不是超现实的灵魂问题，而是实际的伦理问题、政治问题，是“以孝治天下”的具体体现和实际内容。

老庄哲学虽与儒家“子不语怪力乱神”不同，比如在庄子的著作中就充满了形形色色、奇异诡谲的神灵，但对庄子而言，来世的精神生活，也未必就比今生重要。“齐万物，等生死”的判断标准，使老庄哲学与真正的宗教思想始终格格不入。和佛教的“了生死”比起来，这种“等生死”的态度，虽然很了不起，但只能说是一种达观和对死亡恐惧的克服，而绝不是把今生的修行作为摆脱轮回怪圈的努力。因此，“竹林七贤”的放浪形骸，绝非一种特殊的修炼方式；“梅妻鹤子”式的山林之隐，更与苦行主义的宗教“隐修”相去甚远。对于中国文人来说，虽然“天下有道则见，无道则隐”，但“隐”时往往也“心存魏阙”，不忘邦国；所谓“游戏人生”，也不过是一种自嘲，一种为维护人格尊严而采取的与官方的“不合作”态度，一种无权者消极的反抗而已。本来东海西海，人性攸同，但说中国人格外尊重生命、留恋生命，也的确不是空穴来风。西方的艺术家，失意时常常会发疯甚至自杀，但这种情况在中国的艺术家中却极为少见，像徐文长这样疯癫杀妻的，简直是少之又少。而苏东坡的心态与行为方式，则堪称中国知识分子的标准和心仪的榜样。苏东坡即使在大起大落、一跌千丈之后，也只不过是唱着“小舟从此逝，江海寄余生”的词句，用宁静淡泊的心态和无拘无束、通达放诞的生活方式来代替原来的政治生活而已。寄于江海的，仍然是“生”，而不是“死”。与身处基督教文明中的西方艺术家们常常以身殉艺的激烈态度截然相反，“儒道兼综、显隐皆可”的中国艺术家们常常以艺修身，把艺术作为丰富人生、装点生命的彩墨。大多数西方艺术家可能更多的是用艺术表现自我、抒发感情、张扬个性，而很多中国传统的艺术家，却把艺术当成使自己心理平衡的一种手段。假如说

凡·高自画像

齐白石像

凡·高自己割掉自己的耳朵后用纱布裹着头的那张“自画像”会让人们联想起“西方现代艺术”和“现代艺术家”的话，那么，一幅鹤发红颜、长须飘拂的寿者形象则是中国画家、书法家们的典型形象和追求的目标。

第三，佛教在唐之后，各宗皆衰，唯禅、净二宗盛行的状况，实际上也从一个侧面反映了中国人宗教观念的淡薄。禅、净二宗在中国的出现，在某种程度上说是宗教世俗化的结果，也是佛教为了适应中国人的文化背景而使其宗教性逐渐淡化的结果；而当中国的禅僧和文人士大夫用“直指人心”“不立文字”或“五会念佛”来代替印度佛教的经典、冲淡佛教的宗教性时，中国的普通百姓们也在用另一种方式——即把他们所能想到的一切值得尊重的死人活物随时拉入神祇队伍的方式，进一步冲淡了道教的宗教性。也许，说明中国人宗教观念淡薄的最好例证不是中国从未有过国教、

道教炼丹炉

教权始终处于王权之下，也不是连主张“沙门不敬王者”的佛教最终也要礼拜帝王这些事例，而是中国唯一土生土长的宗教——道教本身。

中国有一句最能说明普通中国人生死观和宗教精神的俗语：“好死不如歹活着。”世界上，除道教之外的几乎任何一种宗教，都把感情重心和追索目光投向来世。因为只有肯定现实生活的不合理性，才能产生宗教的基本观念。但唯一的例外恐怕就是道教了，在一般人看来，肉体与灵魂是相对立而存在的，所以，人们常常本能地把肉体视为灵魂的“敌人”，常常本能地希图通过对身体欲望的抑制甚或对肉体的折磨来获得灵魂的解脱，许多人都在日常生活中见过这样的情景：当人们遭遇到巨大的、突如其来的不幸时，常常会本能地撕扯自己的头发，甚至“以头抢地”，不惜以自伤、自残的手段来“减轻”“转移”感情上、精神上的巨大悲痛。肉体的痛苦会使精神领域的痛苦变得可以承受的经验，大概是几乎世界上所有宗教都曾普遍存在过苦行教派的原因。但是，当耆那教[①]的教徒们每日裸体睡在荆床上的时候，当特拉伯苦修会[②]的修士们在做苦工的同时“立志”把自己变成“哑巴”乃至终生不语的时候，当

---

① 耆那教，古印度宗教之一，讲轮回业报、修种种苦行，被佛教认为是外道。

② 特拉伯苦修会（Les Trappistes），天主教隐修院之一，1664 年由特拉伯隐修院院长阿门德（Armand de Rancel，1627—1700）创立，该会修士终生素食，终生不语，足不出院，除祈祷、苦功外，亦兼事著述，有“哑巴会”之称。

密拉惹巴[①]在西藏的雪域高原用绳索把自己的身体捆绑了整整三年的时候，当慧可只因为“吾心不宁”便一刀砍下自己的左臂，在漫天大雪中像高擎着火炬一样举着自己鲜血淋淋的手臂向达摩求法的时候[②]，中国的道教徒们却在净室里研究着“房中术”[③]，专心致志地、心平气和地炼丹——而无论“内丹”还是“外丹”，[④]其目的无非都是希望通过尽可能地延长自己的个体生命达到“道”的境界。

与全世界所有的宗教徒不同，道教徒直率地把“长生不死”当成自己修炼的终极目标。佛教徒提倡“戒定慧”三学，但明确表示持“戒”是为了入“定”，并最终通过“定”境而生“慧”开“智”，了悟生死。而道教徒甘愿实行一种简单的生活方式的目的，却是为了延年益寿，长生不死，羽化登仙，也就是用“稀释”的方法延长生命，冲淡生命的浓度，增加生命时间的物理量。在道教徒看来，肉体不是灵魂的敌人，而是“炼丹”的“宝鼎”，他们不但不希望它消失，而且希望它永存，只不过变轻、变清，像庄子梦中的那只大蝴蝶一样，永远在天地之间翩飞翱翔。

只有这样的民族，才能产生“好死不如歹活着”的格言；而产生了这种格言的民族，则很难自发产生真正意义上的宗教。

---

① 密拉惹巴（1040—1123），藏传佛教喀举派名僧，其苦修事迹在藏人中流传甚广。

② 慧可（487—593），中国禅宗二祖，其向达摩求法时自断左臂以明心志之事，见《景德传灯录》《传法正宗记》等载。

③ “房中术”亦名“男女合气”，为道教方术之一，通过掌握性生活的某些“技术”来达到“采阴补阳”的作用。在一些非东方的心理学家们的著作中，有时被称为“性榨取”。

④ “炼丹”为道教法术，分为“外丹”和“内丹”，外丹指在炉鼎中以铅汞等物为原料炼制“丹药”，服之以求“长生不死”；内丹即以人体为“炉鼎”，以“精”“气”为药物，用“神”去“炼”，可成内丹，亦为“长生不死”。苏轼《送蹇道士归庐山》诗后陈师道注曰：“道家以烹炼金石为外丹；龙虎胎息、吐故纳新为内丹。”

二、伟大的“礼乐之邦”

一个如此眷恋“生”的民族，虽然不可能产生影响世界的宗教，但却可以产生影响周边国家的音乐。“五四”之后，有一个唱得很响的理论，叫作“以音乐代替宗教”。其实，这本不是什么新鲜事，我们的老祖宗一直是这样做的。

从远古开始，中国便有了可靠的音乐遗存；从先秦开始，中国便有了长期影响后代的音乐传说和历史；从西周开始，中国便有了高度发达的礼乐和礼乐制度；从春秋开始，中国便有了经天纬地的音乐哲学和音乐思想。在中国几千年的文明史中，音乐占有十分重要的地位。

如果不以文字出现而以乐器出现作为中华文明开始的话，那么，我们的中华文明便已有了八千年可考的文明史了，比我们常说的“五千年文明史”提前了一大半。1987 年 5 月，在中国河南省舞阳县贾湖新石器时代的遗址墓葬中，出土了一支骨笛。骨笛长约 20 厘米，上有七个同规格的音孔，末孔上端另有一小孔。这支骨笛，是目前我国发现的最早的乐器，据 C14 测定，距今已有八千年之久。此外，像浙江余姚河姆渡遗址出土的距今约七千年的一批骨哨以及陕西西安半坡遗址、山西万荣县荆村、太原义井、山东潍坊姚官庄等地出土的新石器时期的陶埙，都说明在中国古代先民们的生活中，音乐已占据相当重要的位置。

人类学家们发现，无论在世界什么地方，人类早期的音乐与舞蹈都是分不开的，在中国，这种合二为一的艺术形式被称作“乐舞”。夏、商、周的乐舞是很有名的。黄帝时的《云门》、尧时的《咸池》、舜时的《韶》，都曾长期在中国文化生活中发酵并长久地留在中国人的记忆里。黄帝时的图腾是云，至今在天安门前的华表上云还占有非常突出的位置。《云门》是一种表示“云”图腾崇拜的宗教性乐舞。咸池为古星名，传说为“日浴

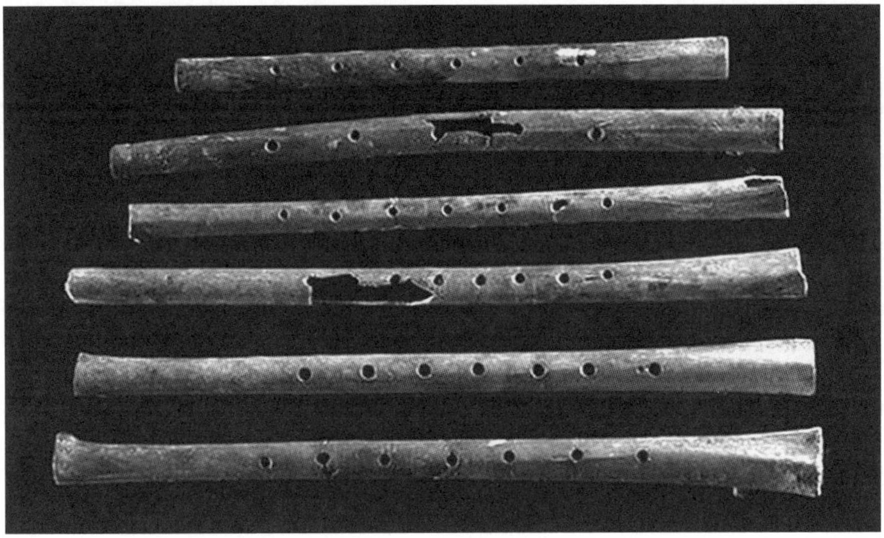

贾湖骨笛

处也”，主五谷，《咸池》也是一个与农业有关的祭祀星宿的宗教性乐舞。《韶》因为突出编管乐器伴奏，所以也称《箫韶》，又因为分为九个段落，而称为《九韶》。据说“箫韶九成，凤凰来仪”[①]，演奏它时，连凤凰都会飞来助兴。因为尧、舜的“禅让”是后世儒家政治的最高理想，所以《韶》的宗教性便被儒家的世俗观念淡化了。这几部乐舞，应该说是三代乐舞的集大成者，其华美壮大，令所有欣赏过的人刻骨铭心、赞叹不已。《庄子》中引“有焱氏”的话，称《咸池》“充满天地，苞裹六极”[②]；吴公子季札在鲁观《韶》之后，叹为“观止”，称它“如天之无不帱也，如地之无不载

① （汉）孔安国撰，（唐）陆德明音义：《尚书 · 益稷》卷 2，四部丛刊景宋本，第 19 页。

② （周）庄周撰，（晋）郭象注：《庄子 · 天运篇》（《南华真经》卷 5），四部丛刊景明世德堂刊本，第 110 页。

也”①，都以天地喻之，极言其伟大壮阔。而“子在齐闻韶”的故事，则更生动地记载了孔子闻韶后强烈的审美感受，乃至“三月不知肉味”，感慨不已：“不图为乐之至于斯也！”而且，从公元前23—前22世纪的尧、舜时代，到孔子、庄子的公元前6—前3世纪，在近两千年的时间里，这些先民们创造的乐舞一直在大河上下流传，络绎不止，这本身便是一个奇迹。据《汉书·礼乐志》记载，《箫韶》于汉高祖六年（前201）被更名为《文始》，仍在中国宫廷中继续流传。

假如《尚书·大传》和《史记·周本纪》的记载可靠的话，那么，周成王六年（前1037），当埃及王朝天下大乱而在其后的数年里扫罗王将会领着以色列人与菲利斯丁人鏖战的时候，在中国的周朝，在当时还是郁郁葱葱的“黄土高原”上，一个被尊称为“周公”的人却在“天下大治”后腾出手来做了一件漂亮事——“制礼作乐”。这就是对中国其后的历史及整个亚洲的音乐史都将产生重大影响的西周礼乐制度。西周的礼乐制度建立之后，“民和睦，颂声兴”②。从此时开始，“制礼作乐”便成为改朝换代的标志，中国每一个新的王朝建立之后的第一件事，便是修定雅乐。也从此时开始，认为乐正，则天下定，成了中国封建统治者根深蒂固的政治情结。

周代的政治制度和思想体系虽部分承袭了商代，但一个最大的不同便是在周代的意识形态中极大地削弱了商代的宗教性。“殷人尊神，率民以事神”，“周人尊礼尚德，事鬼敬神而远之”③。周代礼乐制度的核心，是用“礼”与“乐”来代替宗教。

周代的政治家们相信，音乐的本质是“和”，因此，音乐应该是治民的

---

① （周）左丘明撰，（晋）杜预注，（唐）孔颖达疏：《春秋左传正义》，清嘉庆二十年南昌府学重刊宋本十三经注疏本，第866页。

② （汉）司马迁：《史记·周本纪》卷4，清乾隆武英殿刻本，第61页。

③ （汉）郑玄注，（唐）陆德明音义：《礼记·表记》卷17，四部丛刊景宋本，第318页。

最好的工具。周史官史伯[①]认为“和乐如一”[②]，乐官伶州鸠则更清楚地表述为：“如是而铸之金，磨之石，系之丝木，越之匏竹，节之鼓而行之，以遂八风。于是乎气无滞阴，亦无散阳，阴阳序次，风雨时至，嘉生繁祉，人民和利，物备而乐成，上下不疲，故曰乐正。”[③]用现代人的眼光来看，古人认为有了好的音乐便可以使风调雨顺，可以使天下安宁、民富物丰，似乎是痴人说梦。但假如我们放弃一点“现代人的偏见”的话，我们就会发现，古人的政治设计在许多地方上并不比我们差多少，有些甚至还要比我们高明。用现代的概念来讲，“礼乐”便是“法制”与“精神文明”的结合。生逢“礼崩乐坏”之世的荀子曾明明白白地指出“礼”与“乐”不同的功能和交互使用的功效，他说：“乐和同，礼别异，礼乐之统，管乎人心矣。”[④]将他的这段仅仅十五个字的话翻译成现代汉语，便是：“乐（包括一切文艺）强调人相同的一面，可以促使人与人之间的和睦团结；礼（包括法律、制度、礼貌等）强调人与人有差别的一面，可以使各阶层的人各安其位、规规矩矩。把礼乐结合起来用，便可以使整个社会人心安定，从而达到一个理想的社会。”这样言简意赅的理论，难道不比现代许多长篇大论的政治学论文更有价值，难道不值得现代的政治家们好好思考一番吗？

西周礼乐制度中“乐”的部分包括一整套雅乐体系、一整套用乐制度和一整套音乐教育体系。

雅乐，源于古代祭祀乐，是祭祀天地、祖宗的音乐。西周的雅乐，将单纯的宗教性祭祀乐扩大为囊括国家政治生活各个方面的仪礼音乐，在郊社、宗庙、宫廷仪礼、乡射、军事大典等场合使用。我们在前面提到的

---

① 周史官，官名“太史”，单名“伯”。

② （三国）韦昭注：《国语 · 郑语》卷 16，士礼居丛书景宋本，第 158 页。

③ （三国）韦昭注：《国语 · 周语下》卷 3，士礼居丛书景宋本，第 41 页。

④ （春秋战国）荀况撰，（唐）杨倞注：《荀子 · 乐论》卷 14，清乾隆抱经堂丛书本，第 150 页。

《云门大卷》(云门)、《大咸》(咸池)、《大韶》(箫韶),再加上据传为夏禹时的《大夏》(夏籥)、商汤时的《大濩》、周代的《大武》,被称为“六代乐舞”,简称“六乐”。这些古代乐舞,被认为是雅乐的典范之作,经常在天子或王侯亲自主持的祭祀大典和重大宴飨活动中演出。《诗经》中,保留了许多雅乐的歌词,尤以“颂”与“雅”为多。如“周颂”中的《清庙》《雍》等篇,便用于天子亲自主持的郊庙活动;“大雅”中的篇章,朱熹认为是“朝会之乐”;“小雅”中的《鹿鸣》等篇,普遍用于天子、卿大夫的宴飨活动。即便是“国风”中脍炙人口的《关雎》等篇,也是用于宫廷中宴飨活动的歌唱。

雅乐的代表性乐器是编钟、编磬。钟磬因其各自的制作材料而被称为“金钟玉磬”,在某种程度上,钟磬已成为权力的象征和等级的标志。此外,周代雅乐中所用的乐器还有柷、敔、建鼓、应鼙、鼗、箫①、埙、篪、笙、竽、瑟等多种弦、管乐器和击乐器。周代,中国已出现世界上最早的一种乐器分类法,即以乐器制作的不同材料分为金、石、土、革、丝、木、匏、竹八类,称为“八音”②。不但如此,周代也已经有了十二律的发明,出土的西周中晚期的钟铭之中,已有“妥宾”“无灵”等律名,可印证伶州鸠在周景王二十三年(前522)答景王问时所说的“律所以立钧出度也”并一一讲出十二律律名的记载③。

用乐制度,是整个西周礼乐制度的一部分。周王朝以天子为中心,“普天之下,莫非王土,率土之滨,莫非王臣”。天子实行“分封制”,形成了

---

① 古时箫指排箫,现在竖吹之洞箫类乐器,古时一般称为篴(笛),现在流行的横笛,秦汉后方盛于中原,称为“横吹”。

② “金”类乐器如钟、镛等,“石”类乐器如磬、编磬等,“土”类乐器如埙、缶等,“革”类乐器如鼓、鼙等,“丝”类乐器如琴、瑟等,“木”类乐器如柷、敔等,“匏”类乐器如笙、竽等,“竹”类乐器如箫、篪等。

③ (三国)韦昭注:《国语·周语下》卷3,士礼居丛书景宋本,第42页。

曲阜孔庙祭孔乐舞

一个以血缘关系为纽带的等级鲜明的“宗法制”社会。在“宗法制”的基础上，又形成了一套严格、完整的君臣、父子、上下、尊卑、贵贱、亲疏有别的礼仪制度。因为音乐具有双重性，既能娱神，也能娱人，更因为“乐者，天下之大齐也，中和之纪也”[①]，所以，周代的礼乐制度为贵族中的各个等级规定了不同的音乐待遇。如所用舞人的多少，规定天子可以用“八佾”，诸侯用“六佾”，大夫用“四佾”，士用“二佾”[②]。有人认为“八人一排为佾”，那么，“八佾”则是六十四人，“六佾”是四十八人，“四佾”三十二人，“二佾”一十六人。还有一种说法是“佾”为自乘，即王用八八

① （春秋战国）荀况撰，（唐）杨倞注：《荀子 · 乐论》卷 14，清乾隆抱经堂丛书本，第 155 页。
② 《左传 · 鲁隐公五年》：“天子用八，诸侯用六，大夫四，士二。”

六十四人，诸侯用六六三十六人，大夫用四四一十六人，士只能用四人。再如乐队的排列方法和所用乐器的多少，规定天子可以在宫室的东西南北四面每一面都排列一架钟、一架磬，共排列四套钟磬，诸侯可以排列三面，用三套钟磬，卿和大夫可以用两套，而士只可以用一套。① 如果下一个等级的人用了上一个等级的音乐，则被称为“僭越”，不仅是“无礼”和“冒犯”，而会被视为是一种大逆不道的政治行为。而如果每一个社会阶级和阶层都满足于自己的音乐享受（政治待遇），则叫作“各得其所”。

西周的音乐教育制度也自成体系，其机构庞大得超出今人的想象。音乐学家杨荫浏曾根据《周礼》记载，判断：“周朝王家的音乐机构，归‘大司乐’领导，其中的工作人员，包括乐师在内，除了‘旄人’所属的表演民间乐舞的人数无定，不能计算外，有明确定额的，为一千四百六十三人。这机构的职务，包含音乐行政、音乐教育和音乐表演三方面。光就音乐教育来看，也可以说，它是世界上最早的音乐学校。”② 在这所“世界上最早的音乐学校”里，所教授的科目包括音乐美学和各种歌唱艺术、各种乐器的演奏技术以及著名的乐舞“六乐”。③ 学习的年限，是从 13 岁开始，到 20 岁止。其中每年的课程，都有着严格的规定。④ 学校的学生，当然是贵族子弟，即所谓的“世子”和“国子”。

据说，周代还有一种极具“进步性”的制度——采风。⑤ 一直到今天，音乐学家们还把“田野工作”称为“采风”，但其内容与方法却早已有了改

---

① 《周礼 · 春官 · 大司乐》：“正乐悬之位：王宫悬、诸侯轩悬、卿大夫判悬、士特悬。”

② 杨荫浏：《中国古代音乐史稿》（上册），人民音乐出版社 1981 年版，第 34 页。

③ 《周礼 · 春官 · 大司乐》：“以乐德教国子，中和、祗庸、孝友；以乐语教国子，兴道、讽诵、言语；以乐舞教国子，舞《云门大卷》《大咸》《大韶》《大夏》《大濩》《大武》。”

④ 《礼记 · 内则》：“十有三年，学乐、诵诗、舞《勺》；成童，舞《象》、学射御；二十而冠，始学礼，可以衣裘帛，舞《大夏》。”

⑤ 《礼记 · 王制》：“天子五年一巡狩，命大师陈诗以观民风。”

变。周代的采风，主要不是采集民歌的音调，而是希望通过采集来自民间的声音来检查政绩、体恤民情，将“采风”当成上情下达、下情上察的通道。《汉书·艺文志》中说：“古有采诗之官，王者所以观风俗，知得失，自考正也。”据说当时的采诗官手持一木铎，游行四方，百姓闻铎则出而献诗，用歌声来表达自己对生活满意的程度和对现行政策的意见。两千多年过去了，在大部分中国人对这邈远的古风心向往之的同时，也有些人基于对权力的认识和对掌握权力的人的观察而怀疑中国历史上是否真的存在过“采风”制度。

周尚文尊礼，在中国的文明史中留下了连周幽王的烽火和昏聩都抹不掉的光彩。多年之后，孔子仍要无限神往地表示：“郁郁乎文哉，吾从周！”

周王朝的解体是与“礼崩乐坏”同步的。但是，后来的历史考察者经常犯的一个错误便是把“礼崩乐坏”当成那个时代音乐艺术崩溃的同义词。实际上，与周王朝一起衰败的只是音乐制度，而不是音乐本身。就像清王朝垮台了，但作为清王朝“宫廷食品”的冰糖葫芦不但没有随之湮灭，反而一下子红遍北京的大街小巷，成为北京风俗的重要内容和著名的“京城小吃”一样。当年只有周天子享用的音乐，也随着周王朝权力的下移而在某种程度上反而愈发兴旺了。说明这一观点的最好的例子，便是曾侯乙墓乐器群的出土。

1976 年夏天，在中国北方，一场自有人类以来最可怕的地震从地图上抹掉了整个唐山市并夺走了几十万人的生命；余震未息，“红太阳”毛泽东仙逝。也许是为了稍稍补偿一点中国人的损失，也许是为了庆祝十年浩劫的结束，一年之后，也就是 1977 年的夏天，在中国中部湖北省随县一个叫擂鼓墩的地方，特殊的因缘让修建营房的士兵们在挖地基的时候发现了一座古墓，从此打断了另一个君王两千五百年的沉梦，并让中国的考古界

曾侯乙编钟

和音乐界得到了一份意想不到的惊喜。

这座古墓的墓主叫曾侯乙，是战国时一个诸侯国曾国的君主。根据该墓出土的一件楚惠王赠给曾侯乙的镈钟上的铭文断定，曾侯乙下葬于楚惠王五十六年（前 433）或稍晚。该墓共出土文物一万多件，光乐器便有 125 件，包括极难保存的竹、木类乐器笙、鼓、排箫、篪、五弦琴、十弦琴、二十五弦瑟，还有编钟、编磬等，其中最宝贵、最伟大的发现，是一套共有 65 件的青铜编钟，即现已闻名于世的“曾侯乙编钟”。编钟出土时分三层八组挂满了墓室的整整三面墙，正符合周礼中“诸侯轩悬”的规定。这套铸造极其精美的青铜编钟，分甬钟（45 件）、纽钟（19 件）、镈钟（1 件）三种形制，其中最大的一件甬钟通高 153.4 厘米，重 203.6 公斤，堪称青铜器中的重器。全套编钟总重量达 2567 公斤，若加上钟架上的铜饰和托钟的铜武士 1854.48 公斤，则达到 4421.48 公斤。用这么多的青铜制造的乐器，在世界上恐怕是绝无仅有的。这套编钟除了精美庞大以外，还有几个“世界之最”：

第一，这套编钟音色纯正优美，高音清朗，中音明澈，低音浑厚深沉。

每个甬钟竟可以敲击出两个以大、小三度相谐和的乐音来。在钟中间的隧部和侧面的鼓部，都铸着该音的音阶名。可见“一钟双音”是普遍现象。

第二，这套编钟总音域达五个八度，其音列与现代的C大调相同，这个音列中心的宫音，竟与现代钢琴的中央C相同！编钟的中心音域十二律齐备，中间的三个半八度构成完整的半音阶，可顺利地“旋宫转调”，因此，假如你愿意的话，你甚至可以用这套编钟来演奏巴赫或者贝多芬的音乐作品。这套编钟的音序排列为主张音阶调式的概念与人类的生物结构相关的理论提供了充分的证据。

第三，在这套编钟的钟体上，铸着三千七百多字的钟铭，令人兴奋不已的是，这些铭文与以往大家所熟悉的钟铭不同，不是铸的什么“万年永享”之类的吉利话，而是实实在在地铸了一篇音律学的“论文”，详细记载了春秋战国时楚、齐、晋、周、申等国与曾国的各种不同律名、阶名、变化音名之间的对应关系，充分说明“旋宫转调”——这一音乐发展到相当高级的阶段才会出现的音乐技术，在战国时代不但已经在理论上得到解决，而且反映了这理论是大量音乐实践需要的结果。铭文中还有一些现代音乐理论中才有的概念，如音程中的大、小、增、减、高低八度等，全部铭文篇幅之大、含义之深，皆为世所罕见，对中国传统律学和先秦音乐理论的再发现和深入研究，有着重大的价值和深远的历史意义。

我想再一次提醒亲爱的读者注意，这一切——极美妙的金石之声、可敲出两个谐和音的“双音钟”、达三个半八度的半音阶排列的完整音列、十二律在实践中的应用暨“旋宫转调”的实践和理论——都是在公元前5世纪之前完成的。而欧洲古典音乐真正的发展，却是两千多年之后的事了。

三、中国哲人的音乐思考

提到先秦的音乐理论和那些伟大哲人们，人们不免常常带着一种景仰还夹杂着几许惊诧的心情想到那个伟大的时代。的确，那是一个令人目瞪口呆、令人既心仪又吃惊的时代，不光是在中国，而且是在整个世界，在公元前 5 世纪前后的两百年时间里，人类几乎所有伟大的哲学头脑都诞生了。老子、庄子、孔子、孙子、释迦牟尼、毕达哥拉斯、赫拉克利特、德谟克里特、苏格拉底、柏拉图、亚里士多德、伊壁鸠鲁……在人类漫长的历史上，从来没有哪个时代能在思想领域里和这段时间相比。这些伟大的哲人像两个无比壮丽的星群，横空出世，同时出现在东方与西方的天空，交相辉映，光照万年。在其后的人类思想史中，所有后进的、生不逢时的哲学家们和“新的思想体系”，差不多都会沮丧地发现：他们的天才思想，在公元前 5 世纪左右，几乎都曾被思考过，并被用一种比现代语言精练得多的古代语言准确地表述过了。

在中国哲学家们的思考中，音乐所占的比例之大、地位之重要，在整个人类哲学史中恐怕是绝无仅有的。据说，古希腊的德谟克里特曾著有《音乐论》，但已经失传。柏拉图与亚里士多德虽有关于音乐的论述，但不仅未成体系，且在其全部思想中所占比例极小。中国则不同，春秋战国时期，中国的思想界号称“诸子百家”，其中有多家思考过音乐的问题，如儒家、道家、法家、阴阳家、杂家等。但在佛教传入之前对中国人集体性格的形成和文化发展真正有重大影响的，首推儒、道两家。其中对形成中国音乐的美学特征起过重大作用并独自构成音乐理论体系的，也还是儒、道两家。再加上音乐艺术的“反对派”、以“非乐”著称的墨家，可以说中国先秦时已有三个独立的、互不相同的音乐美学体系。

儒家的音乐思想特别强调美与善的统一。与西方哲学强调认识论、强

孔子像

苏格拉底像

调认识论的本质“真”，从而发展了科学思维并走向科学道路不同，在中国哲学里，“善”无疑是智者思索和追求的最高课题。而强调“善”的结果，是发展了对伦理道德的思考和规范。在西方，假如说可以把“古代—中世纪—现代”的历史重心理解为“政治—宗教—科学”的演变轨迹的话，那么，亘古不变地占据着中国历史中心的，除了伦理道德外，还是伦理道德。西方可以因绘画艺术求“真”的需要而促成“解剖学”的发达；中国却只能因“修身养性”的需要而使音乐成为“君子”达到人格完成的最高标志，成为与道德同体同形、密不可分的东西，甚至干脆成为“善”的替代物或表现形式。《乐记》[①]说："乐者，德之华也"，"乐者，通伦理者也"，便是这种观念的最精练的表达。

儒家的这种对美与善的统一的强调，主要表现在两个方面。其一，是将音乐视为政治的一部分，视为政治的工具。孔子称："移风易俗，莫善于乐"[②]，将音乐当成改善社会环境与社会风气的利器。孟子亦指出："仁言不如仁声之入人深也"[③]，在视音乐为宣道工具的前提下，充分强调好的音乐比好的语言更容易打动人心。荀子在其《乐论》中则更清楚地提出他的判断："夫声乐之入人也深，其化人也速。"认为好的音乐与社会的安定关系极大："乐中平，则民和而不流；乐肃庄，则民齐而不乱。"不但充分阐扬了音乐"正身形、广教化、美风俗"的作用，还将音乐的作用扩大为"出所以征诛也，入所以揖让也"，成为"攘外安内"、达到"天下大齐"的法宝，将音乐置于可以"审一以定和"、可以"安邦治国"的首要地位。中国哲学家们对音乐功能的推崇，远远超出了这个世界上其他民族的哲学家们对音乐的认识和期许，在实际的音乐生活中，给了音乐太重的负担。

其二，在儒家的文艺批评中，"善"与"美"是否统一是评价艺术品的首要标准。儒家从来不承认"为艺术而艺术"的观点，排斥单纯的审美和与政治、社会脱离的艺术。孔子谓《韶》"尽美矣，又尽善也"，谓《武》"尽美矣，未尽善也"的原因，就是因为在儒家的道德标准中，《韶》所体现的和平主义思想及"禅让"所代表的美德，超过了《武》所表达的"杀伐"与征战的内容。孔子不但把音乐作为他所传授的"六艺"——"礼、乐、射、御、书、数"中的第二位，仅次于其内容本包含着"乐"的"礼"；

---

① 《乐记》，中国古代最有影响和代表性的音乐理论专著，旧说为先秦公孙尼子著，现大多学者认为成书于汉，与河间献王刘德有关。

② （汉）孔安国：《古文孝经 · 广要道》，清知不足斋丛书本，第 11 页。

③ （汉）赵岐注：《孟子 · 尽心上》卷 13，四部丛刊景宋大字本，第 107 页。

郑板桥《墨竹图》

还把音乐当成“君子”人格完成的最后一课和最终标志，即“兴于诗，立于礼，成于乐”[①]。

儒家进而要求人们的审美过程与道德感知同步，把艺术的内容、形式都与人的道德、品质、操守联系在一起，逐渐形成中国人“道德化审美”的特质。比如中国的儒家推崇古琴曲《幽兰》，就与中国文人画中最常见的题材“四君子”——梅、兰、竹、菊，以及松、石等一样，都是因为这些自然物在“人格化”后所代表的高洁、智慧、耿介、孤傲、坚强、有原则、

① （三国）何晏集解:《论语 · 泰伯》卷 4，四部丛刊景日本正平本，第 18 页。

讲气节、不畏强暴等品质与儒家的理念相符。长此以往，中国人在没有听到《幽兰》的琴声之前，只看到乐曲的标题，便立刻会想到远离尘嚣、孤芳自守的君子；而看到一幅墨梅或松柏的图卷时，更立刻会想到不畏严寒、傲雪凌霜，“岁寒，然后知松柏之后凋也”的“大丈夫”形象。而西方人的审美过程却与我们相反，恰恰强调的是充分感知艺术本身——听音乐，就是听乐音的迤逦与撞击，听乐手的技术如何；看画，就是看色彩的斑斓与组合，看画家的想象怎样。因此，西方多“无标题音乐”，而中国则特别强调乐曲标题的提示、限制、归纳的作用。对一首无标题的乐曲，大部分中国听众会略带惭意地表示：“听不懂。”

另外，儒家的音乐思想还特别强调情与理的统一。《毛诗序》[①]中有九个字对中国传统美学影响极大，这就是“诗言志，歌咏情，舞动容”。儒家认为音乐的主要作用便是“咏情”，并且强调了这种作用产生的必然性。荀子在其《乐论》中开宗明义的第一句话，便是：“夫乐（yue）者，乐（le）也，人情之所必不免也。故人不能无乐。”其后，《乐记》则更明确地指出：“凡音者，生人心者也，情动于中，故形于声。声成文，谓之音。”一般音乐美学把艺术分为“表情说”和“模仿说”，前者强调主观情感的阐述，后者强调对客观现实的再现。绝大部分中国传统音乐的乐曲属于“表情说”的范畴。在这种强调“表情”的基础上，中国传统美学逐渐发展出“情趣”“神韵”“气势”“意境”等许多属于东方的审美概念，也促成了表情性音乐与写意画的高度发展。而这一点，正是禅与中国音乐的特殊因缘。

不强调“再现”，不模拟自然，充分强调审美主体个人的感受，使中国艺术家们可以在更充分、更自由地发挥自己想象力的基础上发展其细腻含蓄、抽象概括的艺术风格。但是，即使是“表情”、抒情，也不能随心所

① 《毛诗序》即汉代学者毛苌对秦火之后所传《诗经》所作的“序”。

欲，无拘无束地“滥”表情、“狂”抒情，中国的传统音乐大都轻柔典雅、文质彬彬，这便与儒家强调情与理的统一、强调“中庸”的美学观有关。

孔子在正乐之后总结《诗经》中三百首歌的共同特点是：“思无邪。”[①]那么，什么是“思无邪”呢？《毛诗序》中的一句话可以视为“思无邪”的注解。毛苌在讲到《诗经》中的“风”的作用时说“发乎情，止乎礼义”，并解释说：“发乎情，民之性也；止乎礼义，先王之泽也。”意思是说，虽然“情”是人的本能，但这本能却应该服从于“先王”——即最符合儒家道德标准和理想形象的尧、舜、禹的教导。孔子提倡的音乐，是“乐而不淫，哀而不伤”[②]的音乐，他反对过分的音乐，因“郑声淫”而主张“放郑声”[③]。这种制“情”于“礼”的要求，这种把“情”规范在伦理道德之中的要求，在千百年里制约着中国音乐的发展，使“中庸”的原则渗透到中国音乐的各个方面，逐渐成为从乐律学到表演美学、欣赏美学等几乎各个领域的普遍原则，以致中国音乐从结构到速度、力度，都以“中庸”为美的常态，以“中和之乐”“中平肃庄”为音乐的最高审美标准。当然，“中庸之道”在使中国音乐充分发展了其“平和”的一面以外，也使中国传统音乐缺少表现复杂社会生活的能力，缺少强烈的现实感，缺少某种悲剧性。因此，有的学者不同意将儒家的音乐观总结为“情与理的统一”，更强调儒家以理制欲、以理抑情的一面[④]，认为儒家以理制欲的观念在某种程度上阻碍了中国音乐的发展。只有在禅宗思想被中国文人士大夫接受并渗入艺术领域之后，中国音乐才从儒家思想的束缚下解脱出来，得以向空灵、生动、自由的方向发展。

---

① （三国）何晏集解：《论语 · 为政》卷 1，四部丛刊景日本正平本，第 2 页。

② （三国）何晏集解《论语 · 八佾》卷 2，四部丛刊景日本正平本，第 6 页。

③ （三国）何晏集解：《论语 · 卫灵公》卷 8，四部丛刊景日本正平本，第 33 页。

④ 蔡仲德：《中国音乐美学史》，人民音乐出版社 1995 年版。

儒家音乐思想也有与中国其他学派的音乐思想更为一致的内容，比如强调人与自然的统一。可以这样说，“天人合一”，是中国古典哲学的精粹，也是几乎所有中国哲学学派共同的观念。这是因为中国的古典哲学产生在中国——一个有着广袤土地的农业社会。在这样一个社会里，人们长期“靠天吃饭”，在与自然的共生共存的生产、生活中，中国人逐渐认识到人的藐小和自然的伟大，认识到人是自然之中密不可分的一部分，认识到“人道”与“天道”是相通相同的，认识到社会规律与自然规律的一致性，认识到人与自然的和谐是人类社会赖以生存的最重要的条件。在这个问题上，儒家“与天地参”的主张与道家“人法地，地法天，天法道，道法自然”的观点可以说是不谋而合。而儒道这两家在中国最具影响力的哲学思想在这一问题上的一致性，是力主“自然”的禅宗思想能够在中国传播的基础和内在原因。

“天人合一”的思想在中国音乐美学中的反映大概有两个方面，一是强调乐是人的自然需要，是人性的合理成分；二是强调艺术规律与自然规律的一致性。在强调乐的自然性、合理性时，荀子说：“夫人之情，目欲极色，耳欲极声，口欲极味，鼻欲极臭，心欲极佚，此五极者，人情之所必不免也。”① 不但为反驳墨家的“非乐”理论提供了有力的论据，也为音乐的发展提供了最充分的理由。至于讲到艺术规律与“天道”攸同，讲到中国音乐中所体现的“自然”法则，限于篇幅，此处只能略略提及，比如宫、商、角、徵、羽“五音”与金、木、水、火、土“五行”的关系；春、夏、秋、冬“四时”与音乐结构中起、承、转、合法则的关系；天、地、人“三才”与中国音乐中最为常见的曲式原则“快—慢—快”或“慢—快—慢”三段体的关系，等等，不一而足。

---

① （春秋战国）荀况撰，（唐）杨倞注：《荀子·王霸篇》卷7，清乾隆抱经堂从书本，第77页。

当儒家提倡“礼乐”的时候，道家别树一帜，与“礼乐”抗争。道家认为，“夫礼者忠信之薄，而乱之首”①。儒家所说的礼乐，不过是“乐之末”②，实际上是“屈折礼乐”③，假如真的按儒家的方式去改造世界，那么，“礼乐遍行，则天下乱矣”④。对儒家所提倡的礼乐，他们虽然和“非乐”的墨家持同样否定的态度。但道家只是反对儒家的“礼乐”而没有完全否定音乐，道家只是从崇尚自然的哲学观、美学观出发，反对人为的、物质性的音乐，提倡一种形而上的、超越物质手段的、纯主观的艺术。老子认为“道可道，非常道；名可名，非常名”。万物（包括音乐）生于“有”，“有”生于“无”。而一切人为的东西都在某种程度上违背了自然。庄子曾用人对马牛的奴役来解释“人（人为）”与“天（自然）”的不同。他说：“牛马四足，是谓天。络马首、穿牛鼻，是谓人。”⑤ 因为提倡“法天贵真”，反对人为，因此道家认为“五色令人目盲，五音令人耳聋”⑥，认为人们在长期的艺术实践中抽象出来的、与自在的自然物不同的原色、音阶等概念，都只能使人失去辨别自然美的能力。正如在政治上和处世态度上道家提倡“无为”一样，老子认为“大方无隅，大

太极图

① （周）老聃撰，（三国）王弼注：《老子 · 三十八章》，古逸丛书景唐写本，第 20 页。
② （周）庄周撰，（晋）郭象注：《庄子 · 外篇 · 天道》，四部丛刊景明世德堂刊本，第 103 页。
③ （周）庄周撰，（晋）郭象注：《庄子 · 外篇 · 骈拇》，四部丛刊景明世德堂刊本，第 73 页。
④ （周）庄周撰，（晋）郭象注：《庄子 · 外篇 · 骈拇》，四部丛刊景明世德堂刊本，第 120 页。
⑤ （周）庄周撰，（晋）郭象注：《庄子 · 外篇 · 秋水》，四部丛刊景明世德堂刊本，第 122 页。
⑥ （周）老聃撰，（三国）王弼注：《老子 · 十二章》，古逸丛书景唐写本，第 5 页。

器晚成，大音希声，大象无形”[①]。照他看来，空间是无限的，艺术上，最好、最高级的音乐是人们听不到的音乐，“听之不闻名曰希”[②]；而最好、最高级的绘画，是打破了绘画对客观世界的再现原则，非具象的绘画。有趣的是，他的这些诞生在古老中国的理论，在两千多年之后，被西方现代派艺术家们充分地实行了。从毕加索的抽象派绘画，到约翰·凯奇的无声音乐《4'33"》，虽不可视为这种理论的直接承继者，但现代西方艺术家们对东方哲学不约而同地推崇并深受影响，则是人所共知的事实。

这种完全超脱了物质羁绊的，既带有神秘主义、虚无主义的色彩，又包含丰富、睿智的辩证法因素的美学观，被庄子发挥得更为淋漓尽致。庄子认为：“擢乱六律，铄绝竽瑟，塞瞽旷之耳，而天下始人含其聪矣。”[③]只有抛掉音律、调式、调性观念的束缚，粉碎人类创造的各种乐器，塞住音乐家们的耳朵，天下人才能真的听懂音乐，摆脱他认为在艺术中的愚昧状态。他进一步把音乐分为“人籁”“地籁”“天籁”三种。所谓“人籁”，指的是丝竹之声，这是人工的声音，是丑恶的，是距庄子所谓的“至乐”相离最远的音乐。只有完全不借助外力的“天籁”，才是众窍自鸣、完全自然、完全自发、完全自由的至乐。这种音乐的外部形态是不能用感官来接收的，是“听之不闻其声，视之不见其形”，却“充满天地，苞裹六极”的。这“无”，不是什么都没有的“无”，而是无所不在、无所不包的“无”。这音乐，你虽然听不到，但却可以靠微妙的精神共鸣与它融为一体，达到“无言而心悦”的境地。

应该说，庄子的音乐思想已和禅暗合，也正是因为先有了庄子思想的浸润和培养，中国的知识分子才能在佛教传入中国后将佛教理论与其融合

① （周）老聃撰，（三国）王弼注：《老子 · 四十一章》，古逸丛书景唐写本，第 22 页。

② （周）老聃撰，（三国）王弼注：《老子 · 十四章》，古逸丛书景唐写本，第 6 页。

③ （周）庄周撰，（晋）郭象注：《庄子 · 外篇 · 胠箧》，四部丛刊景明世德堂刊本，第 82 页。

变化，最终产生了最中国化的佛教宗派——禅宗。而庄子那些非常具有“现代性”的思想，也成为20世纪初期现代派作曲家实验创作的灵感源泉。我们可以从斯特拉文斯基和勋伯格的“无调性”作品中听到“擢乱六律”后的独特音响，也可以从谭盾的作品中看到“铄绝竽瑟”后撕纸、沥水、敲石头的“行为艺术”化的“音乐”。

庄子画像

在先秦诸子中，只有墨家是以“非乐”著称的。作为一种“反文化”的文化，作为两千多年前的超级“愤青”，墨家思想在很大程度上反映了处于社会下层的“愤懑之士”的偏激情绪，其理论锋芒毕露但缺少辩证和圆融的一面，因而极大地削弱了其理论中的合理成分。对音乐，墨子看不到精神生活在人类全部生活中的重要地位，看不到精神与物质的辩证关系，只是从“事”与“利”的角度出发，认为音乐“上考之不中圣王之事，下度之不中万民之利”，是有百害而无一利的活动。他认为，音乐不但根本解决不了现实生活中的“当务之急”，即他所说的百姓的“三患”——“饥者不得食，寒者不得衣，劳者不得息”，反而祸国殃民，贻害天下。墨子还总结了音乐的“三大罪状”：废事、费财、丧天下。他充满激情地说：“使丈夫为之，废丈夫耕稼树艺之时；使妇人为之，废妇人纺绩织纫之事。”[①]而“王公大人”“悦乐而听之”，

① （春秋战国）墨翟：《墨子 · 非乐》卷 8，明正统道藏本，第 49 页。

则“必不能蚤朝晏退，听狱治政，是故国家乱而社稷危矣”[①]。同时，造乐器，养乐人，“将必厚措敛乎万民”“亏夺民衣食之财”，给百姓增加沉重的负担。长此以往，这既不可“得财”，又不可“治乱”，不可“兴利除害”的“乐”，实在是罪莫大焉，“不可不禁而止也”。[②]

墨子的“非乐”论，与其说是人类思想的精神成果，不如说是人类认识史中的一个过程。无独有偶，佛教早期的“声闻佛教”，也从“律”的角度出发对音乐持一种否定的态度，当然，这也是一个“过程”，一个有因有缘但也将随缘生灭的“过程”。只有当禅宗思想进入中国音乐之后，中国音乐才找到了自己的灵魂——韵。

① （春秋战国）墨翟：《墨子 · 非乐》卷 8，明正统道藏本，第 50 页。
② （春秋战国）墨翟：《墨子 · 非乐》卷 8，明正统道藏本，第 50 页。

第二章　白马东来

一、两个伟大文明的相遇

佛教传入中国是亚洲文明史上的一个重大事件，它不但标志着东半球两个独自发展的最古老、最伟大文明的相遇，也是自认为处于“中央”地位，并产生了孔子、孟子、老子、庄子等伟大思想家的华夏民族对外来思想的第一次大规模的包容与接受。从那时起直到现在，在大约两千多年的时间里，“中央之国”受到外来思想大规模的全面冲击只有两次，一次是“鸦片战争”之后的西方思想（从民主、科学的思潮到马克思主义）的传入，一次便是纪元前后佛教的传入。人们只要了解并体会到西方思想对中国近现代史所造成的影响有多大，便能够了解并体会到当年佛教的传入对中国古代史所造成的影响有多大。当然，这两次外来思想的传入在中国历史上所起到的作用及作用的方式有很大的差别，我所强调的，只是这两次外来思想传入的规模及其对中国历史进程的影响所达到的深度、广度和强度，是其他任何时期都没有过的。

这两次外来思想的大规模传入并迅速在中国普及、扎根、发展，都是在“中央之国”遇到麻烦和重大危机的时候。社会现象与物理现象一样，密度大的结构会自然扩散到密度小的结构中去。但与近代西方思想裹挟着兵舰、大炮并以“强势文化”咄咄逼人的态度进入中国不同，佛教的传入中国，是和平、善意、礼貌的。由于佛教传入中国的路线、地区和传入地的民族、文化、历史的不同，中国佛教分为汉语系佛教（又称汉地佛教、汉传佛教）、藏语系佛教（又称藏传佛教，与汉传佛教共称北传佛教）和云南地区巴利语系佛教（旧称小乘佛教、上座部佛教，又称南传佛教）。[①] 佛教传入中国的时间历史上有多种不同的说法，印度佛典有阿育王时代（？—前 232），佛教第三次集结后，曾派大德摩诃勒弃多至汉地弘法之事。[②] 中国典籍则众说纷纭，有孔子已闻佛说；[③] 有秦始皇时“十八贤者”来化始皇说；[④] 有西汉哀帝元年（前 2）“博士弟子景卢受大月氏王使伊存口授浮屠经”[⑤] 之说，等等。但被广为接受的是汉明帝永平十年（67）说。据说汉明帝于永平七年夜梦金人，明旦问于群臣。太史傅毅说：西方有神，其名为佛。陛下所梦即是佛。明帝既而派中郎将蔡愔等人去西域访求佛道。永平十年，蔡愔等人于大月氏国得遇迦叶摩腾、竺法兰二僧，遂以“白马驮经”，偕佛像、经卷共赴洛阳，明帝即敕建精舍供其驻锡，这便是中国的第一所寺院白马寺。至此，东土“三宝俱足”，可视为佛教正式传入中国了。

佛教传入中国的道路有多种途径，但主要分南北两条，北边是众所周

---

① 本书作者和目前许多国内学者一样，在叙述历史事实的时候，常常会“词不达意”，如提到“传入中国”时，实际上是指“传入中原”，提到“中国佛教”时，实际上是指中国汉语系佛教，这仅仅是一种“习惯性”的用法，并不意味着作者没有意识到这种“习惯性”用法的不准确、不科学，也不意味着作者有意忽略或排斥什么，更不意味着作者对作者知识范围外的知识体系有任何的不恭，囿于作者知识结构的狭小和语言能力的贫弱，为了叙述的方便，也因为此问题虽小，但真正“正名”又非本书之所能，作者只好在此聊附数语，以求有心读者之明鉴。

②《善见律毗婆沙》。

③（唐）道宣:《广弘明集 · 归正篇》引《列子 · 仲尼篇》语。

④（隋）费长房:《历代三宝纪》卷 1，金刻赵城藏本，第 3 页。

⑤（晋）陈寿:《三国志 · 魏书》卷 30，百衲本景宋绍熙刊本，第 546 页。

阿育王石柱

知的“丝绸之路”，即从天竺到西域，再到中原。还有一条同样重要的路线，即中国南方的海路。在千百年的时间里，佛教的弘法者与求法者前赴后继、络绎不绝，涉大漠、渡流沙、漂洋过海，置生死于度外，将佛教传布全中国、全亚洲。佛教在传入中国后，不但全面影响了中国传统文化，自身也有了许多变化并得到了很大发展。

从东汉末年开始，经三国、两晋，到南北朝，中国经历了三百年左右剧烈的动荡和战乱，“五胡乱华”所带来的民族灭绝与民族的大迁移、大混融；“晋室南渡”所造成的文化传承的失落与重构；“出门无所见，白骨蔽平原”的触目情景对人们心灵的震撼和打击；儒家思想及传统礼教在丑恶现实面前的无奈与衰败；从狂傲放诞的“魏晋风度”背后所透露出的对人生的失望与社会的颓靡之风，都造成了一个巨大的思想真空、信仰真空，都呼唤着一种能透彻地认识人生、解决人生的种种困惑，尤其是能透彻地指出“有生皆苦”的原因与“离苦”的方法的思想体系。于是，佛教的传入不但是“及时雨”，它的迅速传播和普及，便也是不难理解的了。

在这一时期的中国，佛教迅猛发展的势头是后人难以想象的。不用组织“十字军”东征，也不用发动伊斯兰“圣战”，几乎在一夜之间，佛教便传遍了大江南北。“忽如一夜春风来，千树万树梨花开。”以支谦、康僧会为代表的一批译经家们在三国时便译出了大量大、小乘经典，仅支谦一人便译出了经、律共 88 部 118 卷，包括《大阿弥陀经》《维摩经》等，西晋的竺法护译出了《正法华经》等 154 部 309 卷，广涉般若、法华、净土等大乘经典。至鸠摩罗什，中国的佛经翻译达到了一个新的高度。这位伟大的翻译家在长安十余年，共译出般若系经典及龙树、提婆等论著共 74 部 384 卷。与此同时，东晋的道安（314—385）、慧远（334—416）等一批中国高僧对开创中国化佛教的理论体系、组织制度、僧尼规范多有建树。"南朝四百八十寺，多少楼台烟雨中"，梁武帝时，佛教已成为中国半壁江山的"准国教"，有寺 2846 所，僧尼 82700 余人；仅建康一地，就有大寺 700 余所，僧尼万人。北朝佛教尤盛，北魏末，流通佛经 415 部 1919 卷，有寺院 3 万余座，僧尼竟达 200 余万人。北齐僧官辖下有僧尼 400 余万人。[①] 北魏文成帝在大同开凿了云冈石窟，孝文帝在洛阳开凿了龙门石窟，都成为彪炳千秋的佛教艺术瑰宝。在北朝发生的两次"灭法"事件（北魏太武帝和北周武帝），也恰恰从反面证明了北朝佛教的繁盛已对当时的政权造成了极大的威胁。而且，在每一次"灭法"之后，被打击的佛教都要以惊人的速度"反弹"，造成佛教新一轮的发展高潮。

中国佛教至隋唐时臻于鼎盛：一是朝野风行；二是名僧辈出；三是中国佛教的重要宗派都已成熟并对朝鲜、日本等国家产生深远影响；四是佛教艺术无论是雕塑、绘画，还是音乐、俗讲，都出现了许多伟大的作品和流派。智顗（538—597）创立的天台宗，吉藏（549—623）创立的三论宗，玄奘（602—664）创立的法相宗，道宣（596—667）等创立的律宗，善导（613—681）、法照（？—821）等创立的净土宗，神秀（约 606—706）、慧能（638—713）创立的禅宗，法藏（643—712）创立的华严宗，

---

① 此段文字中所引数字均出自赵朴初为《中国大百科全书 · 宗教卷》所撰"中国佛教"条，中国大百科全书出版社 1988 年版，第 527—530 页。

善无畏（637—735）、金刚智（669—741）、不空（705—774）传来的密宗，以及随着这些宗派的建立和传播而促成的佛教教义的深入人心，都说明中国佛教已经完全成熟。可以这样说，从唐代开始，作为外来文化的佛教，已经完成了它中国化的过程并开始以它独特的风格和魅力影响亚洲的其他国家。

唐代所形成的中国佛教诸宗派，在唐后各随其缘，影响或广或狭，流传或长或短。至近代，如果不包括佛学研究和少部分知识分子信徒，在信仰领域里，众派皆衰，二宗并显，信徒号称“禅净双修”，伽蓝几乎“十寺九禅”，四海之内，几乎全是净土宗与禅宗的天下了。净土宗与禅宗在中国的传播与发展，也是佛教中国化的必然结果。无论是对整个中国文化或中国艺术，还是对中国佛教艺术、佛教音乐，净土宗与禅宗的影响都是十分明显、深刻和巨大的。我个人的看法是，净土宗和作为宗教的禅宗更多地影响了中国艺术的形式，而禅思想则深刻影响了中国人的美学思想和艺术观念。在前者的影响下，中国艺术发展了与佛教仪式、法事、崇拜及信仰体系的一切具象内容和与形式过程有直接关系的艺术形式，如佛教雕塑、佛教壁画、佛教建筑、法事音乐等；而在禅的影响下，中国文人艺术家们则不但开创了包括写意画、山水诗在内的文人艺术，更在包括古琴艺术在内的中国艺术各个方面都留下了深深印记。

二、禅与禅宗

禅宗在中国的产生和发展，用佛教的语言讲，真的是“殊胜因缘”，也被学界视为佛教中国化的标志。虽然“禅”与“禅宗”不完全是一个概念，但讲到禅，总不能不从禅宗说起。而说到禅宗的产生，也不能不提这个美丽而韵味悠长的故事。

昔日，世尊在灵鹫山说法，大梵天王向世尊献上了一枝金婆罗花，世尊即“拈花示众”。“是时众皆默然，惟迦叶尊者破颜微笑。世尊曰：‘吾有正法眼藏，涅槃妙心，实相无相，微妙法门，不立文字，教外别传，付嘱摩诃迦叶。’”[①] 从此开始了禅宗的绵绵嬗递。而后世禅宗则根据这个故事尊摩诃迦叶为禅宗的印度初祖。此后，历代祖师“以心传心”，传至东渡中土的菩提达摩为第二十八代。达摩来到东土以后，被尊为中国禅宗的初祖。之后，又依次传法于二祖慧可、三祖僧璨、四祖道信、五祖弘忍，被称为“东土五祖”。道信、弘忍之禅法，后世称为“东山法门”。五祖弘忍之后，禅宗分化为慧能的南宗和神秀的北宗。由于慧能在禅宗发展、普及方面的巨大贡献，世人称其为东土“六祖”。在慧能的光环下，南宗得到了极大的发展，逐渐形成了菏泽神会、青原行思和南岳怀让三大系。青原系和南岳系下又进一步演化出“五家七宗”，所谓“一花五叶”，使禅宗成为中国佛教最具影响力的宗派。

禅宗衣钵传承的每一个关键人物的故事，都反映了禅宗的一种追求、一种理念、一种精神、一种风格。

被尊为禅宗东土初祖的达摩来自古印度，“菩提达摩大师者，南天竺国香至王第三子也。姓刹帝利，本名菩提多罗”[②]。他于南朝梁普通中来华，登陆广州，后至金陵（今南京），他和梁武帝的会面与对话，堪称禅宗最有名的公案。据《五灯会元》记载，梁武帝见面后问达摩：“朕即位以来，造寺、写经、度僧不可胜纪，有何功德？”依梁武帝所想，自己广建寺庙、传播佛典、度俗化僧，应该是对佛教的巨大贡献，以为达摩一定会大大地夸赞自己。没想到，达摩却只回答了他四个字“并无功德”。梁武帝当然

① （宋）释普济：《五灯会元》卷 1，中华书局 1984 年版，第 24 页。
② （宋）释普济：《五灯会元》卷 1，中华书局 1984 年版，第 24 页。

达摩大师一苇渡江像碑

不能接受，便让他解释：“何以无功德？”达摩耐心解释说：“此但人天小果，有漏之因，如影随形，虽有非实。”梁武帝继续问道，既然这些都是“人天小果”，那么，“如何是真功德？”达摩告诉他：“净智妙圆，体自空寂，如是功德，不以世求。”对梁武帝自以为高屋建瓴，实则雾里看花的诘问：“如何是圣谛第一义？”达摩淡然回答了四个字——“廓然无圣”。

假如这段著名的对话曾经真实发生过的话，我们可以想见梁武帝当时的尴尬、无奈，甚或恼怒。没有听到本以为应该听到的表扬和赞美；主动改变话题向他请教佛理，又被一个天大的“无”字截断！据说，这位“中国的阿育王”、著名的“菩萨皇帝”当时也甩给达摩四个字：“对朕者谁？”没有想到，达摩竟干脆回答他：“不识。”

梁武帝真的无法和这位连自己都“不识”的外国和尚接着谈下去了，《五灯会元》把这个状态称作“机不契”，译成普通的成语，就是“话不投机”。就像后人无法判断这次会面是否曾经真实发生过一样，大多数人也无法理解为什么远涉重洋到东土来传播佛教的禅宗大师与当时中国最虔诚、最有权势，同时又真的希望在南中国发展佛教的梁武帝竟如此无缘?！这桩禅宗公案起码让我们体悟到禅宗表面的浅白平实与内里深刻无比的巨大张力和空间。

慧可“断臂求法”的故事，则反映了佛教徒信念虔诚的程度和追求真理的决心。鲁迅曾把舍身求法的和尚称为“民族的脊梁”，在“和尚”这个崇高的名称里，既有玄奘、鉴真这些为求法、传法不惜生命梯山航海、度流沙、涉大漠的高僧，更有像慧可这样为了追求心灵的解脱、追求消除烦恼的根本方法而断臂明志的大德。慧可（487—593），俗姓姬，名光。《五灯会元》称他是“旷达之士也。久居伊洛，博览群书，善谈玄理”。他出家后慕达摩之名来到嵩山追随达摩，“晨夕参承”，但达摩“常端坐面壁，莫闻诲励”，为了求达摩说法，他在一个风雪之夜立于雪中，直至积雪过膝。祖悯而问曰：“汝久立雪中，当求何事？”他流着泪说：“惟愿和尚慈悲，开甘露门，广度群品。”也许是为了考验他求道的决心，达摩说：“诸佛无上妙道，旷劫精勤，难行能行，非忍而忍。岂以小德小智，轻心慢心，欲冀真乘，徒劳勤苦。”谁都想不到，这位问道心切的和尚为了表达自己求解脱、求真理的决心，居然“潜取利刀，自断左臂，置于祖前”。

我至今记得当初第一次读到这段文字时内心莫大的感动，也至今每想到“慧可”这个闪光的名字时眼前必然出现那幅仿佛曾经目睹过的情景：在漫天风雪中，慧可高擎着火炬般熊熊燃烧的断臂，大声说：“我心未宁，乞师与安！”白色的无边雪地与殷红的斑斑血迹构成强烈的视觉冲击，也昭示了一个心怀信仰的人所能发出的精神力量的极致！雪白与血红最终平静与重叠。面壁九年未发一言的达摩向和尚伸出手来，款款地说：“将心来，与汝安！”——把心拿来，我给你安！和尚反观内心，沉默良久，当他发现自己竟然找不到自己的“心”是什么、“心”在何处，说出“觅心了不可得”的时候，达摩终于知道自己找到了已经等待了九年的禅门传人，他轻松地告诉刚刚经历了被禅宗称为“顿悟”过程的慧可：我已经给你把

“心”安好了——“与汝安心竟”。[①] 这一个表示“结束”之意的“竟”字，轰然有声，仿佛九天之上的一声惊雷，震碎了千年痴障；又仿佛一道闪电，瞬间照亮了万里山川。

使禅宗在中国得到普及和广泛信仰的关键人物是慧能，著名的神秀偈与慧能偈至今被所有喜欢说佛谈禅的中国文人津津乐道。依禅宗彻底、究竟的理论，神秀“心是菩提树，身如明镜台。时时勤拂拭，勿使惹尘埃”的偈颂虽然绝对是修行人应该奉行的必经法门，但毕竟不如慧能“菩提本无树，明镜亦非台。本来无一物，何处惹尘埃”更得禅宗认识论的精髓。而中国禅宗“南宗”与“北宗”的划分与纠葛，亦从此时开始。黄龙新和尚就曾说过：“六祖当年不丈夫，倩人书壁自涂糊，明明有偈言无物，却受他家一钵盂。”[②] 神秀（606—706），是“北宗”的开创者。陈留尉氏（今河南尉氏县）人，幼读经史，博学多才。唐武德八年（625）于洛阳天宫寺受具足戒。50 岁时，至蕲州黄梅县双峰东山寺拜五祖弘忍（602—675）为师，曾打柴汲水，以役求法，得弘忍所重，称“吾度人多矣，至于悬解圆照，无先汝者”[③]。

慧能（638—713），是“南宗”的开创者，也是完成禅宗中国化并最终造成中国佛教“十寺九禅”的伟大宗教改革家。慧能生长在岭南贫寒之家，幼年丧父，靠卖柴与母度日。与神秀出家前便熟读经史典籍不同，慧能从未受过教育，目不识丁。但他天资聪颖，独有异秉。据说他曾在市中偶闻客读诵《金刚经》，若有所感，遂萌出家求法之意。他于咸亨三年（672）到黄梅东山寺时，神秀已是弘忍众徒中的“上座”。我们不能把弘忍第一次见到慧能时称这位来自蛮荒之地、没有文化的居士为“獦獠”理

① （宋）释普济:《五灯会元》卷 1，中华书局 1984 年版，第 28 页。

② （明）瞿汝稷辑:《指月录》卷 4，清乾隆明善堂刻本，第 71 页。

③ （宋）释赞宁:《宋高僧传》卷 8，大正新修大藏经本，第 84 页。

慧能真身像

解为是无意的调侃，也无法断定弘忍是有意试探他的根器悟性还是为了给慧能一个在众徒前表现自己与众不同的机会，但我们可以断定，当这位“形貌短陋”的岭南人说出“人虽有南北，佛性本无南北；獦獠身与和尚不同，佛性有何差利”[①]时，无论弘忍还是他众多的徒弟，一定会对如此自信且深合佛旨的答话留下深刻的印象。

其后的故事是大家所熟悉的，弘忍先是安排他去舂米，又安排众徒“汝等各去自看智慧，取自本心般若之性，各作一偈，来呈吾看。若悟大意，付汝衣法，为第六代祖”。神秀偈与慧能偈的高下，似乎已有定论，起码在弘忍看来“身是菩提树，心如明镜台，时时勤拂拭，莫使惹尘埃”尚未能见本性，终于把衣法付给慧能。弘忍圆寂后，神秀去江陵当阳山玉泉寺弘法，影响甚广，连武则天都要慕其盛名遣使迎请至东京洛阳，住内道场，礼遇有加，时时向他问道。神秀住东京六年，于神龙二年（706）一百多岁时在天宫寺示寂，后谥大通禅师。他所开创的北宗，曾盛极一时。而慧能则只身跑回岭南，在曹溪宝林寺（今广东韶关南华寺）弘扬禅宗，主张“顿悟”，与神秀的主张“渐悟”分庭抗礼，人称“南宗”。神龙元年（705）武则天和唐中宗亦曾遣内侍薛简往曹溪召其入京，但慧能“上表辞疾，愿终林麓”，最终在唐玄宗先天二年（713）圆寂于新州国恩寺，谥号大鉴禅师。慧能圆寂后，其真身不坏，

① （唐）释惠能编：《六祖大师法宝坛经 · 行由第一》，大正新修大藏经本，第 1 页。

被运回曹溪，裹综涂漆，至今还保存在韶关南华寺供世人瞻仰。

太虚大师曾说："所谓宗门，实到慧能南宗始巍然卓立……六祖南宗下始波澜壮阔。"[①] 人们用"一花五叶"的比喻形容禅宗"波澜壮阔"的传承：慧能门下原有南岳怀让、青原行思二支，随着禅宗的发展，从南岳门下又出"沩仰""临济"二宗；从青原门下又出"曹洞""云门""法眼"三宗，即所谓"一花开五叶，结果自然成"。而临济门下又分"黄龙""杨岐"二脉，合称七宗。历史上，"五家七宗"各立门户，各有家风，不但留下"曹洞叮咛，临济势胜，云门突急，法眼巧便，沩仰回互"的鲜明个性，而且留下无数公案供后人参究。宋以后，花开花落，盛衰无常，唯"临济""曹洞"盛行于世，至今瓜瓞绵绵，法脉不断。

我在前面曾说过：禅作为一种哲学、一种思维方式、一种生活态度，无疑是世界上最具宗教性的思想体系；而禅宗作为一种信仰、一种修行方式、一种佛教宗派，无疑也是世界上所有宗教中最灵活、最具世俗性的宗教。禅宗在中国的成熟与盛行，有着特殊的因缘。前文分析的普通中国人宗教感的薄弱与中国文人士大夫对内心自由和行为洒脱的一贯追求，使"见性成佛"，而人皆有佛性，不必外求的解脱之道深得人心。而禅宗中人对清规戒律的蔑视以及日常生活不但不必抛弃反而也是一种修行的理论，更使禅宗思想迅速被中国人所接受。在一代又一代中国士大夫的心里——维摩诘——这位"虽处居家，不着三界。示有妻子，常修梵行"的在家菩萨是最值得欣羡和效法的榜样。你想啊，维摩诘"虽服宝饰而以相好严身，虽复饮食而以禅悦为味"，不但照样可以华服美食、广有资财、妻妾成群，甚至"入诸淫舍，示欲之过。入诸酒肆，能立其志"，随心所欲，随便做什么都是弘法利生之事，连智慧第一的文殊师利菩萨都心悦诚服，这样的宗

① 太虚：《中国佛学》，中国佛教协会，1994 年。

北宋李公麟《维摩诘演教图》局部

教典型，哪个中国人不心向往之？

三、何处无佛？——禅宗影响下的中国传统文化与中国音乐

宗教是意识形态之一，是人类整体文化中重要的组成部分。一部文明史，在很大程度上、在很长时间内，实际上是一部宗教文化史。众所周知，假如不谈基督教（天主教）美术和音乐的话，19 世纪之前的欧洲美术史和音乐史，将是一片空白。但是，对中国传统文化，人们却不做如是观。许多人（包括中外许多研究中国传统文化的专家）有意或无意地忽视宗教对中国传统文化的影响，忽视中国宗教音乐的存在和历史意义。

佛教对中国文化的影响不但是巨大的，其影响的方式，也独具一格。与近代西方思想如狂涛般涌入中国不同，佛教对中国文化的影响，有如春雨泻地，润物无痕。以大量有形无形的方式，渗透到中国传统文化的各个领域、各个层次：从语言、文字、雕塑、绘画、书法、建筑、音乐，到造成中国艺术重意境，求神韵，视空灵淡薄、“羚羊挂角，无迹可寻”为美的美学观念，都可看到佛教的巨大影响。比如佛教的语言曾广泛深入地影响到汉语言，以至每一个当代中国人在日常口语中都频繁地使用着众多的佛教语言而毫不自知。比如小学生要做“功课”、做“作业”，研究生要随“导师”，谈恋爱时“心心相印”，吵嘴时“话不投机”，以至现代人常挂口边的“新名词”：世界、宗派、智慧、微妙、实际、相对、绝对、解脱、默契、如实、头头是道、不可思议等，都来自佛教语汇。在文化艺术领域中，佛教的影响也如在汉语中的影响一样，是深远、广泛，同时又不露痕迹的，这也正如禅宗的绝妙阐述一样：无一处无佛，同时，又无一处有佛。

所以，我认为佛教对中国文化的影响有两种方式，一种是“有形的”影响，一种是“无形的”影响。前者，我们每个人都可以随随便便地举出许许多多的实证，诸如闻名于世的我国十大石窟艺术，其中敦煌、云冈、龙门、麦积山的壁画、雕塑，堪称世界艺术的瑰宝。我国现存古代建筑，多为宗教寺观。其中佛教寺塔如嵩山嵩岳寺砖塔、应县大木塔、五台山南禅寺、佛光寺等，均是研究我国古代建筑的珍贵实物。而乐山大佛、雍和宫大佛、扎什伦布寺大佛，更是雕塑史上的奇迹。

其他有形的影响也很多，诸如中国古代绘画史上有名的“曹衣出水、吴带当风”（曹仲达、吴道子）的画法，我国古代的雕版印刷术，宋守温的三十六字母与反切，以及怀素的草书、一行的《大衍历》等，无不是我国宝贵的文化遗产，无不凝结着佛教徒们创造性的劳动。

而“无形”的影响却更多，也更应引起人们的重视。在文学与绘画方面，佛教的影响是巨大的。许多文学史家指出，北凉昙无谶译、马鸣著《佛所行赞》，是中国长篇叙事诗的典范，而情节性极强的《法华经》《维摩诘所说经》，以及鲁迅曾集资刊印的古印度僧伽斯那著的《百喻经》（南朝齐求那比毗地译），则为晋唐小说的繁荣开启了思路。作为哲学思想及方法论的佛教，在更深的层次上影响着历代中国的艺术家们，尤其是般若学与禅学，几乎以一种不可抵御的魅力吸引着中国封建社会从盛期到末期的大部分知识分子和艺术家。陶渊明、王维、白居易、苏东坡与佛教的渊源不必说了，就连以耽道迷仙闻名的李太白，也有“宴坐寂不动，大千入毫发”的诗句，一贯被视为“正统”儒家楷模的杜甫，也有“身许双峰寺，门求七祖禅”的愿望。一直到近代，从康有为、梁启超、谭嗣同对佛教的巨大兴趣，到近代史上杰出的艺术家李叔同、苏曼殊的皈依空门，可以举出无数例子。因此，王安石所谓“成周三代之际，圣人多出儒中；两汉以下，圣人多生佛中”① 的概括，就不能视为妄言了。

纵观历史，中国传统文化的鼎盛时期是唐代；横着比较一下东西文化，则最能代表中国美学观念、最具中国特色的艺术形式，或一个西方人一提起“中国艺术”时最先忆起的印象，应该是中国的文人画（写意画）与文人音乐（古琴）。而无论是唐代文化的繁荣（尤其是音乐），还是文人画与中国的文人音乐，则都离不开佛教，尤其是禅宗的影响。

王维，被董其昌尊为文人画之祖。世人称他“诗中有画，画中有诗”，其根本原因，是他诗与画中皆有禅意。日本《大正新修大藏经》中《神会语录》残卷（巴黎藏敦煌写本，胡适校）载，王维曾问神会：“和尚若为修道得解脱？”神会答：“众生本自心净，更欲起兴，不可解脱。”王维闻此道，惊叹：“大奇！”南宗的这种人性之中即有佛性，刻意追求，反而“不可解脱”的理论，如光破暗，如灯续焰，开启了中国文人艺术家们神奇的想象力与认识事物、表现事物的方法。既然禅宗主张“不立文字”“见性成佛”，于是中国文人画便任意挥洒，率性涂抹，用浓墨大笔在雪白的宣纸上

① （宋）释惠洪:《冷斋夜话》卷 10，明刻稗海本，第 35 页。

天马行空似的宣泄他们的灵感。文人画的这种瞬间性与随意性，许多学者认为是来自南宗的“顿悟”说。同样，既然禅宗主张“简约”，讲究“教外别传”，文人画于是也不讲求素描的功夫，不求形似，只求意境、神韵，用极简约的线条充分表现人的内心世界，表现空灵、飞动、含蓄的意境。王维的“意在笔先”，“夫画道之中，水墨最为上”，强调“意”，弃绝颜色而认定“墨分五色”，把黑与白当成大千世界的本来颜色，无不出自禅宗的启悟。在西方，一直到毕加索发出振聋发聩的宣言：“我不模仿自然，我只是面临自然”和他开创的抽象派艺术滥觞之后，西方人才不再把对客观事物的准确再现当成绘画的唯一目的。而在中国，早在禅宗大盛的宋代，便已出现“论画以形似，见与儿童邻”[①]的名句了。

“青青翠竹，皆是法身；郁郁黄花，无非般若”，中国画家、音乐家与诗人们，从汉魏六朝之后，便发现了人与自然的和谐是超出一切功利的、最可宝贵的追求。从中国的山水诗、山水画，到中国传统音乐中大量表现自然美、以自然为题的乐曲，如《高山》《流水》《春波绿》《淡黄柳》《梧桐树》《翠黄花》《雨打芭蕉》……实际上体现了中国人的一种思想，即认为“道无不在”，一草一木，“麻三斤”“庐陵米”“蒲花柳絮、竹针麻线”之中，都深蕴着至高无上的真理。同时，禅宗“一切众生，皆有佛性”的观念，也早已在中国产生。“不杀生”和对自然界动植物的热爱与保护，不仅仅是佛教徒的信条与品质，也影响了大部分中国人。在西方，自然作为艺术的母题，要等到浪漫主义勃兴之后；而强调人与自然共生的密切关系，更要等到现代那些以保护野生动物、自然环境为己任的自然保护组织出现之后，才成为一种有影响的思潮。

与其他艺术领域中的情况一样，佛教，尤其是中国佛教的代表性宗派

---

① （宋）苏轼：《书鄢陵王主簿所画折枝二首》。

五代石恪《二祖调心图》

禅宗对中国传统音乐有着深远、有力的影响。只有先鸟瞰式地了解这种广泛影响的大背景，我们才能在其后的章节里深入探讨禅与中国音乐的特殊缘分。佛教禅宗对中国音乐的影响主要表现在以下几个方面：

第一，在美学层次，禅宗思想与道家思想、儒家思想一道塑造了中国音乐的一切美学特征。

第二，为中国固有音乐提供了新的物质材料与新的形式。

第三，作为音乐家的佛教徒为中国音乐的繁荣所进行的创造性劳动。

第四，以庙会的形式为中国广大民众提供了一个大众性的娱乐场合。

第五，由于宗教独特的保守性和其对传统的特殊尊重，使寺庙成为保存中国传统文化的“冰箱”。

先谈第一个问题：

中国传统音乐的最大特点，便是它的单音性[①]。有一种意见认为，中国音乐的单音性，是中国音乐“落后”的标志，而西方音乐之所以“先进”，主要是由于西方音乐的多声传统。笔者在《中国音乐的线性思维》[②]一文中，曾从美学与音乐史的双重角度阐述了与此意见不同的观点，认为音乐是一种思维，由于地理环境、社会背景、经济发展的差异，每一个民族都历史地形成了自己固有的、独特的思维方式。而艺术思维与科学思维、逻辑思维不同，不存在“对”与“错”的问题，技术手段的提高并不能保证“艺术质量”的提高。同时，和自然科学领域内的进步方式不同，后出现的艺术品，并不能否定在它之前的艺术品。因此，“美”是不存在“先进”与“落后”的差别的。美，在某种意义上讲，有它的超空间、超时间的永恒性、普遍性。

禅宗兴盛之前的中国佛教，很重视用音乐来开导众心的作用。中国的第一部僧传——南朝梁会稽嘉祥寺沙门慧皎[③]著《高僧传》，即专辟有“经师篇”与“唱导篇”，在其十大门类中占据其二。佛教音乐美学，与儒家的音乐美学有着一些相似的地方，都把“中正”“平和”“淡雅”“肃庄”作为基本的原则。儒家的“乐”要为“礼”服务，音乐要服从政治。而佛教徒也把音乐视为弘扬佛法的舟楫，宣传法理的利器。慧皎认为，佛教音乐的目的只有两个，一是“赞佛功德”，一是“宣唱法理，开导众心”。而“广明三世因果，却辩一斋大意”[④]，则是唱导师最重要的任务。

---

① 本书中所有“中国传统音乐”除特别说明外，都仅指汉族传统音乐。在中国的少数民族中，有着大量多声音乐的存在，如侗族大歌、壮族三声部民歌、羌族多声部民歌等。

② 田青:《中国音乐的线性思维》,《中国音乐学》1986 年第 4 期。

③ 慧皎（497—554），南朝梁会稽嘉祥寺僧人，著名佛教史学家，其所著《高僧传》为中国第一部系统之僧传，后世为与其后之高僧传有别，称为《高僧传初集》或《梁高僧传》。

④ （南朝梁）慧皎:《高僧传 · 唱导第十》卷 13，金陵刻经处光绪十年版。

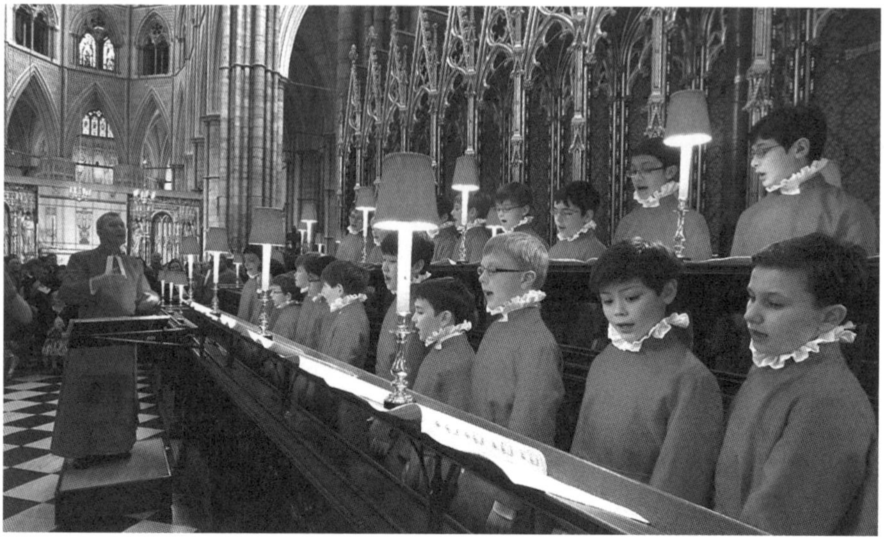

教堂唱诗班

东西方宗教音乐美学最根本的不同，就在于对音乐功能的不同看法。复音音乐在欧洲产生并发展壮大并不是偶然的，它是欧洲诸民族特定环境与历史的产物，也是天主教的直接产物。从 9 世纪天主教音乐“奥伽农”出现到巴赫等人树起欧洲古代音乐的丰碑止，几百年的时间里，复音音乐在教堂的穹顶下逐渐完善。天主教（基督教）音乐家们的全部精力、全部才华，都被用来渲染上帝的伟大，创造教堂中恢宏、庄严、神秘的天国气氛。多声部的唱诗班与管风琴的巨大音响，恰如其分地完成了这种任务。也许是由于世代相传的天主教徒从小便熟悉了唱诗班的生活与弥撒曲的歌词，音乐在教堂中的主要作用在于创造神圣的气氛、抒发教徒对上帝的崇拜之情，而不是讲道，后者的任务是由神父们的讲演独立完成的。这种分工，使音乐家们可以不顾及唱词的清晰程度而专心致力于由多声部的交错起伏、和声的丰满浑厚组成的音响世界。

佛教则不同，佛教从一开始，便把音乐当成“宣唱法理”的工具，并从一开始，便选择了一种由唱导师“夹唱夹叙”的“说唱形式”。同时，和欧洲的民众也不同，中国老百姓在一贯以儒学为正统，同时又可以既信佛又信道，也可以什么都信，什么都不信的相对自由、相对淡薄的宗教气氛中，不可能具有较深入、专一的宗教知识，也不可能像天主教徒熟悉弥撒曲那样熟悉佛教音乐，和尚所唱的内容，对大部分听众来讲，是与形式同样重要、同样新鲜的。既然目的与条件不同，结果便也很明显地不同。要造成伟大庄严的气氛，单声音乐便显得单薄，非复音音乐不可；但要“宣唱法理”以警世众，则非单音音乐，非旋律平缓不可，声部多了，节奏快了，便不知所唱为何，失去了“唱导”的意义。因此，中国的佛教音乐家们，便把大部分精力放在音乐所负载的内容上，而多少忽略了音乐本身。唐代道宣在《续高僧传》[①] 中，明确提出反对“未晓闻者悟迷，且贵一时倾耳”的做法，反对“掩清音而希激楚”，主张“至如梵（指‘梵音’）之为用，则集众行香，取其静摄专仰也。考其名实：梵者，净也，实惟天音”。他还说明佛教呗匿之所以放在佛事结束时唱，是为了“谓众将散，恐涉乱缘，故以呗约”，明确指出梵呗的作用是防止僧人涉及“乱缘”，是一种约束。而义净[②] 在其《南海寄归内法传》中，也明确指出佛教音乐的意义，对僧人而言，有六种：“一能知佛德之深远，二体制文之次第，三令舌根清净，四得胸藏开通，五则处众不慌，六乃长命无病。”对听众（俗人）而言，则起到“劝行三慧，明圣道之八友；令学四真，证圆凝之两得”的作用。唐道世[③] 在其《法苑珠林》中则更具体地谈到佛教音乐的作用，是为

---

① 道宣（596—667），唐代僧人，律宗南山宗创始人，世称南山律师，著名佛教史学家，其所著《续高僧传》又称《唐高僧传》。

② 义净（635—713），唐代僧人，中国佛教四大译经家之一，曾于唐高宗咸亨二年（671）赴印度求法，历时二十多年，于证圣元年（695）归国，著有《南海寄归内法传》等。

③ 道世，唐代僧人，唐高宗显庆年间参与玄奘译场，编有《法苑珠林》一百卷。

了使中夜用功的和尚们不至于昏然入睡："若夫称讲联斋，众集永久，夜缓晚迟，香消烛摈，睡盖复其六情，懒结缠其四体，于是择妙响以升座，选胜声以启轴……能使寐魂更开，惰情还肃……"

因此，"和、静、清、远、古、淡……"的审美情趣便诞生了。值得注意的是，这种审美理想与审美情趣，不仅仅是某一思想体系的产物，而是儒、释、道三家互相渗透、融合、妥协的共同产物。

第二个问题是：佛教为中国固有的音乐提供了哪些新的物质基础与新的形式。

在中国音乐的发展过程中，佛教曾不断向中国固有音乐提供新的乐曲、乐器、乐谱，乃至音乐理论，这些新鲜血液不但极大地丰富了中国传统音乐的内容，也极大地丰富了中国传统音乐的表现力，增加了新的体裁、形式、风格，并最终与中国传统音乐融合，成为一个水乳交融的整体。

先谈乐器。《法华经》卷一"方便品"说："若使人作乐，击鼓吹角贝，箫笛琴箜篌，琵琶铙铜钹，如是众妙音，尽持以供佛，或以欢喜心，歌呗颂功德，乃至一小音，皆已成佛道。"这佛经中所提到的许多种乐器，都是随佛教流入中原的。日本林谦三氏，曾就佛典中所见乐器、音乐、舞蹈作一考察，列举如《妙法莲华经》《无量寿经》《佛所行赞》《方广大庄严经》等典籍中所见乐器名，其管类有：螺、蠡、贝、角、管、笛、笳、笙、竽、筚篥等；弦类有：琴、筝、瑟、筑、琵琶、箜篌、五弦等；鼓类乐器有：法鼓、大鼓、鼗、鼙、细腰鼓、都昙鼓、奎楼鼓等。[①] 这些乐器中的一部分，至今仍作为我国的"民族乐器"而活跃在人们的音乐生活和舞台上，人们很少会想到，这些乐器原本并不是我们的"民族乐器"，而是外来的，是佛教馈赠的厚礼。比如目前几乎可以在我国的任何一个戏曲剧种、民间

① ［日］林谦三:《东亚乐器考》，钱稻孙译，人民音乐出版社 1999 年版。

乐种中发现的铜钹，就起源于西亚，并由天竺传入中国。铜钹作为乐器名，最早见于东晋法显[①]著《佛国记》。至唐时，慧琳在《一切经音义》[②]中称："铜钹……古书无钹字，近代出也。"目前流行的琵琶，唐时称为"胡琴"，也是随佛教的东渐进入中原的。敦煌壁画中的"净土变"，记录了当时佛教音乐——供养佛的伎乐——所使用的乐器和乐队形制。其中琵琶、五弦琵琶、凤首琵琶、铃等乐器最为常见，当然，当年横抱在"伎乐天"怀中的琵琶，经历代各民族音乐家们不懈的努力与改良，在唐代便已开始学习古琴的右手指法，弃拨弹而改用指弹，在近代更是增项加品，发展成完全具有中国风格的独特乐器了。

在中国音乐史上，佛教乐曲的引进也令人瞩目。佛教音乐的大量传入中国宫廷，是在吕光灭龟兹之后。而《于阗佛曲》是中国典籍中最早出现的佛曲之名。《隋书・音乐志》载："西凉者，起苻氏之末，吕光、沮渠蒙逊等据有凉州，变龟兹声为之，号为秦汉伎……其歌曲有《永世乐》，解曲有《万世丰》，舞曲有《于阗佛曲》。""龟兹者，起自吕光灭龟兹，因得其声。"于阗，即今新疆和田，唐时佛教与音乐舞蹈俱盛，与龟兹、疏勒一样，都是佛教和佛教音乐传播中原的重镇。

大德鸠摩罗什至汉地后，不但致力于他伟大的译经工作，而且，还传播了他所创作的十首佛曲，使"众心惬服，莫不欣赏"。当然，龟兹乐对中国固有音乐的影响，不仅是鸠摩罗什一人的功劳。龟兹地处中西交通要冲，印度文化（主要指佛教文化）大都是通过龟兹传入中原的。在相当长的时间内，龟兹是当时中西文化交融的中转站。而且，龟兹音乐的发达，在当时就是很著名的。玄奘《大唐西域记》载："屈支国……文字取则印

---

① 法显（约 337—422），东晋僧人，曾赴天竺求法，著有《佛国记》。

② 唐代僧人慧琳编，一百卷，又称《慧琳音义》。

敦煌壁画：琵琶

现代琵琶演奏：吴玉霞

度，粗有改善。管弦伎乐，特善诸国。”又谓其国“伽蓝百余所，僧徒五千余人，经教律仪，取则印度”，是一个佛教与音乐都很发达的国家。龟兹乐有“西国龟兹”“齐朝龟兹”“土龟兹”三种，至“开皇中（581—600），其器大盛于闾闬”。而到唐时，龟兹乐几乎成了燕乐的主体。《旧唐书·音乐志》言：“自周隋以来……舞曲多用龟兹乐，其曲度皆时俗所知也。”在讲到立部伎时言：“自《破阵乐》以下，皆擂大鼓，杂以龟兹之声，声震百里，动荡山谷……”在讲到坐部伎六部时则言：“自《长寿乐》以下，皆用龟兹乐。”

南北朝时，佛教音乐已开始华化，在日益繁兴的同时，逐渐与中国固有音乐（主要是民间音乐）融合，开始产生一种能够表达中国佛教徒的思想、理念、感情，具有中国风格的佛曲。继三国曹植首创中国佛曲之后[①]，南齐武帝永明七年，竟陵王萧子良大集“善声沙门”于京邸，造经呗新声。[②]另据僧祐《出三藏记集》及《法苑杂缘》目录载，“有齐文皇帝制法乐梵舞记”“齐文皇帝制法乐赞”“齐文皇帝令舍人王融制法乐歌辞”等篇目。而梁武帝萧衍，则更是身体力行，不但把佛教音乐正式引入宫廷音乐，且亲创佛曲。《隋书·音乐志》载：“帝（指萧衍）既笃敬佛法，又制《善哉》《大乐》《大欢》《天道》《仙道》《神王》《龙王》《灭过恶》《除爱水》《断苦轮》等十篇，名为正乐，皆述佛法。”除此之外，梁武帝还在中国首创“无遮大会”“盂兰盆会”等佛教节日，并以童子歌咏梵呗，号为“法乐童子伎”。重要的是，在梁武帝亲自制定的梁代“雅乐”中，就已经堂而皇之地融进不折不扣的佛教音乐了[③]。

唐代，佛教音乐发展到了顶峰。韩愈《华山女》诗云：“街东街西讲佛经，撞钟吹螺闹宫廷。”姚合《赠常州院僧》诗云：“古磬声难尽，秋灯色更鲜，仍闻开讲日，湖上少鱼船”，皆言佛乐之盛。在民间，当时俗讲风行，唐代开始盛行的庙会，在其后千百年里，成了普通劳动人民主要的娱乐场所。钱易《南部新书》载：“长安戏场多集于慈恩（寺），小者在青龙（寺），其次荐福（寺）、永寿（寺）。尼讲盛有保唐（寺），明德聚之安国（寺），士大夫之家入道尽在咸宜（寺）。”而在宫廷，佛乐更是登堂入室。在唐代燕乐的十部伎与坐、立部伎中，实际上有许多是用佛教国家传来

---

① 田青：《佛教音乐的华化》，《世界宗教研究》1985 年第 3 期或本书以下章节。

② （南朝梁）慧皎《高僧传·经师篇》“齐安乐寺僧辩”条载：“永明七年二月十九日，司徒竟陵文宣王梦于佛前咏‘维摩’一契，因声发而觉。即起至佛堂中，还如梦中法，更咏‘古维摩’一契，便觉韵声流好，有工恒日。明旦，集京师善声沙门龙光、普知、新安、道兴、多宝、慧忍、天保、超胜及僧辩等，次第作声。辩传‘古维摩’一契、‘瑞应七言偈’一契，最是命家之作。”

③ 田青：《梁武帝与音乐》，《音乐学习与研究》1985 年第 3 期，或本书以下章节。

陕西西安鼓乐　鼓乐老艺人安来绪在击坐鼓（摄于20世纪50年代）

的乐器，演奏佛教国家传来的乐曲。如陈旸[①]《乐书》所引的《普光佛曲》《弥勒佛曲》及南卓《羯鼓录》[②]中所载的《菩萨阿罗地舞曲》《阿弥陀大师曲》《阿弥罗众僧曲》《多罗头尼摩诃钵》《婆娑阿弥陀》《悉家牟尼》等。

至天宝年间，酷爱音乐又要在政治上调和"三教"的唐玄宗李隆基，以太常刻石的特殊手段，更改了许多曲名，并将改定的曲名公示于众。从《唐会要》卷三十二所载，可窥见佛曲在大唐燕乐中所占位置之多，已到了使大唐天子不得不采取"行政手段"的地步了：

---

① 北宋音乐理论家，著有《乐书》二百卷，为与司马迁《史记 · 乐书》有别，世称《陈旸乐书》。

② 唐代音乐专著，南卓撰，分前后两录，前录成书于大中二年（848），后录成书于大中四年（850），尽述羯鼓之源流、形制、曲目等。

“天宝十三载七月十日，太乐署供奉曲名及改诸乐名……《龟兹佛曲》改为《金华洞真》……《舍佛儿胡歌》改为《钦明引》……《俱伦仆》改为《宝伦》,《光色俱腾》改为《紫云腾》,《摩醯首罗》改为《归真》,《火罗鸲鹆盐》改为《白蛤盐》,《急龟兹佛曲》改为《急金华洞真》……”等等。

当人们谈到唐代音乐繁盛的时候，应当想到，这光耀千古、远播域外的唐燕乐，是中华民族各族人民共同劳动的结果，也是中外音乐积极交流的结果。而唐文化的不朽光辉中，就含有宗教文化的众多成分。除乐器与乐曲外，随佛教传入中国的，还有西域杰出的音乐家和印度的音乐理论。公元 439 年，孝文帝迁都洛阳，西域派居洛阳落户的竟有一万多家，其中不乏大量的佛教徒与音乐家。西魏文帝时（535—551），著名音乐家曹婆罗门流寓中国，祖孙三代传习琵琶，名声大噪。其名“曹婆罗门”，清楚地指明了他的宗教背景与身份。公元 568 年，北周武帝娶突厥皇后阿史那氏，随她入朝的龟兹、疏勒、康国的乐工甚众。其中龟兹乐人苏祇婆，“善胡琵琶，听其所奏，一均之中，间有七声”[①]。关于苏祇婆的七调理论，中外学者论述甚多，也多有歧见，但有一点却是没有疑问的：即苏祇婆所传授的理论，来自古印度。而且，苏祇婆的理论，曾经在中国宫廷音乐因战乱而“礼崩乐坏”的情况下，脱颖而出，使中国宫廷音乐在隋时得以复兴，并为唐燕乐的空前繁荣奠定了基础。《隋书・音乐志》载，自开皇二年颜之推上言“请凭梁国旧事”，建议以梁乐作基础考定隋的宫廷音乐，而高祖以梁乐为“亡国之音”为由否定了梁乐，命乐工齐树提“检校乐府，改换声律”起，宫廷音乐的混乱状态，一直未能改变。甚至集“太常卿牛弘，国子祭酒辛彦之、国子博士何妥”等专家们的力量，也终因“论谬既久，音

---

① （唐）魏征等:《隋书・音乐志下》，中华书局 1973 年版。

律多乖”而“积年议不定”。当这场音律方面的探求与讨论不得不以“高祖大怒”而牛弘等人要掉脑袋来结束的时候，柱国沛公郑译才抬出苏祇婆的转调手法与音律理论来解了围。苏祇婆的理论不但结束了中国宫廷音乐因战乱而暂时中断的窘况，而且救了当时主管文化的最高官员们的生命，这确实可以看成是佛教音乐的一个大“功德”。

还有一个问题亦不容忽视，这就是作为宗教职业者的音乐家在中国音乐历史长河中所做的贡献。在魏晋南北朝时期，已陆续出现了一批以唱诵著名的高僧们。他们以其虔诚的信念、出众的才华，将音乐服务于宗教，同时，又反过来极大地促进了音乐艺术的发展。他们的歌唱，不但弘扬了佛法，同时也娱乐了众生。他们的艺术水平，是那个时期中国艺术的最高水平。中国第一部《高僧传》的作者慧皎不但独具匠心地因他们在咏经唱梵方面的造诣而将他们列入《高僧传》中，而且以极大的热情讴歌了他们的才华。他形容他们的歌唱是："玄师梵唱，赤雁爱而不移；比丘流响，青鸟悦而忘翥。昙凭动韵，犹令象马蜷局；僧辩折调，尚使鸿鹤停飞。"①称赞他们的功绩在于“宣唱法理，开导众心”。并且他在这些高僧们大量实践的基础上，总结出了佛教音乐的一系列美学原则。他强调作为佛教的音乐家，首先要“精达经旨”，其次要“洞晓音律”，既通佛法，又善音乐。这样，才能“炳发八音，光扬七善”，才能符合佛教音乐的美学要求："壮而不猛，凝而不滞，弱而不野，刚而不锐，清而不扰，浊而不蔽。"②慧皎还提出对佛教音乐家的四项要求："声、辩、才、博"，既要有一个响亮、美好的声音，还要了解人们的心理和时事并能针对这些发挥雄辩；同时，还要具备文学才能和广博的知识。只有同时兼备了这四项品德的僧人，才能

① （南朝梁）慧皎:《高僧传》卷 15，金陵刻经处光绪十年版，第 4 册。
② （南朝梁）慧皎:《高僧传》卷 15，金陵刻经处光绪十年版，第 8 页。

够起到佛教音乐家弘法度人的作用。

据慧皎的记载，自两晋至南朝，出现了一大批杰出的“经师”和“唱导师”，都以唱诵为其所长，但“经师”所唱虽也有“入俗情”的功用，但主要的任务还是“发道心”，主要在寺庙内部僧人们修行的各种场合唱，重在以音声为修行；而“唱导师”的工作，则主要是“兴佛化俗”，面向大众，重在宣传。如晋代僧人帛法桥，自幼即喜欢唱诵佛曲但却没有一个好嗓音。为此，他绝食七天七夜，“稽首观音以求现报”，终于在第七天觉得喉咙豁然而开，“于是，作三契经，声彻里许”。据说，从此之后，他“昼夜讽咏，哀婉通神”。一直到九十岁，声音依然不坏。月氏人支昙籥，“特禀妙声，善于转读”。据说他曾在梦中得神授，醒后，“裁制新声，梵响清靡。四飞却转，反折还弄”。他所创作的“六言梵呗”，到梁慧皎时依然在传唱。他的弟子释法平、法等“共传师业”。法平“响韵清雅，运转无方”。而其师弟法等，虽然貌丑，声音却比其师兄还好，每每使听者慨叹以貌取人的错误。[①] 此外，宋京师白马寺道综善唱《三本起》和《须大拿》，“每清梵一举，辄道俗倾心”。白马寺有一座般若台，道综常常在台外一边唱梵，一边绕台，路人听到，“莫不息驾踟躇，弹指称佛”。宋止谢寺的智宗，“博学多闻，尤长转读。声至清而爽快”，每逢寺里打“八关斋”，夜深之后，四众昏沉欲睡的时候，他便“升座一转，梵响干云”，以至大家“莫不开神畅体，豁然醒悟”。齐乌衣寺的昙迁，不仅长于唱诵，更是佛教音乐的创作家。他“巧于转读，有无穷声韵。梵制新奇，特拔终古”。齐东安寺的昙智，不但“有高亮之声，雅好转读”，能遵照师承讲唱，而且还常常“独拔新异，高调清澈，写送有余”，有所创新，被当时的王公大臣所器重。齐安乐寺的僧辩，曾与萧子良在永明七年一起“造经呗新声”。他的唱诵，被

① （南朝梁）慧皎:《高僧传》卷 15，金陵刻经处光绪十年版，第 1—3 页。

称为“哀婉折中，独步齐初”，据说他曾在夜里唱诵经文，引得“群鹤下集阶前”，一直到他诵毕才飞走，从此名声大噪。宋京师祇洹寺的道照，“披览经典，以宣唱为业”，成为职业的佛教音乐家。他“音吐嘹亮，洗悟尘心”，而且，能够根据当时发生的事临时编造唱词，完全符合慧皎提出的“声、辩、才、博”的要求。他曾在宋武帝的内殿设斋讲唱，颇得皇帝的嘉许，一次法会竟得到三万钱的布施。[①] 中国传统记谱法的发明与使用，也与佛教有密切的关系。目前在佛教与道教典籍中保存的曲线谱“央移”“步虚”等，可能在三国时即已出现[②]，并与《汉书》中所载的“声曲折”有一定的关系。而在中国民间广泛使用的工尺谱也与佛教有关，有的学者认为，工尺谱的前身即从印度七声梵文的首字而来。而中国音韵学的产生是佛教经典浩大翻译工程中的副产品，则是众所周知的了。

---

① （南朝梁）慧皎:《高僧传》卷 15，金陵刻经处光绪十年版，第 4 册，第 9—16 页。

② 参见田青《释〈高僧传〉中的“契”字》,《民族民间音乐研究》1985 年第 6 期。

第三章　活泼的禅心与流动的音符
——禅与音乐的相似性

一、“直指人心”的禅与“不立文字”的音乐

假如说，从世尊拈花、迦叶微笑的一瞬间便开始了禅“不立文字、直指人心”的传承，那么，从某个原始人第一次仅仅为了高兴而拨动弓弦的一瞬间开始，音乐，便也走上了与语言并行但各自独立发展的道路。中国民间过去曾有一句颇有禅意的老话：“人生识字糊涂始”，的确道出了部分真理。语言文字，作为世间文化和知识的载体，作为人类交往的工具和手段，有着极其重要的作用，同时，也有着固有的局限性。释迦说法四十九年，临终时称自己“未说一字”；《老子》“五千言”，第一句话也是：“道可道，非常道”，认为世上凡是可说的道理，可以用语言表达的道理，都不是真正、长久的道理。对人类语言的局限性以及对终极真理的非语言性的清醒认识，应该是东方古典哲学对人类认识史的一个重大贡献。

在禅宗看来，所有修行的门径、方法、过程以及最终的目的，统统可以概括为四个字：明心见性。虽然“见性”是目的，“明心”是手段，但禅宗最看重的是心，是心的澄净和解脱。中国禅宗“二祖”慧可悟道前宁可

跪雪断臂也要“解脱”的最大烦恼便是“吾心不宁”，而他所追求的最高境界，便是“乞师与安”——求师为其安心。菩提达摩为慧可开悟，使慧可“立地成佛”的一句话，也是这五个字：“与汝安心竟。”但是，恰恰在“明心见性”的过程中，文字常常成为“心”的羁绊和障碍。有一个曾被广泛引用的禅宗公案说：一个学者来向禅师学禅，禅师为他倒茶时有意一边说话一边倒，茶杯满了，禅师还在继续倒，学者只好提醒他说：“满了！满了！”而实际上，禅师正是要用这个行动提醒学者，他自己就像这个装满了水的杯子，如果不把已装满脑袋的旧思想、旧观念、旧思维方式统统倒掉，是无法再灌进新东西的。这位学者所长的语言、文字，在学禅的路上，却可能是他的“文字障”。

音乐与禅一样，在本质上便具有“反文字性”，一切企图用语言来“描述”音乐的尝试，都是徒劳的。在音乐欣赏领域里，人们最常犯的一个概念错误，便是用“听懂听不懂”来表示对音乐欣赏的结果。音乐不是文字和概念，没有什么“懂”与“不懂”，而只有“喜欢”与“不喜欢”以及其他类似的感觉。正像禅强调体悟和心灵的感受一样，音乐需要的也仅仅是感受，是个人的、不可替代的感受。而且，这种感受从根本上讲，也是无法用语言和文字表达的，是“不可言传”的。人们用语言和文字表达的东西，充其量，也只是你的个人感受（注意：是“你的”，而不是“音乐的”）的文字化。即使是白居易《琵琶行》中“大珠小珠落玉盘”的千古名句，所描写的也只是音乐在诗人心中所引起的联想，而不是感受的全部，更不是音乐本身。禅宗有一句真正了悟的话，叫“一说便错”。对音乐欣赏而言，其实也是“一说便错”。奥地利著名的音乐美学家汉斯力克（1825—1904）有一个和他本人同样著名的命题：“音乐的内容”，仅仅是“乐音的运动形式”而已。现在，越来越多的音乐学家们认为这个过去被讥评为“形式主义”的观点，有着深刻的道理。其实，西方的诗人早就说过：“话语停止的地方，便是音乐的开始。”[①] 而东方的哲人在这个问题上说得更透彻：“仁言不如仁声之入人深也。”[②] 认为好的、善的语言不如好的、善的音乐更容易深入人心，在道德标准第一的前提下，充分肯定并强调了音乐对语言的超越。

虽然禅与音乐都是一种对语言的超越，但是，“佛法在世间，不离世间觉”。释迦传教，从来是“应机说法”。对号称“头陀第一”的迦叶，当然可以“以心传心”；对芸芸众生，则只能明知不可说而说之，即所谓“不说之说”。禅宗的公案语录、棒喝机锋，都是语言的变形和替代品，其目的，无非是打破你旧的思维定势，令你豁然开悟。与此同理，在音乐美学中的“音乐形象”一词，也是一个勉强为之、约定俗成的概念。有趣的是，音乐形象的模糊性、多义性，与禅宗公案的不可确解，也有着惊人的相似。

佛教把一种透彻的智慧称为“般若”，这种建立在“缘起性空”的理论基础上，超越了世俗认识与事物表面现象，直接达到事物的本来面目、把握诸法真如实际的智慧，可以称作“超越的智慧”。在某种程度上，这种智慧的运用过程和达到的结果也是不可言说的。音乐与此相似，它通过人的感官让人直接体会到事物的本质。一些真正被音乐打动的人常常在音乐中体会到某种超理性的东西，但是他却无法准确地传达给其他人。那种在乐声中“怦然心动”、似有所得的感觉，极像禅宗所说的“顿悟”——在刹那间豁然贯通、洞若观火。人们在此时从音乐中体味到的东西，也类似“般若”——它穿透了事物周围的一切，也穿透了事物的表象，直达事物的本质，直接洞悉生命的真实意义和世界的本来面目。

就像音乐可以挖掘出你深藏在理智下面的感情，激起你感情的波澜、

---

① 海涅语，转引自 C. 波汶，B. 冯 · 梅克编：《我的音乐生活——柴科夫斯基与梅克夫人通讯集》，陈原译，人民音乐出版社 1982 年版 。

② （汉）赵岐注：《孟子 · 尽心章句下》卷 13，四部丛刊景宋大字本，第 107 页。

南宋梁楷《六祖斫竹图》

搅动你记忆的深渊一样，禅的目的，也是锤炼你的心灵，以挖掘出你那些潜藏着的、作为整体的自我存在。当然，音乐所作用的，还只是人的感情层面，而“般若”，则不但超越理性、超越一切虚妄不实的假象，也超越感情、超越逻辑，直接触及事物的本质和宇宙的本体——真如。

西方音乐多无标题音乐，强调音乐的本体性和独立性，以有意味的音的运动形式作为最终的音乐审美法则；中国音乐多标题音乐，强调音乐的多种功用尤其是心理指向性，以载道、净意、明心作为音乐艺术的最高理想。为此，西方音乐竭力使音乐脱却对其他艺术形式的依赖和联系，以“纯音乐”的姿态卓然独立于艺术之林；中国音乐则以虚怀若谷的雍容涵括了一些其他艺术形式，甚至以另外一种艺术形式——“诗”的标准来表达自己的追求。对中国人来说，“诗意”，意味着音乐以及其他一切艺术的最高层次。因此，中国传统音乐才可能接受禅宗的理念与精神，在成为诗意盎然的音乐的同时，也成为禅意悠然的音乐。在中国，与许多受禅宗影响的诗人们一样，对于接受禅宗思想的文人音乐家而言，音乐首先是悟道的手段，同时也是弘扬佛法、张扬真如佛性的“指月之指”。惠洪称自己的诗集为《石门文字禅》，公开亮出“文字禅”的旗号。与此同理，音乐其实也是一种“音乐禅”。明代的达观禅师在为《石门文字禅》作序时对禅与文字关系的论述，同样也可以用来解释禅与音乐的关系。他说：

> 禅如春也，文字则花也。春在于花，全花是春；花在于春，全春是花。

如果我们把这段话中的“文字”换成“音乐”，那么，禅是使百花盛开的春天，音乐就是花。对于春天而言，花体现了春天的全部含义；对于花而言，春天便是花的全部概念。春、花如一，禅、乐如一。春、花、禅、乐，浑然一体，再不可分。禅对中国传统音乐的巨大影响，超出了许多人的想象；而中国传统音乐中所体现的禅的精神实质和洒脱风貌，也的确令人深思。

二、公案：谁能确解

公案，是禅宗振聋发聩、拨云见日最常用的手段。《碧岩录·序》说：

> 尝谓祖教之书谓之公案者，倡于唐而盛于宋，其来尚矣。二字乃

世间法中吏牍语。其用有三：面壁功成，行脚事了，定盘之星难明，野狐之趣易堕。具眼为之勘辨，一呵一喝，要见实诣。如老吏据狱谳罪，底里悉见，情款不移，一也。其次则岭南初来，西江未吸，亡羊之歧易泣，指海之针必南。悲心为之接引，一棒一痕，要令证悟。如廷尉执法平反，出人于死，二也。又其次则犯稼忧深，系驴事重，学弈之志须专，染丝之色易悲。大善知识为之付嘱，俾之心死蒲团，一动一参，如官府颁示条令，令人读律知法，恶念才生，旋即寝灭，三也。

这段论述，清楚地讲明了公案的三个作用，无非是针对学禅人的不同根器、不同因缘，因势利导，循循善诱，使学人有“法”可依的方便法门而已。禅宗的第一个公案，便是我们前面提到的“世尊拈花，迦叶微笑”的传说。

我一直认为，禅宗之所以得到中国历代知识分子，尤其是艺术家的心仪神往，除去禅的究竟明白、直指人心的“真理性”而外，还有一个同样重要的原因，便是禅宗的“艺术性”。可以毫不夸张地说：与世界上其他所有的宗教、教派、哲学、主义比起来，禅宗是最有诗意的思想体系，在某种意义上说，甚至可以称其为“艺术的哲学”。对于以理性思维、逻辑思维为主的哲学家来讲，这一点也许不那么重要，但是，对于重感情、重形式、重趣味的艺术家来讲，这一点却不是可有可无的。你可以想象一下这个场面：灵鹫山中，“大比丘众万二千人俱。一切大圣，神通已达。其名曰：尊者憍陈如，尊者舍利弗，尊者大目犍连，尊者迦叶，尊者阿难等，而为上首。又有普贤菩萨，文殊师利菩萨，弥勒菩萨及贤劫中一切菩萨，皆来集会”[①]。此时，佛在万众瞩目下登上法座，慈悲地环视大众。四周静极了，连一丝风声也没有。所有人都仰望着佛陀，期待着佛陀口吐莲花，播洒法雨。但是，佛陀却一言未发，他手拈一枝金婆罗花，同样默默地期待着。人们不知道这沉默和相互期待究竟有多久，也许只有一刹那，也许已过百万劫。所有的人都困惑不解地望着佛陀，莫名其妙。只有迦叶，心头蓦然一动，不禁破颜微笑。这“破颜”二字，何等生动形象；这无声的一笑，打破的何止是沉默?！在这“三点一线”（心——花——心）的顾盼之中，不但语言和一切宗教的繁文缛节都顿失其义，就连无尽的时间和无际的空间，也统统让位给了心灵的交流。“心心相印”的默契里，妙谛顿显；“悠然心会”的彻悟中，灵犀贯通。四目相交的一瞬，神秘与豁朗相照；心头怦然一响的关头，深邃与平易互融。此时此刻，悟性的耀眼光芒与“妙处难与君说”的个人感受水乳交融，佛、法、僧浑然一体，天、地、人再无区别。

这就是公案，这就是诗意盎然的公案。你在其中可以体会到很多，但却一言难尽。

当然，并不是所有的公案都这样明白易懂，大多数公案对大多数人来说，是颇难理解的。用日本禅宗大师铃木大拙的话来讲，便是“公案的用意，是要阻止每一个想用理智解答问题的尝试”[②]。禅宗在南宗慧能之后，繁衍为“五家七派”，禅师们以各自的风格、体验和随机应化的特性，显现出“棒”“喝”“擒”“拿”“推”“踏”“收放”“与夺”“杀活”等方便手法。于是，公案也变得五花八门、千姿百态。其中有许多公案，虽然“会灵源，契妙旨，破生死，越情量，与三世十方百千开士同禀之至理也”。但是，却

---

① 《无量寿庄严清净平等觉经 · 法会圣众第一》。

② ［日］铃木大拙、［美］佛洛姆:《禅与心理分析》，孟祥森译，中国民间文艺出版社 1986 年版，第 8 页。

“不可以义解，不可以言传，不可以文诠，不可以识度。如涂毒鼓，闻者皆丧。如大火聚，撄之则燎……如赵州庭前柏树子，洞山麻三斤，云门干屎橛之类，略无义路与人穿凿。即之如银山铁壁之不可透。惟明眼者，能逆夺于语言文字之表。一唱一和，如空中鸟迹，水底月痕，虽千途万辙，放肆纵横，皆不可得而拟议焉。远自鹫岭拈花，迨于今日，又岂止乎一千七百则而已哉”[①]！

中峰和尚所提到的这几个著名的公案，均是历代著名禅师赵州、洞山、文偃以“庭前柏树子”“麻三斤”“干屎橛”这些再平常不过的东西甚至秽物，来回答“如何是祖师西来意”“如何是佛”这样深刻的问题。这种在平常人看来“所答非所问”“莫名其妙”的答案，其实正是禅师开启冥顽的金钥。

说明禅宗公案对语言的超越，最明显的例子就是对这个“如何是祖师西来意”的永恒课题的不同答案了。从唐至宋，伴随着禅宗的兴盛，对这个课题的问与答络绎不绝，成为禅宗公案中一条耀眼的红线。据查，有关“西来意”的问答，在禅宗语录里被记录的就有二百三十余则，而且所答各异，千奇百怪。面对这个问题，九峰答：“板齿生毛”；龙牙答：“待石乌龟解语，即向汝道”；洛蒲答：“青岚覆处，出岫波峰，白日辉时，碧潭无影”；沩山答：“大好灯笼”……而有的则不道一字，或做一个动作，或干脆抬手便打。《碧岩录》中有：“龙牙问翠微：‘如何是祖师西来意？’微云：‘与我过禅板来。’牙过禅板与翠微，翠微接得便打。牙云：‘打即任打，要且无祖师西来意！’牙又问临济：‘如何是祖师西来意？’临济云：‘与我过蒲团来！’牙取蒲团过与临济，济接得便打。牙云：‘打即任打，要且无祖师西来意！’”

---

① 中峰和尚：《山房夜话》卷上，转引自正果《禅宗大意》，中国佛教协会《法音》文库版，第121页。

对这个“西来意”的问题，历代祖师苦参不已，甚至如龙牙问便遭打，仍坚持“打即任打，要且无祖师西来意”，大有不问透参破不休的气概，可见这一问题对学禅人的重要。但对我们而言，问题却是为什么同一问题却有如此多而不同的答案。正果法师在他编述的《禅宗大意》中，有一段非常精辟的论述。他说：

> 同一问题，为什么应答都不同？那是因为禅的根本法，是超越一切的无生法，是离却形式与概念的，所以无碍自在，绝不会为任何语言形式手法等所拘束。也可以说，祖师西来时，全宇宙都为祖师西来而现前。因为宇宙万有都存在于西来意中，则任取一物，无不是西来意。是故西来意，绝非固定的概念，所以古来高僧大德，各自应其境，通其机，而自由自在的拈答。[①]

在禅宗公案中，音乐也常常成为禅师们启迷开悟的工具，因此公案中多有以乐喻禅的故事。如：

《景德传灯录》卷一一“道吾和尚”条：“凡上堂示徒，戴莲花笠，披襕，执简，击鼓吹笛，口称‘鲁三郎’。有时云：‘打动关南鼓，唱起德山歌。’”

《景德传灯录》卷一八“杭州龙华寺真觉大师灵照”条：“僧问：‘草童能歌舞，未审今时还有无？’师下座作舞曰：‘沙弥会么？’僧曰：‘不会。’师曰：‘山僧蹋曲子也不会？’”

《景德传灯录》卷二十“襄州凤凰山石门寺献禅师”条：“问：‘师唱谁家曲，宗风嗣阿谁？’师曰：‘一曲宫商看品弄，辨宝须知碧眼胡。’”

---

① 正果：《禅宗大意》，中国佛教协会《法音》文库版，第 128 页。

《汾阳无德禅师语录》卷下："第三要，不用垂钩不下钩，临机一曲楚歌声，闻了尽皆悉返照。"

《法演禅师语录》卷上："且道《下水船》一曲作么生唱？""罗逻哩，罗逻哩，俗气不除。"

当然，禅师的开悟是应机而为，对于没有悟性的人来讲，不但"山僧踏曲子"没用，当头棒喝也未尝有效。这就像对于没有"音乐耳朵"的人来讲，多美妙的音乐都是"莫名其妙"一样。

三、音乐：一说便错

与禅相似，音乐也是"离却形式与概念的"，因此，对同一首乐曲、同一段旋律，不同的欣赏者，常常会得出不同的感受。而在有些时候，同一个人，在不同环境、不同情绪下聆听同一首乐曲，也会感受互不相同。正如《史记·乐书》中所说：

> 其哀心感者，其声噍以杀；其乐心感者，其声啴以缓；其喜心感者，其声发以散；其怒心感者，其声粗以厉；其敬心感者，其声直以廉；其爱心感者，其声和以柔。[①]

这一段话可以有两种解释，其中的一种，便是说随着欣赏者的哀、乐、喜、怒……的变化，音乐的表现和感受，也会呈现出噍杀、啴缓、发散、粗粝等不同的变化来。比如中国内地人人熟悉的《哀乐》，日日回荡在殡仪馆的"告别室"里；每当有重要人物去世，更会在电台、电视台的电波中

① 文化部文学艺术研究院音乐研究所编：《中国古代乐论选辑》，人民音乐出版社 1981 年版，第 70 页。

反复低回。其实，这首《哀乐》本是一首陕北的唢呐曲，在陕北民间的民俗活动中被广泛使用。无论“红事”（结婚等喜庆活动）还是“白事”（葬礼活动）都可以演奏。吹“红事”时，速度加快，旋律便显得欢快跳荡；吹“白事”时，民间音乐家们没有改变这首旋律的一个音符，只是把乐曲的速度放慢了一倍。于是，原本欢快轻盈的歌唱一变而成了悲痛、哀婉的倾诉。当专业音乐家将这首乐曲从2/4拍变为4/4拍，并移植到铜管乐队时，《哀乐》便名副其实地成了中国内地的《葬礼进行曲》。更为著名的歌曲《东方红》，从20世纪40年代开始，便逐渐在陕北传唱，1949年后，更由陕北传遍内地，最终成为歌唱“伟大领袖毛泽东”的专用歌曲，成为20世纪中国内地最庄严、神圣的颂歌。不但“文化大革命”时期中国内地八九亿人每天早晨都要面对毛泽东的画像高唱这首歌曲，连“中央人民广播电台”几十年来也一直用山西侯马出土编钟演奏的《东方红》作为对外广播的开始曲，而且，中国发射的第一颗人造卫星，也曾把《东方红》的旋律带上了太空，“让《东方红》的旋律响彻宇宙，响彻太空”。当时也曾流行的另一首歌唱道：“最美的歌是《东方红》，最伟大的领袖是毛泽东。”在中国内地，现在30岁以上的人可以说人人会唱这首歌；在这个世界上，可能有数以亿计的人听过“东方红，太阳升，中国出了一个毛泽东，他为人民谋幸福，呼儿嘿哟，他是人民大救星……”但恐怕很少有人知道它的曲调从前只是一首普通的、以轻薄的歌词传唱的民歌小调。在陕北民间，这首曲调不但曾配唱过“骑白马，挎洋枪，三哥哥吃上八路军的粮……”而且其更早的唱词竟然是多种不同的“淫词”，其中的一首是：“妹妹的脚，尖又小，上边绣了一只金丝鸟，有心摸摸妹妹的脚，呼儿嘿哟，金丝鸟它飞去了……”当然，假如有人胆敢在“文化大革命”中用这个已经“神圣化”的旋律演唱这首歌的“原本”，那么，他肯定在劫难逃。

不仅在中国是这样，也不仅小曲存在这种情况，就连一些世界音乐殿堂里的经典名著，也存在许多不同乃至截然相反的解释。比如法国著名的《马赛曲》，在一般情况下，被视为法国大革命的象征和符号，人们从中感受到的，是向上的意志和“自由、平等、博爱”的精神。但是，在俄罗斯作曲家柴可夫斯基的《1812序曲》中，《马赛曲》却被当成拿破仑军队的象征出现，代表着正义的对立面和俄罗斯的敌人，人们在《1812序曲》中感受到的《马赛曲》，是冷酷的、残暴的、恶势力的形象。再比如俄罗斯作曲家肖斯塔科维奇的《C大调第七交响曲》，很长一段时间以来，人们相信原苏联官方发表的作者对于乐曲的“说明”和苏联音乐学家的解说，认为作曲家在音乐中表现的是被围困的列宁格勒，表现的是苏联人民与德国法西斯的斗争。因此，人们习惯于把这部作品称为“列宁格勒交响曲”，把乐曲中的“反面形象”当成“德国法西斯”的主题。但是，1979年，在美国出版了由伏尔科夫（Solomon Volkov）整理的肖斯塔科维奇的“回忆录”。在这本书中，肖氏却披露自己的创作“是战前设计的”，“完全不能视为在希特勒的进攻下有感而发。‘侵略的主题’与希特勒的进攻无关”。他创作时想到的，“是人类的另一些敌人”。肖氏在“回忆录”中称，自己的这一作品，是为了纪念1936—1938年间在斯大林“大清洗”中被屠杀的许多不该死去的优秀人物的“纪念碑”。我不想在这里讨论肖氏“回忆录”的可信程度及这位作曲家的人格问题，也不想在这里对有关《C大调第七交响曲》的两种不同说法做一个最终判断，我只是想借此说明：音乐，也像禅宗的公案一样不可确解。或者说：音乐的创作与欣赏，也如同禅宗的修道一样，属于一种完全独立的个人体验、一种不可替代的直觉体验。用禅宗的话来讲，便是“如人饮水，冷暖自知”。禅宗讲公案的这段话，完全适用于音乐：音乐的内容，也是“不可以义解，不可以言传，不可以文诠，不可以识度”的。

正因为这个原因，古往今来的许多大音乐家，都不约而同地反对用文字来描述音乐。早在魏晋时代，嵇康便提出了一个比他的“非汤武而薄周孔”更大胆、更独特、更有才气，也更具有美学意义的命题——“声无哀乐”。认为你在听音乐时得到的情绪感受，来自你的内心而非来自音乐。俄罗斯作曲家柴可夫斯基在不得不“有生以来第一次把音乐的想法和形象改写成文字”以满足梅克夫人的愿望之后，又立即把自己的解说称为“胡说八道”，并感到重读一遍都“很可怖”。他似乎在问自己：“你怎么能够表现你在写一部器乐曲（它本身没有什么一定的主题）时掠过脑际的一些漠然的感觉呢？这纯粹是一种抒情的过程，是灵魂在音乐上的一种自白……”他认真地对梅克夫人说：“……亲爱的朋友，这就是关于那部交响乐我能告诉你的一些物事。当然，我所说过的既不清楚，也不完全。这是按器乐的性质而作的。因为器乐曲不能作详细的分析。恰如海涅所说：‘话语停止的地方，就是音乐的开始。’”[①] 古今中外，大概只有魏晋名士们最懂音乐，也最理解音乐的“不可说”。嵇康的“声无哀乐论”产生在那样的一个时代，是因为当时有相当一部分名士们在思想上达到了这样的境界。《世说新语·任诞》中有这样一则故事：

> 王子猷（徽之）出都，尚在渚下。旧闻桓子野（伊）善吹笛，而不相识。遇桓于岸上过，王在船中，客有识之者，云是桓子野。王便令人与相闻云：“闻君善吹笛，试为我一奏。”桓时已贵显，素闻王名，即便回，下车踞胡床，为作三调。弄毕，便上车去，客主不交一言。

这个故事，真是妙不可言。王徽之与桓伊彼此闻名，但不相识，待邂

① C. 波汶，B. 冯 · 梅克编：《我的音乐生活——柴科夫斯基与梅克夫人通讯集》，陈原译，人民音乐出版社 1982 年版。

逅于途时，王不揣冒昧，单刀直入，请桓为其吹笛，桓既不推辞，也不客套，“即便回”，下车便吹，一连吹了三支曲子，吹罢，上车便走，彼此竟不交一言！两位高士都是满腹经纶的才子，彼此景仰，又在那样一个以清谈之风著称于世的时代，本该玉柄麈尾，相识恨晚，“侃”它个昏天黑地。何以二人乐罢则散，不交一言呢？说“君子之交淡如水”，是错；说“话不投机半句多”，更谬。王与桓，都是知音通乐之人，桓伊更是其时著名的音乐家。相传至今仍在的古琴名曲《梅花三弄》原为笛曲，即被认为是桓伊所作。王久慕桓名，又是“发烧友”级的爱乐者，才会既不顾自己的身份，又不怕被拒绝，贸然说出“闻君善吹笛，试为我一奏”的话来。桓也“素闻王名”，这才会同样忘记自己的身份和事务，马上回头，“下车踞胡床”，说吹就吹，还一连吹了三支曲子。他如果认为王徽之不懂音乐，不愿与之交谈，他根本不会下车专门为王演奏。所以，二人的“不交一言”，实在只是二人真正懂音乐的表现。他们都知道，音乐就是音乐，音乐之外，别无音乐。一个吹完了，一个听完了；该吹的吹了，该听的听了，功德圆满，还说什么呢？再说一字，便是多余；再说半句，便是废话。再者说，“话语停止的地方，便是音乐的开始”，一个奏完了当时最好的音乐，一个听完了当时最好的音乐，还需要说什么话吗？ 更应该令今人感慨惭愧的是，这两位真正的“爱乐者”，其时一位官至“骑兵参军”[①]，一位“已贵显”，官至“大将军”。他们在音乐的交往中，忘掉世俗的“身份”，抛开世俗的“礼仪”，至情至性，通脱潇洒，其思想境界，已直逼禅门。

当然，一幅抽象主义的绘画，也同样“不可以义解，不可以言传，不可以文诠，不可以识度”，但绘画究竟是有形之物，借用佛教的语言来讲，是“有相”，而非“无相”。它所必需占据的空间和一经完成便被固定的特

① （宋）朱长文：《琴史》卷 4“王子猷”条，《乐圃琴史校》卷 4，中国音乐研究所，1959 年，第 3 页。

质，使绘画与禅终究隔着一层，不能做到与禅“形神俱似”，只有那无形的、流动的、转瞬即逝的音符，才与活泼的禅心“形神俱似”；禅与音乐的因缘，可谓殊胜。

除了精神与形态的相似之外，禅与音乐还存在着功能上的相似性。

禅原是梵文 Dhyana 音译“禅那”的略称，意译为“静虑”“思维修”。意为心注一境、正审思虑，是佛教产生之前就存在于古印度的一种修行方式。古印度所谓的“瑜伽”（Yoga），便是这种调息静坐、冥思入定的修行法门。静坐首先要调息，即佛教所讲的“安般守意”“数息观”，用数息的方法将散乱的心念集中，渐渐入于定境，最终由定生慧，得到解脱。佛教继承和发展了古印度的“瑜伽”术，总结了“四禅定”“四静虑”的理论，将禅定分为四个基本层次，即“初禅”—“二禅”—“三禅”—“四禅”，系统地论述了从“初禅”阶段的“喜”“乐”感产生，到“四禅”阶段的“不苦”“不乐”、无喜无忧、无欲无念，得“大自在”的无上境界。虽然历史上的一些禅宗门派反对坐禅，主张“见性成佛”，如唐中宗内侍薛简问慧能“京城禅德皆云，欲得会道，必需坐禅习定”的主张是否正确时，慧能说：“道由心悟，岂在坐也。”[①] 但禅定的“定”，毕竟是佛教“戒、定、慧”三学中重要的一环，伴随着大多数“凡夫”学佛过程的始终。

《摩诃止观》[②] 卷四有“二十五方便”，专讲“调身”“调息”“调心”等学佛人的“方便法门”，这与学琴人的要求是一致的。清代苏璟的“鼓琴八则”中，即有“调气”一则。鼓琴时心静气匀，心注一境，是所有学琴人都必须遵守的准则。琴家对环境及弹琴人姿态的要求，也几乎与修禅人对环境及姿态的要求一模一样。明代杨表正在其《弹琴杂说》中要求弹琴人

① （宋）释普济：《五灯会元》卷 1，中华书局 1984 年版，第 36 页。

② “天台三大部”之一，天台宗实际创始人智者大师述，灌顶笔录。

坐禅图

弹琴图

的一段话，简直就像是对修道人“打坐”的要求：

> 凡鼓琴，必择净室高堂，或升层楼之上，或于林石之间，或登山巅，或游水湄，或观宇中；值二气高明之时，清风明月之夜，焚香，静室，坐定，心不外驰，气血和平，方与神合，灵与道合。……如要鼓琴，先须衣冠整齐，或鹤氅，或深衣，要知古人之象表，方可称圣人之器。然后盥水焚香，方才就榻。……其心身要正，无得左右倾欹，前后仰合……[①]

“坐定”与“心不外驰”，可以说是坐禅和弹琴一致的，也是最基本的要求。而焚香沐浴等一切心理准备和仪式化的过程，也只有在禅客和琴人

① 文化部文学艺术研究院音乐研究所编:《中国古代乐论选辑》，人民音乐出版社 1981 年版，第 288 页。

坐禅前和弹琴前才能看到，通过“调息”“调气”来由定生悟，可以说是音乐天生的长处。音乐，有时能“方便”地起到促人开悟生慧的作用。

白居易《好听琴》诗曰：“本性好丝桐，尘机闻即空。一声来耳里，万事离心中。”说的便是他闻乐知空、听琴悟道的实例。能“一声来耳里，万事离心中”，一方面是音乐的特殊功能，一方面也是白居易的缘分。“耳根利”，即是有善根。古之大德，谓“通音声为小悟”，不是没有道理的。大部分人可能没有白居易这么高的悟性，但许多人都有过在舒缓、平静的乐声中感到心灵安适的经历。而孟郊的《听琴》诗，则结合他多年修道的经历，感慨万分地咏道：“……学道三十年，未免忧死生。闻弹一夜中，会尽天地情。”似乎他三十年的参修，都不如这一夜听琴的功效。音乐与修道人的关系，也就可见一斑了。

在所有艺术中，音乐是最不具备“物质性”的艺术。它所借用的“物质”手段——乐音，不但与绘画、雕塑、建筑不同，是看不见、摸不着的，而且，构成音乐的基本材料——音阶、调式、调性等，也完全是人类“抽象”的结果，在自然中本不存在。而在佛教的所有宗派中，禅宗的非物质性也是最明显的，一句“不立文字”，道尽了音乐与禅的相似。

正因为禅与音乐存在着相当多的相似性，所以，不但在禅的表述中常常以音乐作为比喻发问，如：“师唱谁家曲，宗风似阿谁？”“古曲无音韵，如何和得齐？”“还乡曲子作么生唱？”“独唱无生一曲歌”等；在中国传统音乐中，也同样存在着大量体现了禅意的乐曲，禅与音乐，可谓你中有我，我中有你。

可以这样说，禅与音乐，都是人对宇宙、对人生的把握。禅是叫人明心见性，洞彻宇宙、人生的真谛；音乐是将声音生命化，用有意味的声音形式去表现人对宇宙、人生的种种感受。两者都是直观的，都是“直指人心”的。禅是洞彻生命的哲学，音乐是表现生命的艺术。

第四章 禅风乐韵

一、单旋律中的禅意——“简约”与“明心见性”

我曾经问过一位西方的艺术家朋友，中国音乐留给他印象最深的是什么，他毫不犹豫地说：旋律。

的确，与有多声传统的西洋音乐不同，中国音乐最突出的是旋律，最讲究的是旋律，最有特点的也是旋律。多年前，我曾写文章提出一个观点，认为艺术与科学不同，不好用“先进”与“落后”的概念，并探讨了中国音乐的线性思维——即中国音乐单音性的问题。[①] 我认为，中国音乐的单音性[②]，是中国音乐的特质之一，它就像中国人的黑发黄肤一样，是中国音乐借以区别于其他音乐的本质特征。它是在长期的传播、使用中形成的，它本身便是一种文化，一种不容变易、不容混淆的文化。有趣的是，中国音乐的单音性并不是自古如此或“与生俱来”的，恰恰相反，有许多证据表

---

① 田青:《中国音乐的线性思维》,《中国音乐学》1986 年第 4 期。

② 作者所说的“中国音乐的单音性”，主要是取音乐美学的意义，而不是取音乐形态学的意义。换句话说，“中国音乐的单音性”只是中国音乐的主要特质，而不是指所有的、全部的中国音乐都是单旋律。在浩如烟海的中国音乐中，始终存在着多种多音现象，如多声部民歌和重奏、合奏等，因此，更准确地说，中国不是没有多声音乐的实践，而只是没有多声音乐的理论。

明早期的中国音乐是有着多声音乐的思维和实践的，而促成中国音乐向单音性方向发展的原因，一是政治环境，二是哲学思想。笔者在有关的文章中曾探讨了主要以儒家思想为主的意识形态原因使中国音乐逐渐抛弃了先秦已有的“乱”① 的传统，走上了单音音乐道路的过程。认为儒家思想影响中国音乐的结果，是逐渐使中庸、平和的旋律代替了其他一切复杂、生动、变化多端的表现手段。如果不是禅的思想使日趋平和的中国音乐重新充满了生机的话，大部分中国音乐将像唐代燕乐兴起之后的雅乐一样，在“中正和平”的标榜下步履蹒跚地走向衰亡。

说禅是使中国音乐起死回生的妙药，绝不是故作耸人听闻之语，也并非对禅出现之前其他影响了中国音乐的意识形态不公平。随着禅宗在中国的传播和普及，禅思想越来越多、越来越深入地影响着中国音乐。禅对中国音乐的影响是多方面的，而用“简约”的精神来代替并纠正儒家思想对中国传统音乐的束缚，则是禅宗对中国传统音乐相当重要的贡献。

我们知道，在禅宗出现之前，中国的哲人便说过“大乐必易，大礼必简”② 的话。但是，“简约”不是“简单”，不是“简易”，只有在貌似“简单”的形式里包含着“不简单”的内容时，我们才称之为“简约”。而禅宗之前的中国音乐思想，大多只是反对“复杂”，提倡“简单”。

被称为“杂家”之作的《吕氏春秋》概括了儒、道两家的音乐观。在《吕氏春秋》中，专有“侈乐”“适音”二篇，明确表示了其“反对”与“拥护”的内容。“侈乐篇”说：“夏桀殷纣，作为侈乐，大鼓、钟、磬、管、箫之音，以钜为美，以众为观，俶诡殊瑰，耳所未尝闻，目所未尝见，务以相过，不用度量”，因此，“自有道者观之，则失乐之情。失乐之

---

① 乱，中国先秦音乐中普遍存在的一种形式和结构，一般在乐曲的结尾，亦称“乱声”。

② （汉）司马迁:《史记·乐书》卷 23，清乾隆武英殿刻本，第 273 页。

情，其乐（yue）不乐（le）。乐（yue）不乐（le）者，其民必怨，其生必伤”①。而“乐有适”，“心有适”，“音亦有适”。《吕氏春秋》强调乐音的大小高低非常重要：“故太钜、太小、太清、太浊皆非适也。”那么，什么是“音”之“适”呢？“适音篇”说：“衷，音之适也。何谓衷？大不出钧，重不过石，小大轻重之衷也。”这“大不出钧，重不过石”，指的是古代雅乐中最重要的乐器钟，因为铸钟在青铜时代是一件极重大的事情，又是最耗费民力财力的工程，其在当时的重要性和耗资之巨的程度，相当于现代大国的航天事业，投入太多，甚至可能使国家崩溃。因此，《吕氏春秋》的作者总结了“宋之衰也，作为千钟；齐之衰也，作为大吕”的教训，主张控制钟的重量型制，要求最大的钟重量不要超过三十斤重，体积不要超过量器“石”（合十斗）的大小。而音域和音色则要求既不能太高也不能太低，既不能太粗也不能太细，最好在以“黄钟之宫”为“本”的一个八度内。这不能不让人们想起墨家“非乐”的理论。这种主张，不但不是“简约”，甚至也不是“简单”，而简直是“简陋”了！

在儒家看来，音乐只是为政治服务的工具，在音乐中，可以没有艺术的地位。因为，“清庙之瑟，朱弦而疏越，一唱而三叹，有进乎音者矣；大飨之礼，上玄尊而俎生鱼，大羹不和，有进乎味者也”②。意思是说：“国家宗庙里的瑟，用红色的弦，声音很少。弹一个音要同音反复三次，是因为有比‘音’更重要的；国家的大典上，用黑色的容器盛着没有烹调过的生鱼，羹也不放佐料，是因为有比‘味’更重要的。”这比“音”与“味”更重要的东西，便是“先王”制礼作乐的初衷：“非特以欢耳目，极口腹之欲也，将以民平好恶，行礼义也。”

---

① 《吕氏春秋·仲夏纪第五》，载《中国古代乐论选辑》，人民音乐出版社 1981 年版，第 98 页。

② 《吕氏春秋·适音篇》，载《中国古代乐论选辑》，人民音乐出版社 1981 年版，第 99 页。

禅宗的思想进入音乐领域之后，情形开始有了不同。首先，禅宗反对“复杂”形式的出发点便与儒家不同，禅宗不像儒家那样将“内容”和“形式”割裂开并置于相互对立的位置，更不认为在形式之外还存在着“有进乎音者”的单独的内容。在佛教看来，内容即形式，形式即内容，将二者割裂、对立的“分别心”都是“不究竟”的“妄见”。禅宗对“复杂”形式的反对，是因为禅宗南宗一派主张“顿悟”，认为一旦“明心见性”，便可以“立地成佛”，一切复杂的形式，有时就像“磨砖作镜”，根本达不到你主观的目的。因此，便从根本上抛弃了一切繁文缛节，也从根本上否定了一切复杂形式的必要性。但是，在禅宗的离却形式的“简单”里，却蕴涵着极其“不简单”的内容，蕴涵着活泼的生机。

“磨砖作镜”的故事见于《五灯会元》卷三，讲的是南岳怀让禅师接引马祖道一的一段公案：

> 开元中有沙门道一，在衡岳山常习坐禅。师（指南岳怀让）知是法器，往问曰：“大德坐禅图甚么？”一曰：“图作佛。”师乃取一砖，于彼庵前石上磨。一曰：“磨作甚么？”师曰：“磨作镜。”一曰：“磨砖岂得成镜邪？”师曰：“磨砖既不成镜，坐禅岂得作佛？”

南岳怀让不啻当头棒喝的生动而锐利的比喻，使马祖道一“如饮醍醐”，“心意超然”，当下彻悟。

以六祖慧能为代表的中国禅宗，对佛教思想的革命性贡献，便是以“顿悟说”代替神秀的“渐悟说”。“渐悟说”认为修行是一个复杂而长期的过程，修行人要像“清洁工”一样对待自己的心，时时刻刻都不要让本来清净的心被“尘埃”遮蔽。著名的神秀法偈说：“身是菩提树，心如明镜台。时时勤拂拭，莫使惹尘埃。”而出身贫苦、未受过教育的舂米僧慧能，却针锋相对地提出了他对佛性的本质和悟道过程的更深一个层次的理解。与神秀偈同样著名的慧能偈说："菩提本无树，明镜亦非台。佛性常清净，何处染尘埃。"[①] 把所谓"拂尘看净，方便通经"的手段全盘否定，认为神秀未能"明心见性"，不识本心。慧能认为："迷来经累劫，悟则刹那间。""前念迷即凡，后念悟即佛。"迷与悟有时就像一层窗户纸一样一捅就透，而由"迷"到"悟"，只是一念之差，瞬间之事。只要"明心见性"，成佛即在刹那之间："一念愚即般若绝，一念智则般若生。"在这里，最重要的是"明心见性"。"简约"不是目的，只是达到"明心见性"的手段。这与儒家强调"大乐必易，大礼必简"的目的确有不同。

这种来自生活底层的、横扫一切形式主义和繁琐哲学的清新的罡风，不能不吹进包括音乐领域在内的一切艺术领域。而一旦沐浴到禅宗法雨甘露的中国音乐，也不能不在其锐利的思想锋芒下有所改变。中国音乐的"简约"之风是与唐代禅宗的兴盛同步发展的。从中国传统音乐的节奏与旋律中，不难看出中国音乐受到禅宗"简约"之风影响的深度与广度。

从结构上看，中国传统音乐旋律的句法与西洋音乐便有很大不同。禅宗崇尚"简约"，中国音乐也崇尚"简约"。当代中国作曲家赵晓声在其《中国音乐与东方美学》一文中说："从句法或语法上看，中国音乐只有短句而无真正意义上的、能与瓦格纳或拉赫玛尼诺夫或马勒那些几十乃至上百小节的乐句相似的长句。从这一层意义上说，中国音乐的大结构，是由无数简练短句所构成。戏曲唱腔（如昆曲或京剧慢板拖腔）中的长句在音乐上亦是由若干短句所构成。延绵无终的漫长句型不符合中国音乐的结构原则。"[②] 乐句是这样，乐段与乐章的结构也是这样。中国传统音乐中最常

① 本节所引均为《坛经》法海本。

② 赵晓声:《中国音乐与东方美学》,《乐府传声》1989 年第 2 期。

见的结构都体现着禅宗“简约”的原则，形成一种极其凝练的特征。在中国绝大多数地区的民歌和戏曲中，一种只有两个乐句组成的“上下句”结构是最常见、最基本的结构。比如陕北“信天游”、内蒙古“爬山调”及京剧的“西皮”“二黄”的原板唱腔，都只有上下两句。就是在这种基本的结构中，发展出诸如“起承转合”的四句结构或首尾呼应、与中间乐段对比的三段体结构等曲体。这种从句法到曲式无不体现出的“以简御繁”原则，与禅宗“明心见性”“不落言筌”的思维方式与审美追求是一致的。

再比如中国器乐曲中著名的“老六板”，更是“简约”原则的典型，其凝练如髓，深蕴禅机。以“老六板”为“种子”繁衍出的“老六板”“老八板”家族，就像禅宗的“一花五叶”一样，充满着与禅一样的勃勃生机和千变万化的艺术魅力。“板”又称“板眼”，即西洋乐理中的节拍。强拍叫“板”，弱拍叫“眼”，一板或一眼均为一拍。中国人极重视“板眼”的作用，因此在日常俗语中称某人办事有把握、中规中矩为“这人办事有板有眼”或“这人办事一板一眼”。在中国音乐中，一板一眼即第一拍是强拍，为板；第二拍是弱拍，为眼。此外，还有一板三眼（即第一拍强拍，为板；第二拍弱拍为“头眼”；第三拍次强拍为“中眼”；第四拍弱拍为“末眼”）、流水板（有板无眼）、散板（无固定板眼的自由节奏）等。著名的民间丝竹乐曲《老六板》，也称《老八板》，与“河南曲子板头曲”“山东碰八板”等，其基本旋律都是由 2/4 拍的 68 小节或 4/4 拍的 34 小节组成的八句。其中第一、二乐句共击六板的称“老六板”，其一、二乐句共击八板的称“老八板”。该曲历史久远，在 1814 年抄本《弦索备考》[①] 中的《十六板》即用《八板》作为对位曲调。该曲作为一个深蕴禅机的“种子”，在全国各地有着许多的变体，并因而有着许多不同的名称。如在广东、广西、

---

① 《弦索备考》，器乐合奏曲集，清代蒙古族文人荣斋编，有 1814 年抄本存世。其中收有十三套合奏曲。

李叔同用“老六板”填词的“学堂乐歌”《祖国歌》

贵州等地称为《十八板》，在内蒙古称为《八谱》《八音》。该曲还被不同地区的不同乐器、不同演奏形式繁衍出众多的乐曲，如广东音乐《饿马摇铃》，潮州弦诗《大八板》《锦上添花》，山东筝曲《大八板》，河南筝曲《天下同》，琵琶曲《阳春古曲》等。在江南丝竹中，因加花多少和速度、节奏处理的不同，更形成了几个相对独立的不同变体，分别称为《快花六板》《花六板》《中花六板》《慢六板》等，将《老六板》的原型与这些不同的变体连接起来演奏，则构成一个节奏丰富、旋律优美的丝竹套曲《五代同堂》。从一个极简约的两句结构的“种子”繁衍出如此众多的音乐品种和乐曲，且千姿百态、争奇斗艳、绵绵不绝，真可以称作世界音乐史上的奇观了。

中国音乐的节奏还有一个很大的特点，便是多散板。所谓散板，即节奏自由、没有固定的时值和强弱规律的旋律。散板在中国音乐中的大量存在，应该说是禅宗无拘无束、解脱无碍的思想所结的一朵奇葩。

毛奇龄（1623—1716）著《竟山乐录》中有一个讲著名琴家韩畕的故事：

少时，广陵韩山人畕，以琴游山阴。蔡君子庄悦其声，而恶其无拍，思以扎节节之，每以掌按拍。山人大怒，推琴而起曰：“此不足与言也！”时座客十余人，皆名士。子庄从客曰：“此非古音也。古凡乐必有节，几见琴瑟无拍节者？《虞书》曰：‘搏拊琴瑟以咏。’夫搏拊，节乐器也，琴无节，搏拊谓何？”各点首是其言。[①]

用音乐家的眼光来看，这个故事中的蔡子庄和“各点首是其言”的“名士”们实在是不懂音乐，也实在“不足与言也”。更可怕的是，这位蔡子庄还不懂装懂，扯出搏拊的例子来说明“古凡乐必有节”。其实，搏拊是雅乐所用的打击乐器，与琴乐无关。用搏拊有节来反对琴乐中的散板，是不懂音乐的“名士”们的迂腐之言。“古凡乐必有节”的概括也未必正确，明代著名戏曲理论家王骥德在其《方诸馆曲律》中就说过和他完全相反的话：

古无拍，魏晋之代有宋纤者，善击节，始制为拍。古用九板，今六板或五板。古拍板无谱，唐明皇命黄幡绰始造为之。[②]

当然，说“古无拍”也成问题，这个“古”究竟是多“古”？这个“拍”，是“拍板”还是“节拍”？说中国音乐一直到魏晋时代才有节拍，当然是匪夷所思。中国音乐自古便有多种丰富多彩的音乐，多种丰富多彩的节奏，既有有拍的音乐，也有无拍的音乐，岂能一概而论？不管怎样，中国音乐多散板却是一个不争的事实。不但中国古代的大曲多以散板的“散序”开始，一直到现在，在流行整个中国北方的笙管乐中，几乎所有的套曲，也依然由散板开始。在中国传统戏曲中，也存在着大量散板，如京剧

---

① 《丛书集成初编 · 竟山乐录》卷 4，商务印书馆 1936 年版。

② 傅惜华编：《古典戏曲声乐论著丛编》，人民音乐出版社 1983 年版，第 47 页。

的“导板”、晋剧的“导板”、秦腔的“二导板”等，都是散板。这些散板，在戏曲中也常常作为唱腔的开始。比如在京剧的慢板唱腔中，就要先从散板的“导板”开始，接一句“回龙”后，才能接“慢板”或“二六”。不但世俗音乐如此，在庙堂的梵呗中，所有的“维那”[①]举腔，也都是散板。比如著名的香赞《戒定真香》开始的四个字：“戒定真香”，“维那”所唱的那个长长的、起伏跌宕的“戒……”字，便是散板；一直要到他唱出“真”字后，众僧才能入板接唱“香”字。

中国音乐中的这种散板，表面没有固定的节奏，非常自由，但在其内部，却依然存在着不易被察觉的强弱、松紧、快慢甚或“拖”“抻”的感觉。在西方古典音乐中，一般来说，一首没有固定节奏节拍的乐曲是无法演奏的。但在中国音乐中，这种靠“心”来体悟的，无法言说、无法用节奏符号标明节拍的“无”节奏的节奏，却充分释放着中国音乐家们出众的音乐才华和表现力。毋庸置疑，只有在产生了思想上无比自由的、脱却了一切外部形式束缚的禅的民族，才可能产生出同样如此自由的、脱却了节奏束缚的、在空灵散淡的音的流动中体现美的音乐。禅对心的特殊观照，对“内”的彻底探求，是造成中国音乐含蓄、内在，即使在节奏中也要体现“羚羊挂角，无迹可求”[②]的神秘感的原因。

中国音乐的传承方式也充分体现了禅宗的原则：形式上的“简约”和对悟道者“个人自悟”的提倡。西方音乐的教学始终贯彻着“技术至上”的观念和“规范化”的教学方法，不管是什么乐器，基本上都有一套由浅入深的、独立于艺术性的正式乐曲之外的“练习曲”。中国传统音乐的教学，不但始终坚持“师傅领进门，修行在个人”的与禅宗类似的教学原

① 维那：僧值，在僧众上殿唱诵梵呗时负责“举腔”领唱。

② 羚羊挂角，禅家语。《景德传灯录》卷十六载雪峰语：“吾若东道西道，汝则寻章摘句；吾若羚羊挂角，汝向什么处扪摸？”

戒定真香

五台山僧众唱
田 青记谱

23
（哎） 昔 日 耶
26
输。 免 难 消 灾
29
障。 南 无 香 云 盖 （哎）
32
菩 萨 摩
35
摩 诃 萨 南 无 香 云
38
盖 菩 萨
41
摩 诃 摩 诃 萨 南 无
44
香 云 盖 （哎） 菩
47
萨 摩 诃 摩 诃 萨

则，强调学生自己的感悟，而且从来不把“学习音乐”与“演奏音乐”分开，没有专门的、以技术的提高为本位的“练习曲”。对于初入门的学生来说，观摩师傅的演奏并在师傅以启发悟性为主的“点拨”下自己练习，甚至“立地成佛”，一上来便练习演奏虽然较短小、较简单的正式乐曲，是中国民间音乐家们一直到目前仍在使用的方法。

同样一直在中国民间仍然使用的工尺谱，在谱面上只记载骨干音的音高和简单的旋律线，与实际演奏的效果往往相差甚远。这谱面上所差的东西，实际上便是音乐的“韵”。中国工尺谱的发明人和一代又一代的使用者们，清醒地认识到字谱的局限性，天才地创造了一种与禅宗“以心传心”的衣钵传授方式相似的音乐传承方式——口传心授。对中国工尺谱的使用者来说，师傅口头的传授与代代相传的古老、神圣的乐谱有着同等的重要性。一种被称作“阿口”的读谱方式是使中国音乐中神秘而光彩夺目、具有无限魅力的“韵”得以薪传不息的保证。所谓“阿口”，便是徒弟按照师傅的示范在读谱的过程中在音与音之间唱出谱面上没有、但实际音响中应该有的音过程和“味道”来。在这种使用范围最广的乐谱中，中国的民间音乐家们用只记录骨干音的谱面与“口传心授”的方法相结合的传承方式，极好地体现了禅的精神——在最简约的形式中包含着最丰富多彩、最生机勃勃的内容。关于中国音乐中的“韵”与中国音乐中另一种更能体现禅宗“简约”原则的谱式——古琴谱，我们将在以下的文字中单独论述。

禅宗的“顿悟”，也深深影响了中国传统音乐。“顿悟”是南宗修道、得道的特殊方式。六祖慧能称：

善知识！我于忍和尚处，一闻言下大悟，顿见真如本性。是故将此教法流行后代，令学道者顿悟菩提。①

“顿悟”的法门强调了人认识过程中的飞跃和灵性的自由状态，与艺术中的“灵感”极为相似。在艺术创作中，艺术家的创造性思维常常呈现“山重水复疑无路，柳暗花明又一村”的状态。对于音乐家而言，美妙的旋律常常是“不期而至”，甚至似乎是无意中“自然而然”地自己“流”出来的。艺术家创作过程中的妙手偶得，其实是禅宗修道者修行过程中“豁然贯通”“如桶底脱”的翻版。南宗“顿悟”法门所强调的心灵的绝对自由和刹那间充分理解的“默契”，也充分反映在中国音乐的许多方面。比如，在中国民间音乐的各种独奏和合奏形式中，都不同程度地存在着即兴创作、即兴演奏的现象：在中国北方“笙管乐”或“鼓吹乐”的合奏中，不但常常为管子、唢呐等领奏乐器留下大段自由发挥的段落，而且在套曲的段落与段落的连接上，也常常为“即兴性”留下充分的可能。乐手与乐手之间，有时仅仅靠一个眼神儿、靠一种在长期合作中自然形成的“心心相印”，用类似“以心传心”的手段来决定和传达乐曲段落的连接、反复等问题，得到心灵上和音乐上的双重默契。而且，中国的民间音乐家们还习惯在演奏的过程中“加花”——即兴地根据自己乐器的特点和自己的技术随意地对旋律进行个性化的“装饰”。这种对音乐家个体音乐思维与创作权利的尊重，与禅宗对千差万别的悟道方式的一视同仁如出一辙。

还应当指出的是：在多声思维与器乐的合奏方式上，在禅影响下的中国音乐与在人本主义哲学和个人主义思想影响下的西方音乐也有着很大的差异。在多件乐器合奏时，中国传统音乐是“同中求异”，而西方音乐是“异中求同”。中国传统的合奏曲讲究的是不同的音色在同一旋律中的交融、

---

① 敦煌本《坛经》(三一)。

河北省大城县杨家口村民间乐队

消长；西方多声音乐讲究的是不同声部、不同旋律的对比、竞争。中国音乐用绵绵不断的“横”的线条追求“和”的境界；西方音乐在一个又一个“竖”的异音并作中表现生命中最闪光的瞬间。

简约的形式，内向的观照，促使中国音乐走向了“不著一字，尽得风流”，强调“神韵”的艺术道路。

二、“见性成佛”的法门与中国音乐的“韵”

在中国传统音乐的风格发展上，也能看到禅宗的大量影响。禅宗强调的“直指人心”“见性成佛”，对以单声音乐为主的中国音乐讲究“韵”、讲究“韵味”、讲究“羚羊挂角”，空灵淡雅的风格形成产生了很大的作用。我们知道，大都是从西域传来的燕乐，在唐代就像今天的流行歌一样曾风靡了社会各个层面。“城头山鸡鸣角角，洛阳家家学胡乐”[①]的诗句，形象地说明了中晚唐时“胡乐”普及的情况。但是，在以“繁手淫声”著称的胡乐空前普及的时代，也正是禅宗普及、兴盛的时代。在禅宗的影响之下，不但空灵疏淡之风开始进入音乐风格领域，更重要的是，禅理、禅趣与禅宗的思想方法使中国的艺术家们打开了慧眼。佛教法师与先得禅宗真谛的文人音乐家们几乎同时表达了他们对“繁手淫声”的不满和对一种与复杂、激烈相反的音乐风格的追求。唐代道宣在其《续高僧传·杂科声律篇·论》中说：“郑卫弥流，以哀婉为入神，用腾掷为清举，致使淫音婉娈，娇弄频繁。”率先树起了反对“淫音婉娈，娇弄颇繁”的不良倾向的大旗。而白居易《弹秋思》诗则云：

信意闲弹秋思时，
调清声直韵疏迟。
近来渐喜无人听，
琴格高低心自知。

白居易把“调清声直韵疏迟”的风格看成高雅的“琴格”，是与他的审美观分不开的。在禅宗影响下，从唐代开始，在中国音乐美学领域便始终存在着一种反对“技术至上”，主张以“韵”为高的美学观念，白居易的音乐思想，即可视为此种美学思想的代表。

中国音乐家以“韵”来反对“技术至上”，就像禅宗中人高扬“见性成佛”的口号来反对繁琐哲学一样。在南宗看来，人心性本净，佛性本有，因此觉悟不假外求，更用不着读经、礼佛、拜忏，只要“以无念为宗”，窥

---

① （唐）王建：《凉州行》，载《全唐诗》第5函第5册，清内府写刻本，第1页。

见本性，便可“见性成佛”。这种“不立文字”“即心是佛”的“顿门”，在六祖慧能之后，经其弟子神会等人的大力提倡，在中唐时即大行其道，并逐渐成为禅宗的主流，对中国知识分子和艺术家产生了巨大的影响。

中国音乐重韵味、轻技术的倾向，可以视为禅宗“顿门”影响下的结果。受西方音乐教育的人可能会认为只有复杂的、多声的、交响性的音乐才有丰富的表现力。但是，受禅思想影响的中国音乐家们却在单声音乐的基础上充分强调了“韵”的表现力，使中国音乐成为一种以最少的音符表达了最丰富内容的音乐。

“韵”是中国古典美学中一个非常关键的词，在唐之前即已出现。有人以为曹植《白鹤赋》中“聆雅琴之清韵”一语为今日可看到的“韵”字之始。并统计出《世说新语》中大约用了十九个韵字。[①] 魏晋之时，是佛教进入中国后迅速发展的第一个高潮。在那个士人以谈玄为荣、为高，甚至为生活方式的时代，“玄”的内容不但包括老、庄，也包括释、禅。而曹植与佛教的因缘则更深，至今，中、日、韩等汉传佛教国家的佛教徒们仍然把曹植视为汉传佛教梵呗的创始人。他所创造或首先使用的这个“韵”字，在其后成为中国美学中的一个十分重要的观念。

“韵”字最早当然来源于音乐，徐鼒《读书杂释钩古》中训诂“韵”字即最早作为古代调律器的“钧”字、“均”字。[②] 认为“韵”即“和”“调和”的意思。刘勰《文心雕龙》中说：“异音相从谓之和，同声相应谓之韵。”但从音乐中来的这个“韵”字一经进入美学领域，被文学、美术等门类借用，则已不仅有其“和”的本意，而被引申为一种与“形态”“形似”相对立的，与“精神”“风骨”“气度”等概念相通、相似的美学观念了。

---

① 徐复观：《中国艺术精神》，台湾学生书局 1979 年版，第 162 页。

② 徐复观：《中国艺术精神》，台湾学生书局 1979 年版，第 169 页。

在中国美学的文字中，“韵”字常与“神”字、“气”字、“风”字连用而称为“神韵”“气韵”“风韵”。徐复观在其《中国艺术精神》一书中详尽地考查了“气韵生动”一词之后总结说：“韵是当时（指魏晋）在人伦鉴识上所用的重要概念。它指的是一个人的情调、个性，有清远、通达、放旷之美，而这种美是流注于人的形相之间，从形相中可以看出来的。把这种神形相融的韵，在绘画上表现出来，这即是气韵的韵。”①

徐复观还进一步推论说：

> 谢赫②的所谓气，已如前述，实指的是表现在作品中的阳刚之美。而所谓韵，则实指的是表现在作品中的阴柔之美。但特须注重的是，韵的阴柔之美，必以超俗的纯洁性为基柢，所以是以“清”“远”等观念为其内容。③

这个从音乐中来的“韵”字再回到音乐美学中来的时候，也早就没有了“调和”之意，也不仅仅是表现“阴柔之美”，它起码有两个层面的含义：一是指某种通过乐音表现出来但却超越了音乐形态本身的精神内涵、审美个性以及某种类似“风格”的东西。二是指一种通过音过程体现出来的音高、音色、力度的微妙变化。正是这种有时难以用语言表述清楚的“感觉”，在某种程度上形成了中国传统音乐的特殊性。在现代口语中，“韵”又常常被说成“韵味”。一个“味”字，更形象地说明了“韵”的直觉性和感受性。它就像口、舌的感觉一样，也是“冷暖自知”，非常明显但又无法从根本上用语言传达给他人的。

---

① 徐复观：《中国艺术精神》，台湾学生书局 1979 年版，第 178 页。

② 南朝著名书画理论家，生卒年无考，其传世名作《古画品录》只题“南齐谢赫撰”。

③ 徐复观：《中国艺术精神》，台湾学生书局 1979 年版，第 180 页。

华阴老腔

虽然中国音乐中的“韵”是“不落言筌”的，但这种微妙的感觉不但是中华民族在长期的艺术实践中逐步形成的一种建立在某种固定心理基础上的音乐思维定势，也必须并一定要通过相应的技术手段来实现。

不同的民族，在千百年的音乐实践中历史地形成了不同的美感和不同的审美习惯。一个受西方音乐教育的耳朵可能认为西北民间音乐中的“fa”不“fa”，“si”不“si”，觉得那个被西北农民世世代代称作“苦音”的音阶中比本位“fa”高，但又比升“fa”低的音“不准”。但正是这个可能已有了两三千年甚至更长历史的音现象，不可替代地构成了我们中华民族，尤其是西北诸民族共同的、长期的审美习惯和音阶体系。可以这样说，中国音乐的“韵”首先体现在中国音乐独特的乐律和音阶概念中。这些被称为“3/4 音体系”的音，与十二平均律只差 50 音分左右（一个小二度为一百音分）的微妙的音高差，在钢琴的键盘上无法找到，被戏称为“钢琴缝里的音”。但没有这一点点音高差，便没有那微妙的“韵味”。当你觉得一个“学院派”的歌唱家在演唱一首陕北民歌时少那么一点点“味道”时，恐怕首先是他（她）的音高感有问题，他（她）在唱这首民歌中的某一两个音时没有唱准那重要的 50 音分！[①]

除去音高的变化外，音色、力度的变化也是构成“韵”的主要内容。由于中国语言特殊性[②]的关系，也由于 18、19 世纪之后欧洲音乐与中国音乐发展的大背景——社会的发展出现了很大的差异，西方首先进入以机械化大生产为标志的工业化社会，而中国则仍然滞留在农业和小手工业为主要生产方式的农业社会，因此，中国传统音乐与西方音乐的差异性愈发鲜明。尤其是在巴赫的“十二平均律”和大乐队在西方取得统治地位之后，西方音乐为适合键盘乐器和大乐队的需要，强调“平均”与“统一”，而中国传统音乐却愈发强调“韵”。比如，中国音乐中的单音与现代西方古典音乐中的单音便有所不同。在西方音乐尤其是键盘音乐中，一个单音在持续的过程中其音高是固定的。但在中国传统音乐中，一个单音的持续过程却常常有音高、力度、音色的变化；而一个单音向另一个单音过渡的过程（即音与音之间的“空间”），也常常被这两个音之间的所有频率的变化和游移填满。换句话说，在西方音乐尤其是键盘音乐中，每个单音的音高不变而音与音之间的过程是“跳跃”式的，而在中国传统音乐中，每个音的音高都可变而音与音的过程却常常是“渐进”的。在这两个音之间的“过渡”，绝不是微不足道的，这个“过渡”，也绝不能仅仅被视为是前一个音的“延续”和后一个音的“准备”。在中国传统音乐中，这种音过程非常重

① 当然，3/4 音不是中国独有的现象，从中国西部到北部非洲都有此类音乐存在。

② 如汉语的单音节与四声、四呼等。

要，其本身便具备独立的美学意义，在某些时候，这个“过程”甚至比单独一个音的持续更重要。这种视音过程的重要性超过乐音本体的观念，这种将音乐看成一种处于不断变化、不断流动，甚至没有一刹那不在变化的过程的观念，不能说不是来自佛教及禅的影响。在禅宗人看来，生命的过程本身便是生命的本质，而在生活的过程中，行、动、坐、卧，也都体现了“道”的本质。禅宗强调“见性成佛”，认为“触类是道”，生活过程的本身就被视为一种修道。用王维的话来说，便是：“举手举足，皆是道场；是心是性，同归性海。”[①] 有一则广为流传的禅宗语录说：

> 有源律师来问：“和尚修道，还用功否？”师曰：“用功。”曰：“如何用功？”师曰：“饥来吃饭，困来即眠。”[②]

百丈怀海的再传弟子临济义玄亦说：

> 佛法无用功处，只是平常无事，屙屎送尿，着衣吃饭，困来即卧。[③]

这种强调过程本身的意义，强调过程本身便体现着本质的思想在音乐领域中的体现，便是通过音过程来表现中国传统美学中的“韵”和“韵味”。这种有趣味、有内涵的音过程被一些学者称为“音腔”。音乐学家沈洽在其《音腔论》中说：音腔是一种“包含有某种音高、力度、音色变化成分的音过程的特定样式”。“音腔的观念是在汉语的特定基础上形成的音意识，是汉语的单音节独立成义、不分轻重、字音有头腹尾结构，字调有

① （唐）王维：《能禅师碑（并序）》。

② （唐）大珠慧海禅师：《顿悟入道要门论》（卷下），出自《景德传灯录》卷6。

③ （宋）赜藏主编集，萧萐父、吕有祥点校：《古尊宿语录》卷4，中华书局1994年版，第24页。

辨意作用等，这样一些特征的产物。”① 一些被称作“润腔”的技术手段，是表现“韵”的特殊方法，可以极大地增加韵味和音乐的表现力。比如，民歌演唱中的滑音、擞音；古琴技法中的吟猱绰注、滚拂拨剌；琵琶技法中的勾抹弹挑、推拉轮扫；笛、管技法中的颤指、吐音和各种滑音；二胡技法中的各种揉弦、抹弦；等等，都充分、恰当地体现着中国音乐中的这种“音腔”和神韵。② 以古琴的技法为例，明代琴家冷谦 ③ 在其所著《琴声十六法》中，用十六个字概括了古琴美学的十六个原则。这十六个字是：轻、松、脆、滑、高、洁、清、虚、幽、奇、古、澹、中、和、疾、徐。这十六法不但是体现古琴“琴韵”的重要内容与要求，同时，从这十六个字中，还能看出古琴美学观念是禅宗思想影响的结果。仅举“七清”“八虚”为例，冷谦说：

> 清者，音之主宰。地僻则清，心静则清，气肃则清，琴实则清，弦洁则清。必使群清咸集，而后可求之指上。两手如鸾凤和鸣，不染纤毫浊气。厝指如击金戛石，缓急绝无客声。试一听之，则澄然秋潭，皎然月洁，湱然山涛，幽然谷应，真令人心骨俱冷，体气欲仙。
>
> …………
>
> 盖其下指功夫，一在调气，一在淘洗。调气则心静，淘洗则声虚。故虽急而不乱，多而不繁。深渊自居，清光发外，山高水流，于此可以神会。

---

① 沈洽：《音腔论》，《中央音乐学院学报》1982 年第 4 期—1983 年第 1 期。

② 郭乃安先生曾指出，中国音乐的“抑扬顿挫”似与中国的书法、绘画中讲究用笔、笔触有关，此点应另写他文专论之。

③ 冷谦，字子敬，号龙阳子，钱塘人，曾于洪武（1368—1398）为协律郎，奉诏定雅乐。著有《太古遗音》琴谱一卷。

这两段论述，不但完全符合徐复观关于“韵”字“必以超俗的纯洁性为其基柢”的要求，也完全符合禅宗中人坐禅默照的要求。试以其与正觉大师著名的《默照铭》互相参照，二者不但意境相似，就连语言也何其相似乃尔：

默默忘言，昭昭现前。鉴时廓尔，体处灵然。
灵然独照，照中还妙。露月星河，雪松云峤。
晦而弥明，隐而欲显。鹤梦烟寒，水含秋远。

这些比比皆是的“清”“远”“澄”“静”的形容词与同样比比皆是的“秋潭”“皎月”“露月”“星河”“鹤梦”“烟寒”的意境，是禅师与琴人共同喜欢使用的词汇，也是禅师与琴人共同追求的境界。禅宗主张“住心看净”，认为只要你做到了心中清净，不起欲念，则会如牛头法融的《心铭》所说：“菩提影现，心水常清。”用这样的心去观照宇宙万物，便如秋潭映月，了无挂碍。而琴家则认为，只有“淡泊宁静，心无尘翳”，才能“与论希声之理”。在明代徐上瀛[①]著名的《溪山琴况》中，这位虞山派琴家的集大成者不但在《琴声十六法》的基础上更进一步探讨了“和、静、清、远、古、澹、恬、逸、雅、丽、亮、彩、洁、润、圆、坚、宏、细、溜、健、轻、重、迟、速”等发展到二十四个字之多的美学、技术的要求，还更具体地指出了“古人以琴能涵养情性，为其有太和之气也。故名其声曰‘希声’。未按弦时，当先肃其气、澄其心、缓其度、远其神，从万籁俱寂中，泠然音生”的要求。这种“先肃其气、澄其心、缓其度、远其神”的方法，

① 徐上瀛，明末琴家，号青山，太仓人，约生于明万历十年（1582），卒于清康熙元年（1662）。著有《溪山琴况》。

与禅宗人初坐禅的体会，已无大别。

在许许多多各具特色的中国民族乐器中，古琴的演奏技法恐怕最适于体现中国音乐的“韵”了。古琴的“吟猱绰注”，充分强调了音过程的空间感和多样性，充分强调了“音腔”的魅力。当琴人左手的手指按在长长的琴弦上，从一个音滑向另一个音或在两个徽位之间往来吟猱的时候，那像禅一样微妙、像禅一样可喻而不可言的“韵”便朗然于天地之间了。更应该引起人们注意的是，徐上瀛还特别指出了琴与禅的共同目的——明心见性。他说：

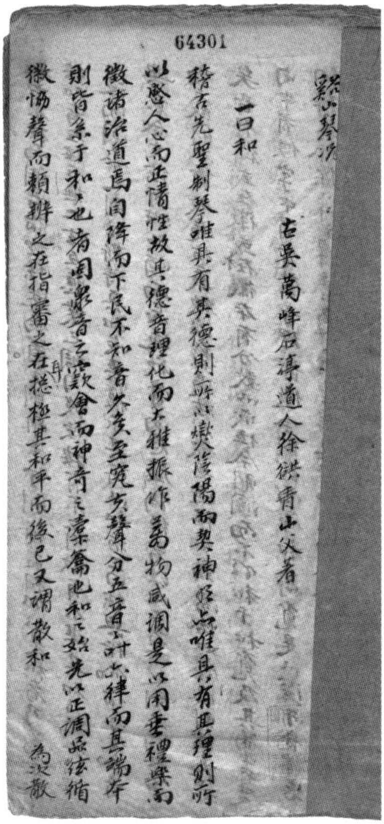

64301

谿山琴況

古吳萬峰石渟道人徐谼青山父著

一曰和

稽古先聖制琴雖具有其德則所以燮陰陽而契神明唯具有其理則所以啓人心而正情性故其德音理化而太雅振作萬物咸調是以用垂禮樂而徽諸治道焉自降而下民不知音久矣至究其聲分五音十二律而其端本則皆系于和也有周樂音之欽會而神奇之囊籥也和之始先以正調品絃循徽協聲而賴辨之在指審之在搖極其和平而後已又謂散和為散

《溪山琴况》书影

> 古人之于诗则曰风雅，于琴则曰大雅。自古音沦没，即有继空谷之响，未免郢人寡和……惟真雅者不然。修其清净贞正，而藉琴以明心见性。①

徐上瀛的“明心见性”说，明确地指出了古琴美学与禅宗思想的关系。而强调“韵味”比音乐的形态更重要的思想，无疑是在强调“明心见性”、强调“即心是佛”，主张以不修为修、不拘泥于宗教外在形式，不膜神、不

① 据清刊本《大还阁琴谱 · 溪山琴况》，载《中国古代乐论选辑》，人民音乐出版社 1981 年版，第 309 页。

打坐、不修行的禅宗影响下的结果。有诗云："诗为禅客添花锦，禅是诗家裁玉刀"，禅是释迦心韵，而中国音乐中的"韵"，不也正是佛光禅影在音乐中的折射吗？

三、"简约"之风与古琴减字谱的出现

另一个充分说明中国音乐受到禅宗"简约"之风影响的例子，是古琴减字谱的出现。

中国古琴谱的出现，可能很早。明代朱权刊行《新刊太音大全集》，原为宋代田芝翁编《太古遗音》，其中辑录唐人论琴及指法资料多种，有很高的历史价值。明代袁均哲曾为其补注。其中谈到古琴谱的来源时说：

> 制谱始于雍门周。张敷因而别谱，不行于后代。赵耶利出谱两帙，名参古今，寻者易知。先贤制作，意取周备，然其文极繁，动越两行未成一句。后曹柔作减字法，尤为易晓也。

这段文字中所说的雍门周，是战国时人。如果田芝翁的话可靠的话，那么，中国古琴的制谱法在战国时便已出现了。但是，在唐之前，中国的古琴谱是一种文字谱，用中国汉字来叙述指法及其相应的徽位，这种记谱法其实是一种固定记谱法，如记左手的某指按某弦的某徽位，右手用什么样的手法弹某弦，这样，不但记录了指法和音过程，更重要的是记录了音的高低，因为有了徽位，便有了固定音高；而有了音的高低，便有了音乐的一半（还有一半是音的时值，即音的长短，一系列音有了高低长短，便有了旋律节奏）。这种文字谱虽然能够把千百年前古人的音乐保存至今并可以在相当可信的程度上还原，但它最大的问题是"其文极繁，动越两行未

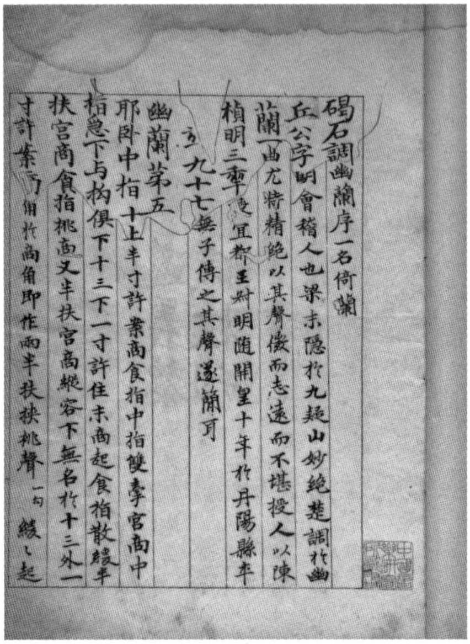
碣石調幽蘭序一名倚蘭
丘公字明會稽人也梁末隱於九疑山妙絕楚調於幽
蘭一曲尤特精絕以其聲微而志遠而不堪授人以陳
禎明三年授宜都王叔明隋開皇十年於丹陽縣卒
年九十七無子傳之其聲遂簡耳
幽蘭第五
耶臥中指十上半寸許案商食指中指雙牽宮商中
指急下與構俱下十三下一寸許住末商起食指散緩半
扶宮商食指挑商又半扶宮商縦容下無名於十三外一
寸許案商角即作兩半扶挑聲一句緩緩起

唐代琴谱《碣石调·幽兰》

成句”。太复杂繁琐，写了好几行，还不够一个乐句甚至一个小节，这不但对弹琴人的耐性是一个极大的考验，而且更危险的是存在着一种在过于复杂、冗长的文字描述中丢失音乐本体的可能。

值得庆幸的是，当中国音乐家们的思想被禅宗的“简约”之光照耀的同时，一种几乎与佛教、佛经、梵文同时传入中国的乐谱更进一步启发了深得禅意的中国琴家们的思路，并为中国音乐家们提供了一个成功的榜样。现在的人们恐怕难以想象，在一千多年前的中国，一首刚刚在京师创作的音乐新作，很快便会在远离京师的偏僻地方听到。白居易《代琵琶弟子谢女师曹供奉寄新调弄谱》诗云：

琵琶师在九重城，
忽得书来喜且惊。
一纸展看非旧谱，
四弦翻出是新声。[①]

唐代的另一位诗人方干亦在《江南闻新曲》诗中生动地描绘了当时京

① 《全唐诗》第 7 函第 7 册，清内府写刻本，第 4 页。

师长安与千里之外的江南频传乐谱的盛况：

席上新声花下杯，
一声声被拍声催。
乐工不识长安道，
尽是书中寄曲来。

虽然诗中所提到的乐谱是琵琶谱，是与古琴谱不同系统的乐谱。[①] 但既然禅宗可以用极简约的语言和公案代替汗牛充栋的经、律、论“三藏”，既然琵琶可以用如此简约的方法记录复杂的音乐，为什么古琴不行呢？

田芝翁所谓“后曹柔作减字法，尤为易晓也”，指的便是古琴减字谱的发明。应该这样说，古琴减字谱是世界上使用时间最长、文化含量最大的乐谱，不但从唐代出现一直使用到今天，而且用这种乐谱保存了大量古代的音乐。减字谱把原来文字谱中需要用两行字才能说清的内容用一个“字”便说清了。这个“字”的上半部分表示左手按弦的方法和位置，下半部表示右手的指法和弦序。

有关曹柔的历史记载很少，身世不清。我们只知道在唐代有一个很有名的曹姓音乐世家，系西域“昭武九姓国”的曹国人，祖孙三代俱为音乐国手，世居长安。祖曹保，为琵琶名手；子曹善才，主要活动于贞元（785—805）年间。因才高艺绝，遂有“善才”之称。唐代诗人李绅在其追忆曹善才的诗中有“紫髯供奉前屈膝，尽弹妙曲当春日”句，活画出曹氏西域人留着红胡子的相貌。孙曹刚，名声更噪。因其右手技艺高超，时

① 此类乐谱现存有著名的敦煌藏经洞琵琶谱，为五代后唐明宗长兴四年（933）的抄写本，其正面为《仁王护国经变文》，反面为二十五首琵琶谱，从 20 世纪 30 年代开始，中日两国学者便致力于解读这一珍贵的乐谱，目前虽无定论，但在音乐学界影响颇大。

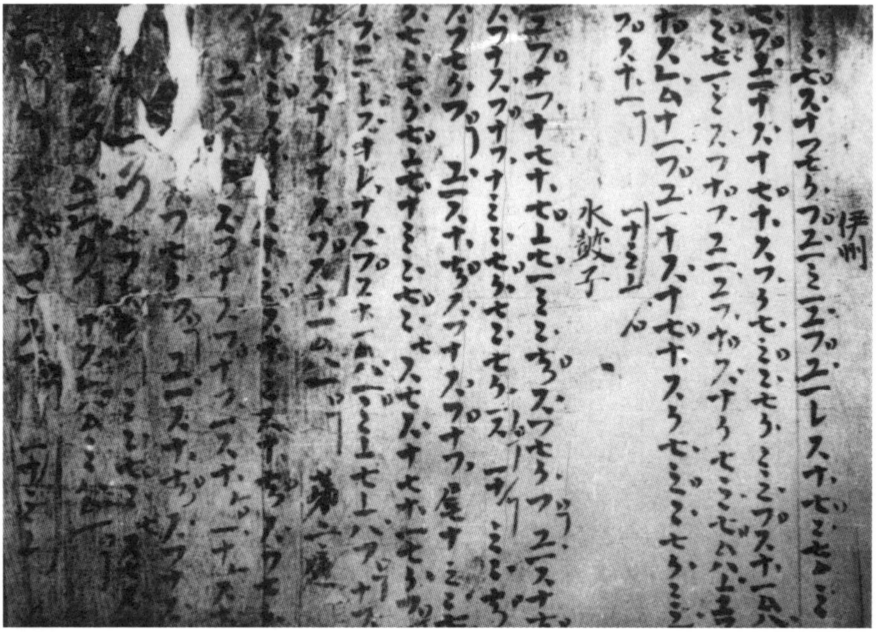

敦煌琵琶谱

有“曹刚有右手，兴奴有左手”[①] 之誉。刘禹锡有诗赞《曹刚》曰：“大弦嘈嘈小弦清，喷雪含风意思生。一听曹刚弹薄媚，人生不合出京城。”不知道曹柔是不是曹刚之弟，“刚柔相济”，一“刚”、一“柔”，很像兄弟的名字。当然，唐代曹氏与北魏时随阿史那氏入嫁中原的曹婆罗门、曹妙达一家一样，都是“胡乐”——琵琶的演奏家，是否善弹古琴，笔者目前尚无证据，此说只能存疑。但音乐自古无国界，对古今中外的音乐家们来说，不管是哪一个民族的乐器，只要有魅力，只要能演奏出动人的音乐，音乐家们通常是会以极大的热诚去学习的。既然中国的音乐家们会认真地学习

① 裴兴奴，亦为唐代著名琵琶演奏家，以左手之技艺冠盖当时。

琵琶，既然遣唐的日本音乐家和高丽音乐家会认真地学习古琴，为什么西域的音乐家不能习弹古琴呢？而且，唐代乐府之曹氏极可能即北魏曹氏之后。向达《唐代长安与西域文明》中称：“唐代乐府多袭周隋之旧，曹保一家，当即妙达之裔，于长安教坊中复大显其身手也。”[①]如果真如此的话，那么，从北魏到中唐，在起码二百年的时间里，来自西域的音乐世家不可能不接触中原古乐。唐时来自“昭武九姓国”的西域人的汉化，已被学者所阐明，[②]而在伊斯兰教进入西域之前，西域诸国多为佛教国家，这也是不争的事实。[③]因此，虽然不能肯定曹柔一定是来自西域佛国的音乐家，虽然不能肯定曹柔的创造一定与琵琶谱的启发有关，[④]但把他的创造与其时佛教即禅宗在中原盛行的大背景联系起来，把他的创造与琵琶乐谱在中原的流行联系起来，则当无大错。

创减字谱的，当时恐怕不止一人。除曹柔外，还有一个陈拙。陈拙字大巧，长安人。宋代朱长文《琴史》称其：“尝更古谱，录《南风》《文王操》二弄。曰：琴操虽多，制从高士，圣君所作，一弄尤存，窃虑其殒坠也。”[⑤]他所创的减字谱与曹柔所创有所不同。上引《太古遗音》“字谱”一节中列有对同一谱字不同写法的比较：

六宫　一陈拙作商　力陈拙作角　山徵　刃陈拙作羽……[⑥]

① 向达：《唐代长安与西域文明》，三联书店 1957 年版，第 19 页。

② 向达：《唐代长安与西域文明》第八节“长安西域人之华化”，三联书店 1957 年版，第 96—100 页。

③ 当然，西域诸国的宗教信仰情况复杂，火祆教、景教、摩尼教都曾与佛教共存或此消彼长。

④ 当然，唐传琵琶谱与古琴减字谱不是一个系统，前者是音位谱，后者是指法谱，但前者的“简约”方便不可能不引起古琴家们的欣羡，老文字谱与外来乐谱强烈的繁简对比，更不可能不促使中国琴家们为简化旧有的乐谱而努力。

⑤ （宋）朱长文撰，汪孟舒校补：《乐圃琴史校》，中国音乐研究所，1959 年。

⑥ 《琴曲集成》第一册，文化部文学艺术研究院音乐研究所、北京古琴研究会同辑：《新刊太音大全集》“字谱”，中华书局 1980 年版，第 81 页。

可见陈拙与曹柔分别对过去流传的复杂繁琐的文字谱进行了改造和创造性的发明。现在大部分琴家和音乐史家认为，在唐代可能同时出现过多种减字谱的发明，这一是因为琴的普及和琴人日益增加的需要，一是因为禅宗“简约”之风的启发。曹柔所创的减字谱，因为合用，因为符合“简约”的概念，即“在简单的形式里包含了不简单的内容”，而且具有很好的可操作性，既符合中国文人使用方块汉字的审美习惯和认知习惯，也恰到好处地完成了记录音乐的基本任务，所以最终在众多减字谱中一枝独秀，逐渐被历代琴家认可并一直使用至今。值得特别指出的是，古琴谱恐怕是人类至今使用时间最长的记谱系统了，唐代曾经盛极一时的琵琶谱早已失传，现代西方传入的五线谱的发明可以追溯到 10 世纪，但从四线到五线，从不完备到逐渐成熟，经历了许多时间和许多变化，大约到了 16 世纪才初步成熟，算起来真正普遍使用不过四五百年时间。至于简谱，即使从 17 世纪初步形成算起，通过法国思想家卢梭等人的系统化，19 世纪末传到日本，再从日本传入中国，更不过三百来年的时间。而中国古琴谱从唐代到今天，起码已经使用了十多个世纪，而且，不但至今仍在使用，今后还将一直使用下去。因为，无论人类记录音乐的手段如何改变，科学技术如何发达，古琴记谱法和以“打谱”为代表的独特的传承方式，已经成为古琴文化中不可或缺的重要内容，只要古琴文化不死，古琴谱就将被一代又一代的琴人传承下去。

说古琴减字谱的发明是受了禅宗“简约”之风的启发和影响，不是没有根据的猜测。除了禅宗作为时代潮流的巨大力量之外，琴人们散淡的生活方式和隐逸之气也使他们比其他人更容易接近禅宗思想。唐宋琴人的生活及其与禅宗的关系，我们下面将专门讲到，在这里我只举一个例子：上面所引《太古遗音》中所提到“赵耶利出谱两帙”的赵耶利，《琴史》便称他“慕道自隐”,“弱年颖悟，艺业多通，束发自修，行无二遇，清虚自处，非道不行”[①]。简直就是禅宗中人的典型形象。

另外，还有一种说法，认为三国时的曹植系减字谱的发明人。据贵州学者王德埙称，现藏于重庆市图书馆的孤本《琴苑心传全编》中认为,“古琴减字谱的创始人是三国魏的‘魏植’。‘魏植’乃佛教音乐家、魏国陈思王曹植（曹操之子）的省称”[②]。《琴苑心传全编》为孔子第六十六世孙孔兴诱所编，成书于1667年，刊行于1670年。汉传佛教一直把曹植奉为中国化梵呗的创始人，他“鱼山制梵”的传说被中、日、韩三国的佛教徒视为信史。如果该书的此种说法是事实的话，那么，不但中国古琴减字谱的发明提前了五六个世纪，而且为减字谱的发明与佛教的关系提供了新的有力证据。

古琴减字谱的发明和广泛使用，是中国乃至世界音乐史中的重大事件，它不但是人类发明较早、使用时间最长的乐谱，也是人类赖以流传、保存了最多古代音乐文化的工具。现存唐、宋以来的传谱（琴曲集）达一百多种，仅人民音乐出版社出版的《存见古琴曲谱辑览》便汇编了历代琴谱中的六百多首曲目、三千多首传曲的解题、歌词。可以这样说，是古琴减字谱的出现，才使中国的古琴音乐成为人类音乐文化遗产中最丰富、最古老、最珍贵的一部分。

还应该强调指出的是，古琴音乐是中国音乐中包含禅意最多的音乐。不要说古琴音乐“率意自任，号为天然”的境界和清、虚、淡、雅的风格了，只看它的音乐载体与传承方式，便已可得出这样的结论。在中国，古琴家把从谱面上的字谱变为音乐的过程称为“打谱”。因为按照习惯，古琴

---

① 朱长之撰，汪孟舒校补:《乐圃琴史校》卷4，中国音乐研究所，1959年，第9页。

② 王德埙:《渝州孤本访求记》,《艺苑求索》1996年第3、4期合刊。

减字谱虽然记录了详尽、准确的绝对音高和相应的左右手的指法，但却不记音的准确时值和节奏。其时值和节奏，要靠训练有素的古琴家按照古琴音乐的规律、按照老师的传承，再加上自己的体会和灵感去“还原”谱面上的音乐。在这种“还原”中，实际上已包含着不同程度的“再创造”成分。“打谱”作为古琴家对音乐的绝无仅有的认知和阐扬的方式，充分体现了东方文明和禅的特色。如果按照欧洲的音乐体系，乐谱必须具备两项内容：音的高低和音的长短。而古琴的乐谱却只记音的高低，不记音的长短。那么，这是不是古琴谱的缺陷呢？在过去几十年间，在文化“欧洲中心论”的影响下，许多对中国传统文化缺乏信心的人因此而认为古琴谱“不够完备”。即使是企图为这种特殊的记谱法作辩解的国人，也只能吞吞吐吐、底气不足地说：“有一点必须说明的，就是琴家长期容忍琴谱的不完备，并不是聪明不够，想不出完善严密的记谱法，而实在是琴谱本来仅供琴家‘记指’之用，并不将它作乐谱用的。”① 但是，随着人们对中国传统文化的进一步深入了解，随着世界范围内“文化多元论”的兴起，越来越多的人开始认识到，“打谱”的方法，实际上是人类音乐文化传承中最具创造性、最自由、最尊重演奏家的个人价值、最能体现音乐的动态构成和生生不息的生命本质的一种传承方式。

古琴谱还有一个很重要的特点，便是它在记录了音的固定音高和音的走向的同时，还详细记录、规定了演奏每一个音的技巧和手法。如果说五线谱记录的只是音高和音的时值这“二维空间”的话，那么，古琴谱则构造了一个包括技巧、手法在内的“三维空间”。

古琴家“打谱”强调的是个人对音乐的理解和体证，在这一点上，古

① 张世彬：《中国音乐史论述稿》，友联出版社 1975 年版，第 422 页。当然，张在其他文章中也曾表示过更确切的意见。如在《琴府 · 跋》中有琴家“宁舍死而取活”，将“最大之自由留给演奏者”等语。见唐健垣编《琴府》，台湾联贯出版社 1971 年版。

琴“打谱”与灵性生活、宗教体验完全相同。因为无论从哪一个意义上讲，宗教体验的本质都是“个人”的。一个人的宗教体验代替不了另一个人的宗教体验；一个人的音乐体验也代替不了另一个人的音乐体验。禅宗清楚地指出并充分肯定了每一个人的悟道方式都有其独特性，在禅宗那里，有的人因见花开而悟，有的人因睹花落而悟，有的人因乘驴渡桥桥板堕而悟，有的人因遭师傅一顿棒喝而悟。似乎可以这样说，在禅宗那里，有多少众生，便有多少种悟道的方式。音乐的体验其实也是如此，应该是有多少音乐家，便有多少种对音乐的理解和演绎。但是，在西方滥觞以至目前全球通用的五线谱，却完全漠视个人对音乐的不同体验，用“纯粹科学”的定量、定性的方法记录音乐，也要求所有按谱演唱、演奏的人“完全忠实”于谱面上的死的音符。每分钟多少拍的标记和节拍器的使用与详尽至繁琐的各种力度、技巧、表情符号的配合，无非是为了在最大程度上“符合”作曲家的乐思。在西方音乐文化系统中，无论多么伟大的演奏家、歌唱家，都只不过是作曲家的一件没有创意的发声机器，他们的唯一作用和唯一职责，就是体会并表达作曲家“那一个人”的乐思。但是，实际上，音乐的感觉——包括速度、力度等，不但是相对的，而且绝不是一成不变的。不但同一首乐曲，如同样都是标着“Lento”或“Allegretto”的乐曲，在不同的指挥家的棒下会有不小的差别，就连作曲家本人，在不同的心情和不同的环境下，他的速度、力度的感觉，也会有不小的变化。当然，我们并不是一概否定五线谱的实用性和重大的历史价值。这种记录固定音高和绝对时值，用诸如“每分钟 64 拍”“每分钟 80 拍”及各种力度、表情符号限定的现代五线谱是符合西方“科学至上”主义、反映了西方工业文明的原则、有利于西方音乐的传布的音乐载体。它适合节奏固定、音高固定、少有中国式“散板”与“润腔”的西方音乐，尤其适合固定音高乐器如钢琴及大乐队使用。但是，对于与西方音乐不同的东方音乐，比如中国传统音乐，五线谱便常常显得无能为力。五线谱不但不能标记出中国西北民间音乐中的那个“fa”和“si”的准确音高，更不能标记出中国音乐独特的“韵味”。而且，它根本不能像古琴的“打谱”那样，使每一个演奏家都成为音乐的创作者之一，使每一个演奏家都能够参与音乐的创造，主动地、有独创性地阐述他个人对音乐的独特理解。

只有深得禅意的古琴“打谱”，才使谱面上死的音乐，变成活的音乐；才使别人的音乐，变成你自己的音乐；才使“一成不变”的乐谱，变成生生不息的音乐的源泉和长河。禅宗“以心传心”“不立文字”、不重教规、强调直觉体验与个人体悟的精神，删繁就简、去芜存真的认知方式，甚至灯灯相传、求道、问道与禅师解疑开悟的方式，不但使中国音乐有了古琴“打谱”这样举世皆无的独特的音乐传承方式，其对个体生命的理解与尊重，对“悟道”——不要忘记，音乐也是悟道的方法与契机——过程多样性的提倡与肯定，也使中国古琴音乐的乐谱及“打谱”行为成为人类音乐文化中最有禅意，同时又最具创造性和多样性的音乐载体和音乐行为。

第五章 禅者：在山水与音乐之中

一、中国传统音乐中的大自然

云门文偃对“如何是佛法大意”的诘问，回答说：“春来草自青”，将春意盎然的大自然视为绝对真理的体现。从对大自然的观赏中得到对“佛性”的了悟，是禅宗修道的重要途径之一。从中国传统音乐的内容上，也可以看到禅的深刻影响：恐怕世界上没有一个国家的音乐像中国传统音乐这样有着如此众多的以表现大自然为母题的乐曲了。“青青翠竹，尽是法身；郁郁黄花，无非般若”，中国的诗人、画家、音乐家们，从汉魏六朝之后，便发现了自然中的“佛性”，发现了人与自然的和谐是超出一切功利的、最可宝贵的追求。从中国的山水诗、山水画，到中国传统音乐中大量表现自然美、以自然为母题的乐曲，如《高山》《流水》《春波绿》《小桃红》《淡黄柳》《梧桐树》《翠黄花》《雨打芭蕉》《平沙落雁》……实际上体现了一种禅的思想，即认为“道无不在”，一草一木、一山一水，乃至“麻三斤”“庐陵米”“蒲花柳絮、竹针麻线”[①]之中，都深蕴着至高无上的真

① 皆为禅宗公案语，俱见《五灯会元》。

北宋范宽《溪山行旅图》

理。同时，禅宗“一切众生，皆有佛性”的观念，也早已在中国产生巨大影响。“不杀生”和对自然界动、植物的热爱与保护，不仅仅是中国佛教徒的信条与品质，也在中国千百年的漫长历史中影响了一代又一代的中国人。在西方，自然作为艺术的母题，要等到启蒙主义思想家提倡“返回自然”和浪漫主义勃兴之后；而强调人与自然共生的密切关系，使社会上的大部分人认识到人不仅仅是“万物之灵”，更是大自然链条中与众生平等的一环，更要等到现代那些以保护野生动物、自然环境为己任的自然保护组织出现之后，才成为一种有影响的思潮。

学者们对魏晋文学

从玄言诗到山水诗的转变多有论述，充分肯定了在这一变化中作为佛教徒的诗人如谢灵运等人“始作俑者”的地位。佛教的思想，尤其是禅宗的思想，使中国文学艺术改变了其与大自然的关系。“既然‘佛性’存在于每一丛翠竹、每一朵黄花、每一片白云、每一条清涧之中，那么，自然山水对于习禅的人来说，再也不存在所谓‘空间恐惧’，而是充满‘空间信赖’，充满亲切感和愉悦感。于是，楚汉时期‘王孙兮归来，山中兮不可以久留’（淮南小山《招隐士》）的对神秘大自然的畏惧，在禅宗信徒那里转化为‘随意春芳歇，王孙自可留’（王维《山居秋暝》）的向往和礼赞。”①这种变化，不可谓不大，但是，促成此种变化的原因又是什么呢？

王瑶称：“中国诗从三百篇到太康永嘉，写景的成分那样少，地理的原因不能说不是一个重要的因素。而《楚辞》诗篇之所以华美，沅澧江水与芳洲杜若的背景，也不能不说有很大的帮助。永嘉乱后，名士南渡，美丽的自然环境和他们追求自然的心境结合起来，于是山水美的发现便成了东晋这个时代对于中国艺术和文学的绝大贡献。”②此说不谬。但除了地理的环境外，社会风气的变化似乎也是同样重要的原因。刘勰说“文变染乎世情，兴废系乎时序”，认为艺术风气的流变源于“世情”与“时序”的流变。他在其《文心雕龙·明诗篇》中还进一步概括道：

> 宋初文咏，体有因革。庄老告退，而山水方滋；俪采百字之偶，争价一句之奇，情必极貌以写物，辞必穷力而追新，此近世之所竞也。

关于魏晋思想的发展变化，汤用彤曾将其分为四个阶段：

---

① 周裕锴：《中国禅宗与诗歌》，上海人民出版社 1992 年版，第 242 页。

② 王瑶：《玄言·山水·田园——论东晋诗》，载《中古文学史论》，北京大学出版社 1986 年版，第 250 页。

一、以周易、老子为根据，以何晏、王弼为代表的“正始时期”；

二、思想上多受庄子影响，“激烈派”思想流行的“元康时期”；

三、以向秀、郭象为代表，有“新庄学”之称的“永嘉时期”；

四、被明确称为“佛学时期”的“东晋时期”。

时逮东晋，“庄老告退”，新进的佛教逐渐渗透到玄学的领地，甚至取代了庄老的地位，使士林之风渐变。晋代张君祖有《答康僧渊》诗云：“冲心超远寄，浪怀邈独往。众妙常所希，维摩余独赏。”突出反映了其时中国的文人士大夫对佛教，尤其是对维摩诘的欣赏之情。正是在佛教的影响下，社会风气从崇尚清谈转到寄情山水，于是，山水诗、山水画与表现大自然的音乐便蔚然成风。这种世风的转变，是“魏晋天下多故，名士少有全者”的必然结果。因为要“逍遥一世之上，睥睨天地之间；不受当世之责，永保性命之期”，所以就只有“踌躇畦苑，游戏平林，濯清水，追凉风，钓游鲤，弋高鸿，讽于舞雩之下，咏归高堂之上”[①]。隐逸之风的盛行，是两种“力”共同作用的结果——政治的“压力”与大自然的“魅力”，一“推”一“拉”，心灵敏感的士人们自然会做出相似的选择。一种从春秋之时便已出现的隐逸山林的理想在此时成了许多人的实践。《抱朴子·嘉遁》中所描写的“躬耕以食之，穿井以饮之，短褐以蔽之，蓬庐以覆之，弹咏以娱之，呼吸以延之。逍遥竹素，寄情玄毫，守常待终，斯亦足矣”的生活，成了隐士们标准的生活方式。不要说全身心浸淫在大自然中，就连远远地看一眼大自然，都能宠辱皆忘，陶然自得。陶渊明著名的《饮酒·结庐在人境》道：

---

① （东汉）仲长统：《昌言》，见《后汉书》本传。

结庐在人境，而无车马喧。
问君何能尔？心远地自偏。
采菊东篱下，悠然见南山。
山气日夕佳，飞鸟相与还。
此中有真意，欲辨已忘言。

魏晋之后，不但民间音乐中一些表现自然情趣的乐曲被文人们反复吟咏，如《江南可采莲》《青青河畔草》等民歌被诗人们不断地填词、拟作，在文人音乐的代表古琴音乐中，更充满了山林之气。当时有一个似乎很有趣的现象：凡是热爱山水的士人，几乎无不同时喜爱音乐。音乐与山水，成了当时知识分子心灵的避风港和最后的归宿。

谢灵运，是山水诗的代表，同时也是琴乐的爱好者。白居易《读谢灵运诗》云："谢公才廓落，与世不相遇。壮士郁不用，须有所泄处。泄为山水诗，逸韵谐奇趣。大必笼天海，细不遗草树。岂惟玩景物，亦欲摅心素。往往即事中，未能忘兴谕。因之康乐作，不独在章句。"对谢灵运的"壮士郁不用，须有所泄处。泄为山水诗，逸韵谐奇趣"，香山居士不但表示了理解，也同时表达了中国古代几乎所有文人对自然、诗歌、政治的共同态度。谢家，是江南望族，冠盖当时，后世遂有所谓"旧时王谢堂前燕，飞入寻常百姓家"之句。谢家人似乎有一个共同点，就是从政之余，俱爱自然、爱音乐，因此出了一些著名的琴家，从谢安开始，几乎都是琴乐的爱好者。朱长文《琴史》卷四"谢安石"条曰：

谢安，字安石，江东名宰相也。……安性好音乐，常隐遁山林。游赏必以妓女。及晚，登台辅，虽期丧，犹用丝竹。家有名琴，后为齐竟陵王所宝。以此知太傅之工琴也。

谢家还有名琴家谢涓子。《五知斋琴谱》“历代圣贤名录”载：“谢涓子，晋人。授《清江引》于昆陵之女。作《天风环佩》《神游六合》。”仅从曲名看，便可知道他所创作的琴曲与大自然的密切关系。

古琴曲中反映大自然、隐逸思想的乐曲之多，似可证明琴家与大自然、与禅的亲近程度。近代著名琴家杨宗稷在其《琴学丛书·琴话》中列有他与“三五同志，竭数年心力”考校的历代琴曲目录，略一翻阅，便可知在古琴音乐中几乎有三分之二的曲目与大自然有关。仅选列部分曲目如下：

《风云际会》《渔歌》《樵歌》《塞上鸿》《潇湘水云》《汉宫秋月》《梧叶舞秋风》《碧天秋思》《沧江夜雨》《幽兰》《阳春》《和阳春》《高山》《流水》《秋水》《平沙落雁》《石上流泉》《梅花三弄》《春山听杜鹃》《鸥鹭忘机》《渔樵问答》《洞天春晓》《溪山秋月》《秋江夜泊》《玉树临风》《洞庭秋思》《梧桐夜雨》《清夜闻钟》《松下观涛》《汉宫春晓》《醉渔唱晚》《梨云春思》《秋江晚钓》《乌夜啼》《雉朝飞》《双鹤听泉》《凤翔霄汉》《鹤舞洞天》《猿鹤双清》《风入松》《泛沧浪》《陌上桑》《乐山隐》《空山磬》《白雪》《苍梧怨》《耕歌》《牧歌》《茶歌》《风雷引》《良宵引》《山居引》《春晓引》《桃源引》《桃源春晓》《潇湘夜雨》《万壑松风》《苍梧引》《玉关秋思》《兰亭修契》《秋月照茅亭》《孤猿啸月》《鹤鸣九皋》《云中笙鹤》《黄鹤醉翁》《子规叫月》《广寒游》《广寒秋》《中秋月》《江月白》《秋水弄》《南风畅》《秋声》《商秋》《坐忘》《清夜吟》《寻芳吟》《泽畔吟》《听泉吟》《白云吟》《静夜吟》《林下吟》《秋壑吟》《篝灯吟》《据梧隐》《刍牧吟》《九嶷吟》……

北宋郭熙《早春图》

对于任何一个与中国传统文化有着割不断的血缘关系的中国知识分子而言，不必听这些琴曲，只读一下这些乐曲的题目，便可以感受到许许多多大自然的气息：碧天、秋月、夜雨、春花、九嶷山、洞庭湖、松风飒飒、泉鸣簌簌……我不知道在世界音乐史上，可还有哪一件乐器的独奏曲中有如此众多的经典作品是表现自然，表现人与自然的关系，表现人对自然的欣赏、陶醉，表现大自然的无穷魅力和人的自然属性的？难道说中国的士人们对大自然有一种特殊的“情结”，有一种不可救药的、深藏在潜意识里的偏爱吗？难道说中国的古琴音乐除了大自然以外再也没有什么其他的内容可以表现了吗？的确，对于魏晋之后的中国文人音乐家而言，大自然，是可以入乐、应该入乐、值得入乐的哪怕不是唯一、起码也是最重要的内容。如果说先秦时的琴乐还是“礼”的附庸，因而琴曲的内容以表现儒家的理想、情操为主，多见诸如《思贤操》《文王操》等一类乐曲的话，那么，魏晋之后，古琴音乐迎来了中国历史上第一个“为艺术而艺术”的时代。琴乐，从“礼”的附庸变为“人”与“人性”的讴歌。这是人性的胜利、是大自然的胜利，其实，也是禅的胜利。有人说："……即便同样是描写山水，近儒的如杜甫多半赞美的是'江山如有待，花柳更无私'的伦理的山水，近道的如李白多半咏歌的是'且放白鹿青崖间'的想象的山水，而近禅的王（维）、孟（浩然）诸人才真正关心的是'泉声咽危石，日色冷青松'的感觉的、现实的山水。"①就是在这真实的山水之间，中国的士人们才得以与天地交融、与宇宙唱和，在碧石清涧、绿叶黄花中了悟"众缘性空"的妙理。"溪声便是广长舌，山色岂非清净身？"溪声如乐，山色如道，大自然默示着无尽的禅意，同时也牵引着无尽的乐思。

中国古琴音乐风格的清幽恬静，与禅的默照观心有关，也与中国文人士大夫所喜爱的自然风貌、自然性格有关。在以上那些琴曲的曲目中，几乎看不到山呼海啸、风卷云翻的壮阔景象。除了一首《风雷引》以外，所有其他的乐曲，所表现的几乎都是寂静、清幽、廓远、空灵的意境。正如苏璟在其《鼓琴八则》中所说："取音之法，青山言之最精，要之二十四况，不外'清和'二字。古、静、淡、远皆从此出。"而这"清和"二字，实是禅宗心要。为什么古琴最近禅，为什么琴人最近自然，这便是其中的道理。也是这位苏璟说："琴，器也。具天地之元音，养中和之德性，道之精微寓焉。故琴者心超物外，则音合自然，而微妙有难言者，此际正别有会心耳。"②可以这样说，古琴天生最适合表现自然的宁静高远，而琴人也是天生最与山水林薮有缘。这也许就是为什么中国古人画山水，为表现山林之气、表现寂寥空淡的意境，一定要在山水之间画上一个小小的弹琴人的原因吧？"此时无声胜有声"是一种意境，以有声的琴乐来反衬山林之静，则是另一种意境。所谓"松风吹解带，山月照弹琴"，所谓"曲终

① 周裕锴：《中国禅宗与诗歌》，上海人民出版社 1992 年版，第 243 页。

② 苏璟：《鼓琴八则》，载《中国古代乐论选辑》，人民音乐出版社 1981 年版，第 420 页。

人不见，江上数峰青”，所谓“古木无人径，深山何处钟”，都是以声写静的佳句。白居易《清夜琴兴》诗，则更鲜明地写出了深受禅宗影响的文人士大夫耽琴的心境和原因，也写出了自然与琴的关系：

月出鸟栖尽，
寂然坐空林。
是时心境闲，
可以弹素琴。
清泠由木性，
恬澹随人心。
心积和平气，
木应正始音。
响余群动息，
曲罢秋夜深。
正声感元化，
天地清沉沉。[①]

元代朱德润《松下鸣琴图》

西方音乐中当然也有一些以自然为母题的音乐，但与中国传统音乐比

① （唐）白居易：《清夜琴兴》，载《全唐诗》第7函第1册，内府写刻本，第5页。

起来，简直是少之又少了。仅拿众所周知的贝多芬的交响曲为例，在他的九部交响曲中，只有一部F大调第六交响曲《田园》是表现人与自然的，而其他八部交响曲的中心，统统是人。西方音乐以人为音乐的中心，中国音乐以自然为音乐的中心；西方音乐好动、中国音乐求静；西方音乐以表现复杂的社会生活为最高追求，中国音乐以表现自然与人心的清净本性为宗。在禅宗影响下的中国文人士大夫看来，社会的风云变幻是虚妄无常的，只有使本自清净的心解脱世俗的阴翳，才是至理正道。因此，在中国音乐中，不但不可能有柴可夫斯基在《1812序曲》中大炮的轰鸣，也不可能有李斯特在《死之舞》中绝望的哀叹。

如果没有禅，没有大自然的山山水水，中国的传统音乐的灵魂与灵性亦将荡然无存。

二、文人士大夫的佛教信仰与音乐生活

从东晋的“佛学时期”开始，中国的文人士大夫几乎没有不谈禅的，同时，中国传统的文人，也多少要懂一点音乐。“琴棋书画”，一直被视为文人必需的修养，而且，琴——音乐，更被置于四艺之首。魏晋之际，虽尚无“琴棋书画”的成说，但已将“琴”与“书”并提，将“琴”与“书”视为两种文人必备的、可以决定“文人”资格的东西。北齐的颜之推批评晋时崇尚玄谈的所谓“名士”时说：“高谈虚论，左琴右书，以费人君禄位。”[①]话虽是贬义，但从中仍可见这些名士们“左琴右书”、高谈阔论的倜傥风姿。一般来讲，文人士大夫的沉醉于音乐，与寄情山水一样，从消极层面讲，是对现实的逃避；从积极层面讲，却都是对灵性生活的一种追求、

① （南北朝）颜之推：《颜氏家训》（卷下），四部丛刊景明本，第25页。

一种升华。而文人士大夫的沉醉于佛教，则与佛教传入中国后在南北朝时迅速发展，尤其是佛经的大量翻译分不开。我在前文中说过，从东汉到南北朝，中国经历了三百年左右剧烈的动荡和战乱，在这段风雨如磐的时间里，有悲惨的民族灭绝，有悲壮的民族大迁移，有对后世中国社会与中国文化具有重大影响的民族大混融。“五胡乱华”与“晋室南渡”所造成的中国文化结构的失衡与重构，“出门无所见，白骨蔽平原”的触目情景对心灵的巨大震撼，以及儒家思想面对现实所表现出的无奈，是造成当时中国社会思想真空、信仰真空的原因。人们期待着一种能透彻地认识人生、解决人生的种种困惑的思想体系，帮助人们认识到“有生皆苦”的原因，并指导人们一种“离苦”的方法。佛教的传入，及时地填补了当时社会的信仰真空，满足了人们灵魂的迫切需要。

为了给信教的民众尤其是文人士大夫提供信仰的依据，以支谦、康僧会为代表的一批译经家们在三国时便译出了大量大、小乘经典，至鸠摩罗什，中国的佛经翻译达到了一个新的高度。这位伟大的翻译家在长安十余年，共译出般若系经典及龙树、提婆等论著共 74 部 384 卷。他的思想魅力和卓绝才华不但士林景仰，甚至一代天骄的国君王侯也因慕其名而不惜发动战争。① 与此同时，东晋的道安、慧远等一批中国高僧不但为开创中国化佛教的理论体系、组织制度、僧尼规范多有建树，而且以他们的威望、举止、言行、风姿教化润泽士林，成为文人士大夫争先结交的对象、追随效法的楷模。梁武帝时，佛教已成为中国半壁江山的“准国教”，“南朝四

① （南朝梁）慧皎：《高僧传 · 译经中 · 鸠摩罗什传》载：“（建元）十八年九月，坚遣骁骑将军吕光、陵江将军姜飞等，将前部王及车师王等，率兵七万，西伐龟兹及焉耆诸国。临发，坚饯光于建章宫，谓光曰：夫帝王应天而治，以子爱苍生为本，岂贪其地而伐之？正以怀道之人故也。朕闻西国有鸠摩罗什，深解法相，善娴阴阳，为后学之宗，朕甚思之。贤哲者，国之大宝。若克龟兹，即驰驿送什。”《晋书 · 卷九十五》本传亦载：“……苻坚闻之，密有迎罗什之意……乃遣骁骑将军吕光等，率兵七万，西伐龟兹。谓光曰：即驰驿送之。”

百八十寺，多少楼台烟雨中”的诗句不仅传达了一种朦胧而又壮阔的美感，而且是那个时期南中国自然风光与社会状况的真实写照。

当时，名士与名僧往来唱酬，关系密切。据学者考证，名士与名僧往来似始于曹魏正始年间（240—249）。汤用彤《汉魏两晋南北朝佛教史》中引《高僧传》说：“‘孙权使支谦与韦昭共辅东宫’，实或非实。然名僧名士相结合，当滥觞于斯日。”到了晋代，文人与僧人的交往日益频繁，如世称“敦煌菩萨”的竺法护，号称通三十六国语言，对士林有很大影响。其重要的译经事业，便是在中国文人聂承远、聂道真父子及谏士伦、孙伯虎等人的襄助下完成的。晋室南渡后，士人更是争先崇佛。梁代僧祐《弘明集》卷十一有何尚之《答宋文帝赞扬佛教事》一文，文中谈及当时信佛的士大夫们，都是当时的显贵和名流：

> 渡江以来，则王导、周顗，宰辅之冠盖；王蒙、谢尚，人伦之羽仪。郗超、王坦、王恭、王谧，或号绝伦、或称独步，韶气贞情，又为物表。郭文、谢敷、戴逵等，皆置心天人之际，抗身烟霞之间。亡高祖兄弟，以清识轨世；王元琳昆季，以才华冠朝。其余范汪、孙绰、张玄、殷觊略数十人，靡非时俊。

魏晋南北朝时，对士林影响最大的僧人，应该说是支遁、道安和慧远。被时人品藻为“器朗神俊”的名僧支遁，以佛释庄，所注《庄子·逍遥游》“群儒旧学莫不叹服”。他主张“即色本空”的思想，与谢安、王羲之等名流交往甚密，对士林影响极大，被尊称为“支公”“林公”。当时的名士如王洽、许询、郗超、孙绰等人都与他过从甚密。许询与孙绰，都是“玄言诗”的代表人物。支遁在山阴讲《维摩经》时，“支为法师，许为都讲。支通一义，四座莫不厌心；许送一难，众人莫不抃舞”。孙绰则著

道安像

支遁像

有《喻道论》，与郄超的《奉法要》都是中国知识分子佛教徒所写的最早的佛论。

道安是东晋时最有影响的高僧。他俗姓卫，常山扶柳县（今河北省冀州）人，少年出家，曾师事佛图澄，并代佛图澄讲席说法，因其面黑，遂有“漆道人，惊四邻”之誉。在连年战乱中，他率徒四处弘法，其中在襄阳弘法达十五年。东晋太元四年（379），前秦王苻坚克襄阳，迎其至长安，住长安五重寺。道安在长安，受徒众数千，大力开展译经事业，成就显赫。他长于般若学，著述甚丰。他还倡导出家僧人以“释”为姓，对中国佛教影响深远。在社会上，他的影响也很大，除了苻坚常以政事咨询外，因其广博的学问和出众的睿智，成为长安衣冠弟子们请教解疑的精神领袖式的人物。他在襄阳讲经时，“四方之士，竞往师之”[①]。因讲席太盛，不得不制定一定的规矩，这就是道安制定中国最早的“僧尼规范”的原因。

道安徒众甚多，其中最著名、最有成就的应该是庐山慧远。慧远俗姓贾，晋雁门楼烦（今山西省静乐县西南）人。他幼习儒典及庄老之学，21岁见道安，为之折服，即出家。他出家后，秉承道安弘法家风，弘法译经不辍。公元378年，他为避战乱到浔阳（今江西九江）庐山，领徒众修道。慧远在庐山三十余年，影不出山，迹不入市，平时送客以虎溪为界，故得“庐山慧远”之称。他的隐修之道和“沙门不敬王者论”影响深广，而他倡导的念佛法门，在其后演衍成净土宗，他亦被奉为净土宗初祖。

元兴元年（402），慧远在庐山东林寺与刘遗民等信佛的文人在阿弥陀佛像前立誓，共期往生西方净土，创以念佛为法门，以往生西方净土为目标的“莲社”（亦称“白莲社”）。慧皎《高僧传·唱导篇》载：

> 昔佛法初传，于时斋集，止宣唱佛名，依文致礼。至中宵疲极，事资启悟，乃别请宿德升座说法。或杂序因缘，或傍引譬喻。其后庐山慧远，道业贞华，风才秀发。每至斋集，辄自升高座，躬为导首。广明三世因果，却辩一斋大意。后代传授，遂成永则。

这“后代传授，遂成永则”的八个字，不是泛泛的褒词，而是概括了其后中国佛教史中净土一派对中国佛教文化，尤其是佛教音乐的贡献。与禅宗的名僧一样，净土宗的历代祖师、名僧，如善导、承远、少康、法照等人，都秉承慧远衣钵，倡导唱念，身体力行，对中国文化、艺术和社会生活产生过重大影响。

---

① （南朝梁）慧皎：《高僧传》本传。

庐山东林寺

慧远像

僧人能够对中国文人士大夫的音乐生活产生影响，首要原因是僧人中存在着一大批佛教音乐家，存在着一大批与文人士大夫同样“左琴右书”的僧人，比如释道照，俗姓麴，名瞻，西平人。少善尺牍，兼博经史。18岁出家后，以宣唱为业，能琴。《琴苑要录》载：“有西平麴瞻撰《琴声律图》。”《琴书存目》亦载：“麴瞻，西平人。撰《琴声律》一卷、《琴图》一卷。”惜均已佚。翻开慧皎《高僧传》，一部“唱导篇”，几多善乐者。而其中多数，皆博通经史、饱览群书，是有着僧人、文人双重资格的音乐家。如：

道照：“……少善尺牍，兼博经史……披览群典，以宣唱为业。音吐嘹亮，洗悟尘心。”

慧琚：“……该览经论，涉猎书史，众技多娴，而尤善唱导，出语成章……”

昙宗："……少而好学，博通众典……"

昙光："……性喜事五经诗赋。及算术卜筮、无不贯解……"

此外，像"经师篇"中诸僧，亦多有博学而善乐者。如：

道慧："……志行清贞，博涉经典，特禀自然之声……"

智周："……博学多闻，尤长转读……"

昙迁："……笃好玄儒……善谈庄老……"

昙智："……性风流。善举止。能谈庄老，经论书史，多所综涉……"

也有一些唱导经师，曾受过中国传统民间艺术的熏陶，如"唱导篇"中的法愿："家本事神，身习鼓舞，世间杂技，及蓍爻占相，皆备尽其妙……"

这样一批博通经史、能谈庄老的宗教音乐家，当他们以宣唱为业的时候，不可能不对士林产生影响。更何况，六朝高僧在倡导众心时所讲究的，是一种最需要文化基础、最需要音乐积累的"即兴创作"。比如上例几人：

道照："……指事适时，言不孤发……"

慧璩："……出语成章。动辞制作，临时采博，罄无不妙……"

昙宗："……唱说之功，独步当世，辩口适时，应变无尽……"

此外，像道儒"言无预撰，发响成制"；慧重"言不经营，应时若泻"；法镜"遗次嘲难，必有酬酢"，都是即兴创作的高手。不难想见一贯钦慕才华的士人们对他们如何倾倒。

有这些佛教音乐家，有这些只因其高超的音乐才华而将他们的名字留在《高僧传》中的僧人们做榜样，深得佛光禅乳的中国文人们怎能不“左琴右书”呢？用明代屠隆《考盘余事》中的话说：“琴为书室中雅乐，不可一日不对。清音居室谈古，若无古琴，新者亦须壁悬一床，无论能操，纵不能操，亦当有琴。”清代汪绂在其《立雪斋琴谱》“小引”中也说：“士无故不彻琴瑟，所以养性怡情。先王之乐，惟淡以和。淡，故欲心平；和，故躁心释。”琴与音乐，不仅仅是文人的标志，也是中国文人士大夫生活中最重要的内容。

中国古代的知识分子崇佛喜禅，是因为佛与禅深得士人之心；中国古代的知识分子偏爱琴乐，是因为琴体现了中国文人理想的道德、情操、志趣、感情。虽然大部分中国文人都从儒家那里继承了“达则兼济天下，困则独善其身”的操守，有趣的是，琴常常是他们“困厄”时寄情达志甚至聊以自慰的工具，而当他们得志时却很少弹琴。也许，是他们“通达”之时便没有了弹琴的余暇？当然，中国文人的尚琴是其来久矣，儒家把琴的七根弦除宫、商、角、徵、羽外的另两根弦称为“文”“武”，声称是儒家最推崇的“先王”——周代的文王、武王加上去的。但根据中国人的经验，“操守”二字，似乎也还是“困厄”之时才讲，为官为宦的大概也是顾不到吧？所以，桓谭的《新论》中说：“琴有《伯夷》之操。夫遭遇异时，穷则独善其身，故谓之‘操’。”“琴之言禁也，君子守以自禁也。”

“竹林七贤”的放浪形骸与嗜酒、嗜琴，表面上看似乎与“琴之言禁也”的目的恰恰相反。但实际上，“放”与“禁”是相对的，不是绝对的。嵇、阮的狂放不羁，实际上正是他们“君子”之风的表现，正是他们不肯与社会黑潮同流合污、坚持操守的表现，对魏晋名士而言，纵酒、服药与弹琴，都不过是他们导养神气、宣和情志的方法。嵇康《琴赋》序中说：

竹林七贤画像砖

以为物有盛衰，而此无变；滋味有厌，而此不倦。可以导养神气，宣和情志，处穷独而不闷者，莫近于音声也。

的确如此，魏晋之前，当音乐还是“礼”的附庸、儒的工具时，音乐始终得不到实质性的发展。当音乐终于摆脱了为“王公大人”助兴、为宗社庙堂作“祭品”的命运而成为落魄文人“处穷独而不闷”的灵丹妙药时，音乐才得以发挥它无穷的功用。

嵇康字叔夜，因曾官拜中散大夫，故世称嵇中散。《晋书》本传称他“多异志”“有奇才”，“学不师授，博览无不该通”。他具有多方面的音乐才能，不但善琴，还能作曲。他创作的琴曲“嵇氏四弄”——《长清》《短清》《长侧》《短侧》，是古琴曲中著名的经典作品，一直流传至今。嵇康弹奏《广陵散》更是中国知识分子至今所津津乐道的典故。这位正直、洒脱、极富理想主义、反叛精神和个性色彩的大艺术家，这位在公元3世纪便集现代意义上的“颓废派”诗人、“前卫”音乐家、离经叛道的思想家、美学家于一身的“人文知识分子”，这位生活在那个流淌着血与火却至今仍令每一个有浪漫气质的人悠然神往的魏晋时代的天才，这位代表了中国历代知识分子独立人格与自由主义理想精神的“竹林七贤”中的佼佼者，不但在思想上是那个时代最深刻、最具批判精神的精英人物，在行动上也称得上是当时士人中最富献身精神、最有气节和政治操守的一个。他口“非汤武而薄周孔”、身“越名教而任自然”，玉树临风、傲岸不群。但他生前却对一首“声调绝伦”的《广陵散》过于珍爱，视如生命，“誓不传人”，以致他虽能舍生取义，将人格与音乐置于生命之上，以一种只有参透了生死大事的殉道者才能有的平静、尊严、超脱的态度直面死亡，临刑前“顾视日影，索琴弹之”，在他的“粉丝”——三千太学生面前开了一场真正的“告别音乐会”，却不得不在最后一刻，留下他此生唯一的遗憾：“《广陵散》于今绝矣！”

嵇康还有一篇著名的音乐文字《琴赋》和一篇更为著名的音乐美学论文《声无哀乐论》。在中国音乐美学史上，《声无哀乐论》是一篇非常重要的文献。在这篇天才的美学著作中，嵇康以虚构的两个人——“秦客”和“东野主人”的辩驳诘难，充分阐述了有关音乐的本质、音乐的功能、音乐的审美感受等一系列音乐美学中的关键问题。他的“心之与声，明为二物”的理论，明确指出音乐是独立于人感受之外的客观存在，而人的喜怒哀乐自有其主观性，不能将二者混为一谈。“声音自当以善恶为主，则无关哀乐；哀乐自当以感情而后发，则无系于声音。名实俱去，则尽然可见矣。”

当奥地利的汉斯力克在他惊世骇俗的《论音乐的美》中提出与嵇康类似的观点时，他不知道，他的这些“前卫”的、“新颖独到”的观点，在一千六百年前的中国，早已被人用极其凝练典雅的语言和生动优美的方块字充分表述过了。

阮籍字嗣宗，因曾任步兵校尉，故世称阮步兵。他出生在一个音乐世家，其父阮瑀为“建安七子”之一，善琴歌，能作曲，“为曲既捷，音声殊妙”。阮籍幼承家学，亦善弹琴。他传世的名曲《酒狂》至今仍是琴家所经常演奏的作品。《晋书》本传称他：“籍本有济世志，属魏晋之故，名士少有全者，籍由是不与世事，遂酣饮为常。”他的“口不臧否人物”“青白眼”及饮酒都有很大的名气。他的饮酒的确饮出了水平，他不但曾大醉六十天以拒绝司马昭的结亲之意，更能将沉醉的状态升华为千古名曲。“夜中不能寐，起坐弹鸣琴”，音乐，比酒更醇、比酒更美、比酒更能使乱世中的文人得以安心、养性、全身。

魏晋之时的文人似乎无不善乐，“竹林七贤”中小字辈的阮咸，与其伯父一样，“妙达八音，论者谓之神解”。他日日抱在怀里的那件有一个长颈和圆形共鸣箱的乐器，就因为他的缘故而被后世称为“阮咸”或“阮”。此外，像前文提到的桓子野，其笛“尽一时之妙，为江左第一”。大画家戴逵，字安道，不但其画被评为“情韵连绵，风趣巧拔”[①]，其琴，也名噪一时，甚至给他招来了不小的麻烦。《晋书》卷九十七载：“太宰武陵王晞闻其善鼓琴，使人召之。逵对使者破琴曰：戴安道不为王门伶人。”表现出可敬的磊磊风骨。其兄戴述，其子戴勃、戴颙等亦都善琴。在《晋书·乐志》中，还记载了其他一些文人音乐家的名字：“魏晋之世，有孙氏善弘旧曲，宋识善击节唱和，陈左善清歌，列和善吹笛，郝索善弹筝，朱生善琵琶，

① （南北朝）谢赫：《古画品录》。

陶渊明像

约翰·凯奇

尤发新声。”皆是音乐史上可圈可点之人。

那么，不会琴又怎么办呢？“是真名士自风流”，东晋的陶潜，虽不善乐，却也有他自己的办法。《宋书·陶潜传》曰：“潜不解音声，而蓄素琴一张，无弦。每有酒适，辄抚弄以寄其意。”[①] 他的“无弦琴”，以无胜有，亦可使20世纪40年代那位在西方名声显赫的现代派作曲家约翰·凯奇（John Cage，1912—1992）自叹弗如、甘拜下风。后者在一千多年后才接触到禅宗的神奇思想，并在禅宗思想的影响下创作了他那首令西方大吃一惊的名作《4'33"》。据说，演奏此曲的钢琴家只要打开琴盖，把怀表掏出来放在谱架上，一个音也不用弹，等坐够了4分33秒之后，起立鞠躬就是

① 对于《宋书》中陶潜不会弹琴的记载，郭乃安先生曾举陶潜《始作镇军参军经曲阿作》诗首句“弱龄寄事外，委怀在琴书”为例而提出过疑问。

了！陶潜的《归田园居》曰："人生似幻化，终当归空无。"诚如斯言！人生如此，音乐发展到一定的阶段，也是如此。但悟性超人的陶潜应该在他的"无弦琴"上听到了自己内心丰满充沛的声音，听到了大千世界无穷无尽、奥妙多彩的声音，但我们真的难以想象约翰·凯奇的众多听众们怎样才能从这令人惊诧的无声世界中听到除了邻座的喘息声、后排椅子的摩擦声、节目单的翻页声、拼命压抑但终于无法控制的咳嗽声……之外的任何有意义、有趣味的声音。也许，这才是现代派音乐家的初衷，就是要打破人们对"音乐"的思维定势，打破艺术与日常生活的界限，用偶然、自然的音响代替作曲家精心创造、演奏家完美演奏的音符。约翰·凯奇想让听众从"无"中发现"有"，他的思想是够深刻了，想法是够天才了，但他大大高估了"众生"的悟性，要知道，佛教之所以要"八万四千法门"，就是因为人们的"根器"不同，而禅所要面对的，是所谓的"上上根"。普通听众花钱买票去音乐厅，就是想听正经八百的音乐，而不是去听哲学课。乐队队员干坐在台上不动乐器，只有指挥在台上煞有介事地对着虚空挥动手臂，就像服务员给你端上的盘子里只有一张你所点菜肴的照片一样，此时对买票来听音乐的观众讲"此时无声胜有声"的道理，已经近乎巫觋之术了！这恐怕也是其后一些"现代派"音乐家效颦碰壁的原因吧？

三、王维与白居易

朱长文《琴史》称："……晋宋之间，缙绅犹多解音律，盖承汉魏嵇蔡之余，风流未远，故能度曲变声，可施后世。自唐以来，学琴者徒仿其节奏，写其按抑，而未见有如三戴者，况嵇蔡乎？"时逮唐宋，文人虽不如魏晋时的名士们能歌善乐，但对佛教的信仰，却有增无减。尤其是禅宗六祖慧能的思想广被士林之后，更使中国的文坛洋溢着荡荡禅风。

慧能门下有青原行思、南岳怀让、菏泽神会、南阳慧忠数脉，其中青原一系形成曹洞、云门、法眼三家；南岳门下形成沩仰、临济两家，所谓“一花五叶”。临济宗在宋代又形成黄龙、杨岐二家，于是又有“五家七宗”之说。中国的许多艺术家与这“五家七宗”有着极其密切的关系和因缘。被称为“诗中有画、画中有诗”，同时又是琵琶家、据说曾创作过琵琶名曲《郁轮袍》的王维，便与神会有交往，据敦煌本《南阳和尚问答杂征义》载，王维与神会曾在南阳相会，王维受神会之托所撰的《能禅师碑》流传至今，系最早撰写慧能思想的可靠文献。王维在其《送衡岳瑗公南归诗序》中有“滇阳有曹溪学者，为我谢之”的句子。曹溪为慧能传法处，曹溪学者即指南宗禅师。对民间音乐颇有研究的柳宗元虽主要修习天台宗，但也曾与禅宗中人来往密切。柳为慧能撰写过《曹溪六祖赐谥大鉴禅师碑》，为马祖道一的隔世弟子文畅书写过《送文畅上人登五台遂游河溯序》等。白居易更是归礼禅宗，与禅宗和尚来往频繁。他在洛阳时结交的惟宽、在江州时结交的智常，都系马祖道一法脉。他晚年结交的智如、如满，也都是南宗弟子。禅宗“见性成佛”的理论对这些艺术家美学观念的形成，无疑有很大的影响。

王维，字摩诘，他虽然不是第一个以佛典中的人名、词汇起名号的中国文人，但却是起了佛家名号的最著名的中国文人。王维的信佛，似与其母有关。他的母亲崔氏曾师事大照普济禅师三十年。王维与其弟王缙在母亲的影响下“俱奉佛，居常蔬食，不茹荤血”[①]。他的习禅与弹琴，在中国文人中，都属上乘。王维著名的《辋川集》中的第十八首《辛夷坞》诗云：“木末芙蓉花，山中发红萼。涧户寂无人，纷纷开且落。”被胡应麟《诗薮·内编》称其为“入禅”之作，言“读之身世两忘，万念俱寂”。人们

① （汉）刘昫:《旧唐书·王维传》(卷 190 下列传第一百四十下文苑下)，清乾隆武英殿刻本，第 2534 页。

王维画像

都欣赏王维禅意盎然的诗歌和他恬静、自由的生活方式，但人们却常常忘记，当他“山中习静观朝槿，松下清斋折露葵”[1]时，当他“行到水穷处，坐看云起时”[2]时，他或许便抱着他心爱的琵琶呢。据说，琵琶名曲《郁轮袍》就是王维所作，他曾将此曲的演奏作为进身之阶，但官场上的荆棘与丑恶，使“安史之乱”前看似宦途顺利的诗人已看破人生，遂“亦官亦隐”，在终南山广结僧徒，谈禅悟道，用他自己的话讲，就是：“一生几许伤心事，不向空门何处销？”在“安史之乱”中的遭遇，使他有机会更深刻地体验人生的苦痛与无力。他被叛军所俘并受到安禄山的胁迫担任伪职，这无疑是他生命中的污点。平叛之后他被问罪，这时候，他的才情又一次改变了他的命运。就像一首琵琶曲《郁轮袍》让他得到贵主的宠幸一样，他在叛军中偷偷写下的一首七言绝句《凝碧诗》却救了他的命：“万户伤心生野烟，百官何日再朝天？秋槐花落空宫里，凝碧池头奏管弦。”当安禄山在凝碧池边大宴群臣时，王维没能像乐工雷海青那样把手中的琵琶摔到地上，“西向恸哭”，以死报主，被车裂而死，但他毕竟在这首诗里婉转地表露了自己的忠诚。

官场的倾轧、激烈的社会动荡和“无常”的命运，让王维彻底走向了

① （唐）王维：《积雨辋川庄作》。

② （唐）王维：《终南别业》。

佛教。他“晚年长斋，不衣文彩……日饭十数名僧，以玄谈为乐，斋中无所有，唯茶铛、药臼、经案、绳床而已。退朝之后，焚香独坐，以禅诵为事”[①]。他的参禅诵经颇有收获，他对佛教的理解也日渐深刻。他特别强调“忍”字，这应该是他从坎坷生活中得出的经验和结论。“忍者无生，方得无我。”他在《能禅师碑》中说：“五蕴本空，六尘非有。众生倒计，不知正受。莲花承足，杨枝生肘。苟离身心，孰为休咎。”已是正信之言，几近彻悟之境了。

禅宗主张自性说，认为“自性不染”，“心但无不净”。王维的诗作，充分体现了诗人反观自性，通过禅修及其对大自然的观照，终于达到内外俱澄澈的一种境界。请看两首他著名的绝句：

《鹿柴》

空山不见人，但闻人语响。
返景入深林，复照青苔上。

《鸟鸣涧》

人闲桂花落，夜静春山空。
月出惊山鸟，时鸣春涧中。

不少诗评家都把他的这些小诗奉为禅诗的典型。他的这些诗句，表面上写的都是寂静的山林野景，用他独特的、清新淡雅的语言把读者引进一种空寂、宁静，既无尘世之争，也无喧嚣与杂念的清净之地。但是，在这些空旷寂寥的世界里，却充满着大自然的音乐，我们能听到婉转的鸟鸣、

① （汉）刘昫：《旧唐书 · 王维传》（卷 190 下列传第一百四十下文苑下），清乾隆武英殿刻本，第 2534 页。

春涧的水流，甚至桂花落地的簌簌声。这个似空非无、默而有声、花开花落、自然而然的世界，是大千世界本来就有的真实存在，但却被我们大部分人遗忘了！王维的诗，不仅仅给了我们审美的享受，唤醒了我们对大自然的渴望，更重要的是唤醒了我们对世界本来面目的思考和对人与自然的关系、人本性的探究。

而在《竹里馆》这首平淡到神奇地步的小诗中，诗人“独坐幽篁里，弹琴复长啸”。让我们似乎看到一个清癯孤独的诗人的剪影，这个孤傲的灵魂一会儿用泠泠的琴声抒发内心种种微妙感触，一会儿运用“啸”这种古老的声乐技巧与大自然沟通，在万籁俱静的竹林深处聆听宇宙邈远神秘的回声。读者不知道他是在享受俗人难得享受的清冷孤寂，还是在以乐静心，以啸修行。当“深林人不知，明月来相照”时，我们却可以和诗人一起分享一种幽深淡远、空灵澄澈的境界，这种境界在自然中只存在于人迹罕见的深山僻谷，在精神世界中只存在于少数冰清玉洁、不染尘垢的心灵，在文学与艺术中只存在于一流艺术家上下求索、百般寻觅之后豁然开朗、返璞归真的最好的作品，这种境界，人们常常称之为“禅意”。

请再读他另一首著名的诗作《过香积寺》：

不知香积寺，数里入云峰。
古木无人径，深山何处钟。
泉声咽危石，日色冷青松。
薄暮空潭曲，安禅制毒龙。

在这首诗里，王维用一幅幅充满音声的画面让读者体会到真正的“静”，绝不是死一般的沉寂，无论是古钟低频的轰鸣，还是清泉旋律般的倾诉，都以声示静，更突出了空山之空、幽林之幽。大自然是有生命的，有生命就有声音；禅也是有生命的，“安禅制毒龙”的过程应该同样惊心动魄。我们在这位集诗人与禅者于一身的天才的诗作里，常常体会到一种在其他诗人作品中非常罕见的轻松、活泼，一种洋溢着天真、童趣的禅意。但参禅的过程如“制毒龙”，其本质是战斗，是对贪、嗔、痴、疑、恶见的战斗，是战胜“自己”，发现“自性”的战斗。王维弹奏的琵琶曲《郁轮袍》，究竟是何曲调，已无法确断。清代文人姚燮（1805—1864）《今乐考证》在陈牧夫传谱的琵琶曲《霸王卸甲》处，注有“即《郁轮袍》”四字。而清代琵琶家李芳园于1895年出版的《南北派十三套大曲琵琶新谱》中，收有《郁轮袍》一曲，曲名下注：“即《霸王卸甲》、角音”“唐王维作，李其钰南棠正”字样。目前流传的琵琶曲《霸王卸甲》，是琵琶音乐文化的经典，是一首著名的琵琶武曲。它描写了西楚霸王项羽在“垓下之战”中战败，在自刎之前与心爱的虞姬诀别的情景。这位“力拔山兮气盖世”的英雄在他生命最后关头所经历的一切，都在琵琶曲或雄浑悲壮，或凄美悲切的旋律中得到了完美的展现。这种大悲大恸、撕心裂肺的音乐感觉与王维在他绝大部分诗作中所抒发的“得道”之后充满“禅悦”与“法喜”的宁静感相差甚远。当然，如果《郁轮袍》真的就是《霸王卸甲》，而王维也的确在岐王的策划下演奏过这首名曲的话，那么，我们更可以从中看到佛教与禅对一个天才诗人的巨大影响：学佛前演奏《郁轮袍》时的王维与写出“行到水穷处，坐看云起时”的王维，已判若两人！

白居易，字乐天，号香山居士。亦深受佛教尤其是禅宗的影响。他早年即习佛，曾向洛阳圣善寺凝公求教，得到八字真传：“曰观、曰觉、曰定、曰慧、曰明、曰通、曰济、曰舍。”[①] 他在《答户部崔侍郎书》中忆旧时“顷与阁下在禁中日，每视草之暇，匡床接枕，言不及他，常以南宗心

---

① 《白氏长庆集》卷39《八渐偈》。

《霸王卸甲》封面

《霸王卸甲》谱例

要互相诱导”。他早年习南宗禅，与其结交的惟宽、智常等，皆出于马祖道一门下。他晚年结交的智如、如满等人，也都是南宗门人。但是，白居易广学博采，禅净双修，曾有诗曰“南祖心应学，西方社可投”，可谓八万四千法门，俱不偏废。白居易熟读《楞伽经》和《华严经》。他曾在《见元九悼亡诗因以此寄》诗中写道：“夜泪暗销明月幌，春肠遥断牡丹庭。人间此病除无药，唯有《楞伽》四卷经。”在《僧院花》中，他又写过这样的句子：“欲悟色空为佛事，故栽芳树在僧家。细看便是《华严偈》，方便风开智慧花。”

白居易的修禅是理论与实践并重的，尤其是在他晚年“老病相乘时而至”的时候，他在《病中十五首并序》的序中说自己“外形骸而内忘忧恚，先禅观而后顺医治。旬月以还，厥疾少间，杜门高枕，澹然安闲”。他的治病方法，就是以修禅的方式先自我调适，用禅定之法先静心息念，“白日持斋夜坐禅”，他做到了“闲目常闲坐，低头每静思。存神机虑息，养气语言迟”。这种禅修的实践几乎贯穿了白居易的后半生。

除了禅修之外，白居易晚年还笃信净土理论，他曾在长乐寺受戒，并组织同道念佛，一心往生西方净土。他还舍钱三万，画西方净土变图轴，自题诗曰：“极乐世界清净土，无诸恶道及众苦；愿如我身老病者，同生无量寿佛所。”

白居易的《琵琶行》《长恨歌》以及一系列同情普通民众、关心百姓疾苦的诗作，如《秦中吟》《新乐府》等诗作，充分体现了诗人的慈悲，体现了诗人“悟道”后的“佛心慧眼”。什么是“佛心”呢？大乘佛教认为，佛心就是觉悟之心、自性之心，而人心本自清明。《观无量寿经》中说：“佛心者，大慈悲是。”因此，用最浅显的方式理解“佛心”，就是同情心，就是对他人、对众生的悲悯之心。慧眼当然是智慧之眼。佛教有“五眼”之说，除了专为凡胎配置的“肉眼”外，还有“天眼”“慧眼”“法眼”和“佛眼”。天眼本是色界天人之眼，可以超越空间和物质的限制，看到肉眼看不到的东西，它是修行中的一个阶段，能通过禅定达到，即民间所谓的“开天眼”。“慧眼”则不同，所谓“若有所见，不名慧眼”，光看到，不是慧眼，还要在“看到”的同时照见真空无相之理。通俗地说，天眼虽然可以隔山隔水，但“看山是山，看水是水”；慧眼则看的是山水皆空，看的是山水的本真。

“琴心”和“佛心”却是能转化的。古之大德，称通音声为小悟；更有许多“善根”之人，可以通过琴声悟道。白居易能够“一声来耳里，万事离心中”，便是他闻乐知空、听琴悟道的夫子之道。在琴声中，他领悟了天地之间的至理真情，参透了生死大事。对他而言，听琴即是修行，琴心就是佛心。

香山居士对佛教与音乐，都同样心仪神往，正如他在《自咏》诗中所言：

白衣居士紫芝仙，
半醉行歌半坐禅。

禅、音乐与酒，被白居易称为“三友”，是他生命的三个不可分割的组成部分。他在《和微之诗二十三首·和知非》中说：

因君知非问，诠较天下事。
第一莫若禅，第二无如醉。
禅能泯人我，醉可忘荣悴。
……
儒教重礼法，道家养神气。
……
不如学禅定，中有甚深味。
旷廓了如空，澄凝胜于睡。
屏除默默念，销尽悠悠思。
……
除禅其次醉，此说非无谓。
……
劝君虽老大，逢酒莫回避。
不然即学禅，两途同一致。

按照佛教正统的观念，“杀、盗、淫、妄、酒”这“五戒”是所有佛教徒都要遵守的根本戒，但白居易居然"明目张胆"地把禅与酒并列，甚至认为"酒肆法堂方丈室，其间岂是两般身"[①]，视禅、酒如一，酒肆、法堂不二，可谓禅者宗风！其时无论禅僧还是学禅之士，不乏呵佛骂祖、狂悖恣肆之士，更把一种潇洒无拘的生活方式当成禅者修行的方法。他们认为"平常心是道"，行、动、坐、卧，俱是修行，只要能够"了生死"，酒肆何异禅堂，青楼无非道场，以致把酒称为"般若汤"。而对白居易来讲，美酒与音乐，都是他开智增慧的丹药。

在《醉吟先生传》中，诗人为自己活画出了这样一幅自画像："性嗜酒，耽琴，淫诗。凡酒徒、琴侣、诗客，多与之游。游之外，栖心释氏，通学小中大乘法。与嵩山僧如满为空门友，平泉客韦楚为山水友，彭城刘梦得为诗友，安定皇甫朗之为酒友，每一相见，欣然忘归。……每良辰美景或雪朝月夕，好事者相遇，必为之先拂酒罍，次开箧诗，酒既酣，乃自援琴，操宫声，弄《秋思》一遍。若兴发，命家僮调法部丝竹，合奏《霓裳羽衣》一曲。若欢甚，又命小妓歌［杨柳枝］新词十数章，放情自娱，酩酊而后已。"[②]

白居易吟咏音乐的诗作，是唐诗中的奇葩。有人统计《全唐诗》中白居易咏音乐、歌舞的诗作约有八十首左右，在这些诗作中，白居易描写了歌唱、乐舞以及琴、筝、笛、磬、琵琶、五弦、阮咸、芦管、筚篥等多种乐器的演奏。提到了《六幺》《水调》《凉州》《渌水》《幽兰》《白雪》《梅花》《竹枝》《湘妃怨》《桂华曲》《长洲曲》《杨柳曲》《太平乐》《潇湘送神曲》等众多曲名和《柘枝》《骠国乐》《胡旋》《西凉伎》《霓裳羽衣》等大量唐代宫廷盛行的歌舞，从他的诗句中，可以知道白居易是真懂音乐的。

---

① 《白氏长庆集》卷 31《拜表回闲游》。

② （清）董诰等编：《全唐文》卷 680，中华书局 1983 年版。

白居易像

比如他在《琵琶行》中对琵琶演奏的描写，从“转轴拨弦”乐器定弦开始，到“轻拢慢捻抹复挑”的细腻指法，再从“初为《霓裳》后《六幺》”的曲目，到“大弦嘈嘈如急雨，小弦切切如私语。嘈嘈切切错杂弹，大珠小珠落玉盘”的生动描绘，都体现了一个真正的乐评家的素质和才华，他对音色的独特感受，他对琵琶独有的“颗粒状”音线的描写，惟妙惟肖，其传神写照的魅力与高度，至今无人可及。他在《霓裳羽衣舞歌》中对音乐的描写，更成为后人探寻唐大曲结构的不可多得的“现场”的文字记录：

磬箫筝笛递相搀，击擫弹吹声逦迤。
散序六奏未动衣，阳台宿云慵不飞。
中序擘騞初入拍，秋竹竿裂春冰坼。
飘然转旋回雪轻，嫣然纵送游龙惊。

从这几句诗中，我们大略可以知道《霓裳羽衣舞》使用的乐器以磬、箫、筝、笛等中原文化固有的乐器为主，用了击、擫、弹、吹等演奏手法。乐曲最开始时是“散序”，应该是无拍的散板，“六奏”之后，才是入拍的“中序”。音乐与舞蹈越来越快，在乐曲的后部分，是“繁音急节十二遍，跳珠撼玉何铿铮”的快板和急板，而全曲最终却仍然回到和“散序”一样的散板，以一声长长的鹤鸣般的乐句收束了整个乐曲：

翔鸾舞了却收翅，唳鹤曲终长引声。

白居易一直提倡“正始之音”，他心目中的“正始之音”，即他在《五弦弹》诗中所表述的那样：“正始之音其若何，朱弦疏越清庙歌，一弹一唱再三叹，曲澹节稀声不多，融融曳曳召元气，听之不觉心平和。人情重今多贱古，古琴有弦人不抚……”他对古乐的推崇和对当时的“流行音乐”——“今乐”的喜爱并不矛盾。他喜闻古乐：“闻君古渌水，使我心和平”（《听弹古渌水》），他也曾不满更换了乐曲的职业乐工，在《华原磬》中抱怨：“乐工虽在耳如壁，不分清浊即为聋。梨园弟子调律吕，知有新声不如古。”但他同样也曾兴高采烈地大呼：“六幺水调家家唱，白雪梅花处处吹。古歌旧曲君休听，听取新翻杨柳枝。”（《杨柳枝》）其实，不管古今，白居易要的是好的音乐，是能使人心境平和、自然，能触类旁通的音乐。

白居易自己也弹琴，并且轻技术而重意境，尤重自己的主观感受。其《夜琴》诗曰：

蜀桐木性实，楚丝音韵清。
调慢弹且缓，夜深十数声。
入耳淡无味，惬心潜有情。
自弄还自罢，亦不要人听。

他自诩“自弄还自罢，亦不要人听”“近来渐喜无人听，琴格高低心自知”，绝不是琴家的自傲和自嘲，而是他修禅心境的自然流露。琴对于他来讲，已不是一件可有可无的自娱的乐器，也不仅是他心灵的寄托和感情宣泄的方式，而是他修禅的手段甚或是他全部的生命。“本性好丝桐，尘机闻且空。一声来耳里，万事离心中。”[①] 他用弹琴的方式悟道，用弹琴的方式净心，用弹琴的方式直觉把握般若智慧的结论——空。也许，在中国文人士大夫当中，白居易与音乐的缘分最深。他吟咏音乐的名作《琵琶行》《霓裳羽衣曲》彪炳诗史，光耀千古。他不但使诗与音乐的关系更深了一层，而且也使禅与音乐的关系更加密切。

没有办法，磨砖不能做镜，但弹琴、听琴却偏偏能悟道！禅与音乐的相似相通在不止一个中国一流文人身上得到了佐证。

白居易《船夜援琴》诗曰：

鸟栖鱼不动，月照夜江深。
身外都无是，舟中只有琴。
七弦为益友，两耳是知音。
心静即声淡，其间无古今。

在白居易的这首诗中，宇宙是一条大舟，而音乐便是舟中全部的存在和唯一可把握的东西。在古琴的吟猱绰注中，人与自然都消融在巨大的虚无之中，就连时间和空间也失去了相对性，凸现出宇宙本体的终极价值。还需要解释禅宗的产生对中国文人士大夫的意义吗？当清修僧们穷年累月地面壁静坐的时候，当千千万万出身贫苦但信仰虔诚的“老虔婆”们夜以继日地烧香、磕头的时候，中国的文人士大夫却在静夜里泛舟秋水，极闲适、极安逸地抚弄着他们的七弦琴。“根器”的不同的确决定了他们悟道方式的不同，但是，难道他们在了悟究竟之后，不该感谢那度他们到彼岸的音乐吗？

---

① （唐）白居易:《好听琴》。

四、永远的苏东坡

自唐宋，乃至元、明以降，文人与禅、与乐的因缘可以说是俯拾皆是。从王安石、苏东坡一直到近代的康有为、梁启超、谭嗣同，无不值得大书特书。对中国文人来讲，有几个人的名字是永远充满魅力的，千百年来，一代又一代的知识分子只要想起他们，心里便由衷地产生一种糅杂着钦羡之意的亲切感，比如东晋的陶渊明、唐代的白居易、宋代的苏东坡，其中最令文人们心仪与敬仰的，还是苏东坡。

苏轼（1037—1101），字子瞻，自号东坡居士，四川眉山人。林语堂在他的《苏东坡传》的开篇中即问道："一千年来，为什么中国历代都有那么多人热爱这位大诗人？"他用了一连串的排比句企图勾画出苏东坡的基本相貌，他说："苏东坡是个秉性难改的乐天派，是悲天悯人的道德家，是黎民百姓的好朋友，是散文作家，是新派的画家，是伟大的书法家，是酿酒的实验者，是工程师，是假道学的反对派，是瑜伽术的修炼者，是佛教徒，是士大夫，是皇帝的秘书，是饮酒成瘾者，是心肠慈悲的法官，是政治上的坚持己见者，是月下的漫步者，是诗人，是生性诙谐爱开玩笑的人。"然后，他似乎毫不在乎地一笔勾掉了自己辛辛苦苦为苏轼所作的"画像"，坦然承认道："可是这些也许还不足以勾绘出苏东坡的全貌。"

的确，如果只是面对苏东坡的天纵之才、爽朗天性和多姿多彩的人生，人们可以单单表示由衷的崇拜和艳羡，但是，当人们看到他在大起大落的人生里，无论狂风巨浪还是饥寒交迫，无论是居庙堂之高还是发配天涯海角，他都始终如一地保持着一个禅者的宁静与自在，甚至在生活谷底依然保持着在生活中发现乐趣的能力，就不可能不怀着一种比看圣人多了一份亲切、比看亲人多了百倍崇敬的心来看他。在这个世界上，几乎所有人都有过困境和痛苦，但能够像苏轼这样山行遇雨时高唱："竹杖芒鞋轻胜马，

苏轼像

谁怕？一蓑烟雨任平生”；当夜归不得入门时“倚杖听江声”，低吟“夜阑风静縠纹平”的人，可以说绝无仅有！命运不仅仅给了这个个体生命以旷世诗才，同时还给了他大海般宽阔的胸怀和在生命的最后一秒钟也要开开玩笑的发自内心的幽默感。而他对百姓的挚爱、他为民请命、为民造福的努力以及他和农夫渔樵黎民百姓的平等、温馨的友谊，更凸显他无尽的慈悲和菩萨情怀。“儒道兼宗，显隐皆可”不够，还要加上一个“佛”字；“用舍由时，行藏在我”，则充分表露出这位天之骄子的高贵与通达。当然，对我们最有魅力的，还是苏轼徜徉在佛法与音乐中的天真、圣洁的灵魂。

苏轼与佛教有缘，他的故乡四川在宋时佛教非常发达，这里可以举两个例子，一是北宋开宝（968—976）年间，太祖派人到益州（今四川成都）雕造全部藏经，此即“北宋敕版经”，俗称“蜀版大藏经”或“开宝大藏经”，是我国第一部木版雕印的汉文大藏经，也是中国历史上第一部官刻大藏经。其后无论官刻、私刻，无论高丽、日本，只要是大藏经的编纂，无不以“蜀版”为本。另一个例子就是目前中国所有汉传佛教寺庙内每日必行的《朝暮课诵》中，有一个《蒙山施食仪》，就是宋代的不动法师（或称“甘露法师”）驻锡四川蒙山时，集《救拔焰口饿鬼陀罗尼经》及秘密部的一种水施食法等密部经典中的经咒编辑而成的。

苏轼的家庭也有佛教传统，其父苏洵曾与蜀地名僧云门宗圆通居讷和宝月惟简禅师交游，并与其母程氏“皆性仁行廉，崇信三宝”，是一对虔诚的佛教徒。苏轼幼时与其弟苏辙一同读书，其中就有佛教经典：“君少与我师皇坟，旁资老聃释迦文。”苏辙在与他唱酬时也曾回忆起那段同读佛书的日子，并希望与兄“老去在家同出家，楞伽四卷即生涯”。[①] 苏轼的继室王氏与妾朝云也都是虔诚的佛教徒。苏轼在王氏生日时曾买鱼放生为她做寿，并作［蝶恋花］词：“放尽穷鳞看圉圉，天公为下曼陀雨。”王氏故去，苏轼和在其母程氏去世后“命工胡锡采画佛像，以荐父母冥福”一样，请当时的大画家李龙眠画释迦佛宝像及十大弟子像供奉，并撰《阿弥陀佛赞》：“此心平处是西方，闭眼便到无魔娆。”朝云在苏轼晚年随侍左右，一心向佛。朝云故去后，苏轼在《悼朝云》中满含感情地写道：

苗而不秀岂其天，不使童乌与我玄。
驻景恨无千岁药，赠行惟有小乘禅。
伤心一念偿前债，弹指三生断后缘。
归卧竹根无远近，夜灯勤礼塔中仙。

用佛教的话讲，苏轼的根器是累世所修，所以悟性之高，无有媲者。宋仁宗嘉祐六年（1061），苏轼刚刚 24 岁，被派到陕西凤翔任签判。在苏辙送他的途中，他写下了一首著名的《和子由渑池怀旧》诗，诗中所表现出的对人生的透彻理解，已然如般若智慧下的高度观照：

① 《苏辙诗选》卷 13《试院唱酬十一首》。

《朝暮课诵规范谱本》书影

人生到处知何似？
应似飞鸿踏雪泥。
泥上偶然留指爪，
鸿飞那复计东西。
老僧已死成新塔，
坏壁无由见旧题。
往日崎岖还记否？
路长人困蹇驴嘶。

在凤翔期间，他的一个同侪对他终生喜读佛书有很大影响。苏轼曾在《王大年哀辞》中把自己与佛法结缘归为王的功劳：“予始未知佛法，君为言大略，皆推见至隐以自证耳，使人不疑。予之喜佛书，盖自君发之。”[①] 但苏轼真正潜心学佛、认真修行，恐怕是在他遭遇了人生挫折，被贬黄州任团练副使之后。他在《黄州安国寺记》中说他到黄州后：“舍馆粗定，衣食稍给，闭门却扫，收召魂魄，退伏思念，求所以自新之方，反观从来举意动作，皆不中道……今虽改之，后必复作。盍归诚佛僧，求一洗之？得城南精舍曰安国寺，有茂林修竹，陂池亭榭。间一二日辄往，焚香默坐，深自省察，则物我相忘，身心皆空，求罪垢所从生而不可得。一念清净，染污自落，表里翛然，无所附丽。私窃乐之。旦住而暮还者，五年于此矣。”

这段记述，让我们看到了一个修行者在自省与修行中所得到的乐趣，

① （宋）苏轼：《苏文忠公全集 · 王大年哀辞》东坡后集卷 8，明成化本，第 484 页。

这种“如人饮水，冷暖自知”、不足与外人道的感受，被修行者们称为“禅悦”。但真正能得到“禅悦”的人，却绝不是那些不知“所期”为何，只求“所似”的“学者”。整整五年清晨去傍晚归的类似“短期出家”的生活，一定使苏轼有很大的收获。苏轼在同时期有一封《答毕仲举书》论及学佛之事。他说：

……佛书旧亦尝看，但暗塞不能通其妙，独时取其粗浅假说以自洗濯，若农夫之去草，旋去旋生，虽若无益，然终愈于不去也。……学佛老者，本期于静而达，静似懒，达似放，学者或未至其所期，而先得其所似，不为无害。仆常以此自疑，故亦以为献。来书云：处世得安稳无病，粗衣饱饭，不造冤业，乃为至足。三复斯言，感叹无穷。世人所作，举足动念，无非是业，不必刑杀无罪，取非其有，然后为冤业也。无缘面论，以当一笑而已。①

在这里，苏轼以切身体会清楚地区分了真、假学佛者的差别。学佛的结果，要做到“静与达”，但“静似懒，达似放”，不加区别或有意混淆，不应该是学佛者所期，而是一般只会“口头禅”“文字禅”的文人流于浅薄的假象或“懒”与“放”的借口。苏轼的禅修，始终是认真的，不同于那些只会糊弄“野狐禅”的文人墨客们。在他为安国寺僧居则撰写的《大悲阁记》中，他更一针见血地指出：“斋戒持律，讲诵其书，而崇饰塔庙，此佛之所以日夜教人者也，而其徒或者以为斋戒持律不如无心，讲诵其书不如无言，崇饰塔庙不如无为。其中无心，其口无言，其身无为，则饱食而嬉而已，是为大以欺佛者也。”苏轼不但对“欺佛者”有所批判，而且始

① （宋）苏轼：《苏文忠公全集·答毕仲举书》东坡集卷 30，明成化本，第 317 页。

终坚持正信、坚守正道。以他的悟性，再加上虔诚与笃行，使他的学佛成就非凡。他对《楞伽经》有着特殊的缘分，认为该经“义趣幽眇，文字简古”，他不但曾亲自手抄此经，还曾用张安道施舍的印经钱“求善工”雕版印刷此经。他苦口婆心地奉劝世人认真研习经典，他在《书楞伽经后》中打了一个浅显的比方：“譬如俚俗医师，不由经论，直授方药，以之疗病，非不或中。至于遇病辄应，悬断死生，则与知经学古者，不可同日语矣。世人徒见其有一至之功，或捷于古人，因谓《难经》不学而可，岂不误哉？”

当然，和苏轼最有缘，或者说最符合苏轼本性的佛教宗派还是禅宗。东坡之于禅宗，犹如新生儿寻吃母乳，是自然而然的事情。他曾在《东坡居士过龙光留一偈》中盛誉禅宗：

斫得龙光竹两竿，
持归岭北万人看。
竹中一滴曹溪水，
涨起西江十八滩。

苏轼不但服膺禅宗灵动高迈的理论，而且勤于修炼，身体力行。他在《夜直玉堂携李之仪端叔诗百余首读至夜半书其后》[①] 中自述：“暂借好诗消永夜，每至佳处辄参禅。”在参禅的过程中，他似乎颇有心得且有所发明。他将佛教坐禅之法与道教炼内丹和儒家的养生术结合起来，创造了自己的一套功法。他曾向张方平推荐他的这套修炼方法，在给张的信中，他不厌其烦地传授着自己的经验：

---

① （宋）苏轼：《苏文忠公全集》东坡集卷 17，明成化本，第 191 页。

每夜以子后披衣起，面东或南，盘足，叩齿三十六通，握固，闭息，内观五脏，肺白、肝青、脾黄、心赤、肾黑。次想心为炎火，光明洞彻，下入丹田中。待腹满气极，即徐出气，候出入匀调，即以舌接唇齿，内外漱炼津液，未得咽下。复前法。闭息内观。纳内丹田，调息漱津，皆依前法。如此者三。津液满口，即低头咽下，以气进入丹田。须用意精猛。令津与气谷谷有声。径入丹田，又依前法为之。凡九闭息、三咽津而止。然后以左右手热摩两脚心及脐下腰脊间，皆令热彻。次以两手摩熨眼、面、耳、项，皆令极热。仍案捉鼻梁左右五七下，梳头百余梳而卧，熟寝至明。

在这套可以命名为“苏氏禅法”的修炼术中，既有“闭息内观”的佛家法门，也有“纳心丹田，调息漱津”的道家内功，应该说，在这套融会了静坐、调息、观想、瑜伽、咽津、叩齿、按摩等多种实践的功法里，禅定是主要的内容。因为在已经参透生死的苏轼心目中，所谓“养生”，无非是将此“人身难得”的肉身和起伏不定的心念调养好，使其成为由定生慧的基础而已。禅的学习与修炼无疑使苏轼对宇宙万物和人世今生有了更彻底和清明的认识。他在千古名篇《赤壁赋》中的那一段话，堪称中国古代最精练的哲思了：

苏子曰：“客亦知夫水与月乎？逝者如斯，而未尝往也。盈虚者如彼，而卒莫消长也。盖将自其变者而观之，则天地曾不能以一瞬；自其不变者而观之，则物与我皆无尽也，而又何羡乎？且夫天地之间，物各有主。苟非吾之所有，虽一毫而莫取。惟江上之清风，与山间之明月，耳得之而为声，目遇之而成色，取之无禁，用之不竭，是造物者之无尽藏也，而吾与子之所共适。”客喜而笑，洗盏更酌。肴核既尽，杯盘狼藉。相与枕藉乎舟中，不知东方之既白。

和他一起游赤壁的，有他最出名的朋友佛印。苏轼与禅宗僧人的密切交往，已成为佛教史与文学史上的佳话，他一生结交的佛教徒甚多，他自己曾说“吴越多名僧，与予善者常十九”[①]。仅与他在吴越有过交往的僧人，就有清顺、守诠、仲殊、道臻、可久、垂云、思聪、惠思、怀琏、善本、道荣等人，这些僧人，可以说都是披着袈裟的文人，颇多艺术气质，且才华横溢。比如思聪，7岁善弹琴，12岁舍琴而学书，15岁舍书而习诗文。宋神宗熙宁年间落发为僧，宋徽宗大观、政和年间曾挟琴游历京城汴梁，与苏轼友善。苏轼曾有诗《送钱塘僧思聪归孤山叙》赠他，并赞其诗作“清远如画，工而雅逸可爱，放而不流”。但不知道为什么，在苏轼与众多僧人朋友的交往中，以他与佛印的交往最为著名，也许，佛印并不是对苏轼的佛教信仰和禅者实践唯一有较大影响的僧人，但他和佛印的故事，在中国民间流传千百年，已经成为一个民间故事系统和耐人寻味的口头传说现象。奇怪的是，在中国广泛流传的民间故事“苏东坡与佛印”里，苏轼却似乎永远是论佛说法的失败者。因此，林语堂不无道理地怀疑有关佛印与东坡的故事大概是佛印的徒子徒孙们的“创造”。

佛印，法号了元，字觉老，与苏轼友善。《宋稗类钞》里的一段记载非常重要，当苏轼被贬惠州时，佛印曾从遥远的江浙托人致书东坡，书云：

子瞻中大科，登金门，上玉堂，远放寂寞之滨，权臣忌子瞻为宰相耳！人生一世间，如白驹之过隙，三二十年功名富贵，转盼成空。

---

① （宋）苏轼：《东坡志林》卷11，明刻本，第57页。

何不一笔勾断，寻取自家本来面目。万劫常住，永无堕落。纵未得到如来地，亦可以骖鸾驾鹤，翔三岛为不死人，何乃胶柱守株，待入恶趣。昔有问师：佛法在什么处？师云："在行住坐卧处，着衣吃饭处，屙屎撒尿处，没理没会处，死活不得处。"子瞻胸中有万卷书，笔下无一点尘，到这地位不知性命所在，一生聪明要做甚么？三世诸佛则是一个有血性汉子。子瞻若能脚下承当，把一二十年富贵功名贱如泥土。努力向前，珍重，珍重！

从这段文字看来，佛印禅师不仅是苏轼的知己，而且还是一个用现代的观点审视也依然合格的心理治疗师，他的这封信，应该作为现代心理治疗教学的一个最佳案例。佛印在苏轼最困难的时候给了朋友最适当的安慰、最及时的点拨、最珍贵的鼓励与期许。对一个曾"中大科，登金门，上玉堂"而今天被谪贬僻地的朋友，佛印先一针见血地指出苏轼被贬的原因是权臣的嫉妒与恐惧，然后高屋建瓴地为朋友指出人生苦短、功名富贵皆如粪土，接着用禅宗法语提醒东坡"佛法在世间，不离世间觉"的道理，进而对这位"胸中有万卷书，笔下无一点尘"的朋友一声棒喝：到了这个时候还不知道"性命所在"，你这一生聪明又有什么用处?！在对朋友既由衷赞美又迎头棒击之后，佛印如醍醐灌顶般督促朋友当机立断、"脚下承当"，把世俗的成功"贱如泥土"，在学佛的路上"努力向前"。仅从佛印把"三世诸佛"概括为"一个有血性汉子"这一句话看，这位苏轼半师半友的和尚便可称为货真价实的禅宗大德。

天生的悟性与才华，多灾多难但同时又多姿多彩的人生阅历，再加上勤学苦修与众多禅师朋友的帮助，苏轼的人格与诗境都有了崭新的高度。他的诗作，诗味隽永，禅味绵长，字字珠玑，成为中国诗史中光耀千古的顶峰之作。请看被称作"庐山三诗"的三首禅诗：

横看成岭侧成峰，远近高低各不同。
不识庐山真面目，只缘身在此山中。

庐山烟雨浙江潮，未到千般恨不消。
到得还来无一事，庐山烟雨浙江潮。

溪声便是广长舌，山色岂非清净身。
夜来八万四千偈，他日如何举似人。

把这三首诗放在一起读，似乎可以了解一个修禅之人悟道的过程和必经的三个层次。初修道时，看世间万物，远近高低，各不相同。这是因为你身在“山中”，不能跳出来用般若智慧来观照。而修行之中，常会有悟道前“看山是山，看水是水”，悟道时“看山不是山，看水不是水”，悟道后复“看山是山，看水是水”的感悟过程，而在一首诗中首尾两句俱用“庐山烟雨浙江潮”七字，不仅仅从诗的角度是空前绝后的大胆创造，而且生动、贴切地再现了修道者悟前悟后的认识过程，可谓禅诗中的佳作。禅宗中人对佛教理论的一大贡献，是深刻指明了真理蕴藏在世界本体之中，世界之外，再无真理！“一花一世界，一叶一菩提”，“青青翠竹，皆是法身；郁郁黄花，无非般若。”在苏轼看来，溪声山色，都是佛陀示现的真如之道，都是佛法的真实，真实的佛法。

在潺潺的溪声与隆隆的潮声中，我们该认识一下这位才子的音乐生活了。四川的音乐学家朱舟和罗永明曾将苏轼的音乐生活概括为三类：一是他对各个音乐品种的聆赏和理解；二是对民间音乐的感受和重视；三是他自己在乐府（即词曲音乐）方面的创作。[①] 正如前文所言，古琴是古代文人最钟爱、最擅长的乐器。就像在文学上的造诣一样，被号称“三苏”的苏洵与苏轼、苏辙父子，俱是优秀的琴家。《历代琴人传》引张衮《琴经·大雅嗣音》：“古人多以琴世其家，最著名者……眉山三苏。”苏轼曾在《杂书琴事十首·家藏雷琴赠陈季常》中言明苏家有家族藏琴——著名的雷琴：“余家有琴，其面皆作蛇蚹纹，其上池铭云：‘开元十年造，雅州灵关村。’其下池铭云：‘雷家记八日合。’……琴声出于两池间，其背微隆，若薤叶然，声欲出而隘，徘徊不去，乃有余韵，此最不传之妙。”

所谓雷琴，是唐代斫琴业高度发达时的代表性作品，类似意大利制琴名家斯特拉地瓦利的所制琴是 18 世纪小提琴制造业的代表性作品，在当时和后世都享有盛名，有“唐琴第一推雷公，蜀中九雷独称雄”之说。雷氏也是四川人，三代共出现九位斫琴大家，号称“蜀中九雷”；即雷绍、雷震、雷霄、雷威、雷文、雷俨、雷珏、雷会、雷迅。苏家既有雷琴收藏和弹奏，已可见“三苏”在琴界之地位不凡。

苏轼曾有一首《舟中听大人弹琴》诗记述他们一家乘船出蜀时在船上听其父弹琴：“弹琴江浦夜漏永，敛衽窃听独激昂。风松瀑布已清绝，更爱玉佩声琅珰。……江空月出人响绝，夜阑更请弹《文王》。”从诗中的描写来看，苏洵的琴艺相当高超，苏轼从其父的琴声中听到“微音淡弄忽变转，数声浮脆如笙簧”。其中音色的丰富多变，令人惊艳。

苏轼对古琴文化有很深的造诣，首先表现在他对琴文化本质的深刻理解上。与一般文人士大夫将古琴音乐奉为“雅乐”，把当时流行的琵琶等“胡乐”视为“俗乐”的简单认识不同，苏轼特别指出古琴音乐与中原民间音乐的血缘关系，他在《杂书琴事十首》中说：“世以琴为雅声，过矣。琴

---

① 朱舟、罗永明：《苏轼与音乐》，《音乐研究》1980 年第 2 期。

正古之郑、卫耳。今世所谓郑、卫者，乃皆胡部，非复中华之声。自天宝中坐立部与胡部合，自尔莫能辨者。”他的这段话，还原了古琴的文化属性。事实上，中国古代的所谓“雅乐”，是朝廷的祭祀之乐，所谓“宫廷雅乐”，仅奏于庙堂之上、祭坛之下。所用乐器，以钟、磬为主，其专有乐器，即柷、敔。古琴是文人个性化的乐器，在古代不属于雅乐之列，所谓“琴瑟友之”，传情达意而已。但到了唐代，一是西域传来的“胡乐”盛行一时，所谓“城头山鸡鸣角角，洛阳家家学胡乐”，俗乐已然胡化；另一方面，古琴这种“华夏正声”又因其高古而被雅化，成为少数文人的雅玩。唐时将古琴视为“雅乐”，是强调了古琴音乐非“流行音乐”的这一面，但雅与俗、华与胡，应该是两个范畴，不能混为一谈。像苏轼这样在这个问题上有如此清楚的认识，在古人中是绝无仅有的。

苏轼有一首著名的《琴诗》：“若言琴上有琴声，放在匣中何不鸣？若言声在指头上，何不于君指上听？”苏轼在这里提出这样一个问题：琴声存在何处？如果说是在琴身上，那么它在琴盒中为什么不响呢？如果说存在于弹琴者的手上，为什么你要听琴而不去听手指呢？在苏轼熟读的《楞严经》中，佛陀早就用乐器与演奏者两缘相聚才能产生美好的音声来譬喻世事万物都要因缘具足才能发生、发展的道理：“譬如琴、瑟、琵琶，虽有妙音，若无妙指，终不能发。”[①] 无论是以琴喻道，还是以道喻琴，苏轼在诗中所体现的智慧与悟性，都令人钦佩。

古琴自古便存在着三种主要的演奏方式：独奏，琴箫合奏，琴歌。苏轼的琴歌创作非常出色。琴家沈遵曾有一首“节奏疏宕，而音指华畅”的乐曲《醉翁操》，“知琴者以为绝伦。然有其声而无其辞。”欧阳修十分喜爱并曾为之配词，但惜与曲调未能十分和谐，成为一大憾事。苏轼遂重新创

---

① （唐）般利密帝译：《大佛顶如来密因修证了义诸菩萨万行首楞严经》卷 4，大正新修大藏经本，第 26 页。

作了一首歌词与之相配，竟词曲相应，天衣无缝，故词曲一直流传到今天。词曰：

琅然，清圜，谁弹？

响空山，无言，惟翁醉中知其天。

月明风露娟娟，人未眠。

荷蒉过山前，曰有心也哉此贤。

醉翁啸咏，声和流泉。

醉翁去后，空有朝吟夜怨。

山有时而童巅，水有时而回川，思翁无岁年。

翁今为飞仙，此意在人间，试听徽外三两弦。[①]

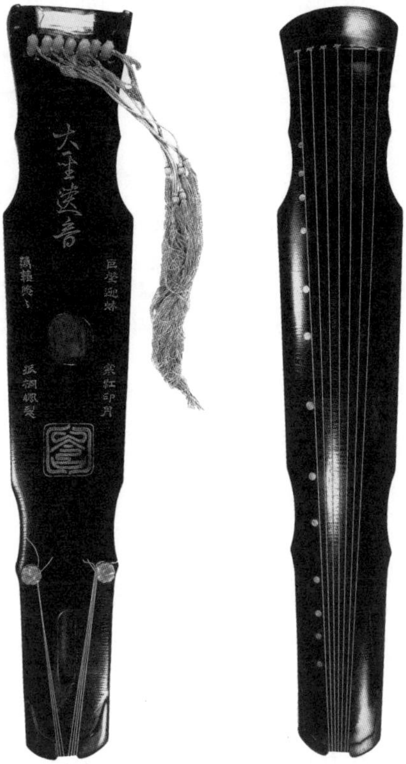

古琴“大圣遗音”

除此以外，他还曾为琴歌《瑶池燕》改写歌词，理由是“其词既不甚佳，而声亦怨咽，或改其词作《闺怨》云”[②]。即东坡词中的“飞花成阵春心困”。他琴歌歌词的创作水平之高，是因为他对琴歌是有着广泛而深入的研究，用现在的眼光来看，苏轼在他众多的“头衔”之外，还应该再加上

① 这首琴歌的曲谱存见《风宣玄品》(1539)，题作《醉翁吟》，现已辑入《琴曲集成》。

② 《东坡集·杂书琴曲》。

一个“头衔”：音乐学家。他曾研究过琴歌《阳关三叠》的结构和歌唱方法，在《东坡集·记阳关第四声》中有这样一段研究心得：

> 旧传《阳关》三叠，然今歌者每句再叠而已。通一首言之，又是四叠，皆非是。或每语三唱，以应三叠之说，则丛然无复节奏。余在密州，有文勋长官，以事至密，自云得古本《阳关》，其声宛转凄断，不类向之所闻。每句皆再唱，而第一句不叠，乃云唐本三叠盖如此。及在黄州，偶读乐天《对酒》诗云：“相逢且莫推辞醉，新唱阳关第四声。”注：第四声“劝君更进一杯酒”。以此验之，若第一句叠，则此句为第五声矣。今为第四声，则第一不叠审矣。

通过研究与考证，苏轼推断《阳关三叠》的正确唱法应该是第一句不重复（不叠），后三句每句重复一遍。作为“音乐学家”的苏轼对一些传统琵琶乐曲的音调来源和同曲异名问题，也曾做过一些考证：“今琵琶有独弹，不合胡部诸调，曰某宫，多可不晓。《乐志》又云：《凉州》者，本西凉所献也。其声本宫调，有大遍、小遍。贞元初，乐工康昆仑寓其声于琵琶，奏于玉宸殿，因号《玉宸宫调》。予尝闻琵琶中所称《轹弦薄媚》者，乃云是《玉宸宫调》也。”[①] 按照苏轼的考证，唐代流行的著名琵琶曲《轹弦薄媚》也叫《玉宸宫调》，而此曲的前身，即西凉所献的大曲《凉州》，后经著名音乐家康昆仑改编，才成为单独的琵琶曲。[②] 他在《杂书琴曲》一文中，还曾对当时流传的一些民间歌曲如《子夜歌》《凤将雏歌》《前溪歌》《团扇歌》《懊侬歌》等的来源进行过考证，他指出这些歌曲原来都是老百

---

① （宋）朱弁：《曲洧旧闻》卷 5，清知不足斋丛书本，第 26 页。

② （宋）朱弁：《曲洧旧闻》卷 5，清知不足斋丛书本，第 26 页。

姓口口相传的民歌，本没有乐器伴奏，所以叫作“徒歌”。他说“凡此诸曲皆徒歌，既而被之管弦者：有因金石丝竹造歌以备云，如魏世三调歌之类是也”。按他的考证，《子夜歌》的由来是有“女子名子夜，造此声。晋孝武帝太元中，琅玡王轲之家有《鬼歌子夜》……则子夜是此时人也”。而“《团扇歌》者，中书令王珉，与嫂婢有情爱，棰挞过苦。婢素善歌，而珉好执白团扇，故作此声”。“《懊侬歌》者，隆安初，俗间讹谣之曲。”“《长史变》者，司徒左长史王廞临败所作。”等等。

苏轼在他的官宦生涯中，也曾经有过许多特殊的类似“民族音乐学”的“田野工作”，对各地的民间音乐——民歌、儿歌、民俗活动与祭祀活动中的歌舞进行了记录。他在黄州时，曾听到当地人用一种类似宫廷中专司报时的“鸡人”唱《鸡鸣歌》的演唱方法所唱的山歌：“余来黄州，闻光黄人二三月皆群聚讴歌，其词固不可解，而其音亦不中律吕，但宛转其声，高下往返如鸡唱尔；与朝堂中所闻鸡人传漏微有所似，但极鄙野尔……今土人谓之山歌云。”① 所谓“鸡人”报时所唱的《鸡鸣歌》，晋人有《太康地志》云：“后汉固始、铜阳、公安、细阳四县，卫士习此曲，于阙下歌之，今《鸡鸣歌》是也。”② 所谓《鸡鸣歌》婉转悠长，字少腔多，听起来“连声长歌，了不成词”③。其曲调应与南方民歌有关，郭茂倩《乐府诗集》卷八十三《鸡鸣歌》序中引《汉书》曰：“高祖围项羽垓下，羽是夜闻汉军四面皆楚歌。应劭曰：楚歌者，《鸡鸣歌》也。”④ 出于对民间音乐的热爱，苏轼还曾大量效仿民歌的式样和风格创作“新民歌”，比如他年轻时即模仿他

---

① （宋）苏轼：《东坡志林》卷 2，明刻本，第 10 页。

② （宋）李壁撰：《王荆公诗注》卷 25，（宋）郭茂倩辑：《乐府诗集》卷 83，（宋）苏轼撰：《东坡志林》卷 2 等。

③ （宋）何薳：《春渚纪闻 · 诗词事略》卷 7，明津逮秘书本，第 45 页。

④ 刘永连：《鸡人与唐宋司时制度》（http：//www.lkong.net/thread-83254-1-1.html）。

在忠州听到的“竹枝”写作了九首《竹枝歌》，在《竹枝歌并序》中，苏轼写道：“‘竹枝歌’本楚声，幽怨恻怛，若有所深悲者。”他的作品即从“楚人”的角度出发，抒写了对屈原、项羽的怀念之情，“此亦楚人之意相传而然者”：“富贵荣华岂足多，至今唯有冢嵯峨。故国凄凉人事改，楚乡千古为悲歌。”假如说这些歌词更多的是抒发了“楚人”之情的话，那么，这首《辘轳歌》则模仿农家用辘轳打水时所唱，以一个农家少女的口吻唱出了一首地地道道、从风格到叙事方式都与真正的民歌难分莫辨的“新民歌”：

新系青丝百尺绳，
心在君家辘轳上。
我心皎洁君不知，
辘轳一转一惆怅。

当然，苏轼对中国音乐的最大贡献，还是他的乐府诗词。宋时，一种被称为“词”的音乐文学体裁获得蓬勃发展，文人们争先恐后创作新词，而这些词作通过歌女的专业演唱和民众的口口相传，顷刻间便可以传遍大江南北。由于对文人音乐、民间音乐和宫廷音乐的熟悉，苏轼的乐府诗词深得音乐家、歌女以及广大民众的喜爱。当时最受欢迎的“流行歌曲”作家是柳永，有“凡有井水处，即能歌柳词”之誉，可谓宋代“演艺界”的“超级明星”。但苏轼的词作，与“婉约”的柳词风格迥异，高矗其“豪放”大旗，与之分庭抗礼，各擅其美。俞文豹在《吹剑录》中曾用一段东坡与某歌者的对话将苏词与柳词做了比较：

东坡在玉堂日，有幕士善讴。因问：“我词何如柳七？”对曰：“柳郎中词，只合十七八女郎，执红牙板，歌‘杨柳岸晓风残月’；学士词，须关西大汉，铜琵琶，铁绰板，唱‘大江东去’。”

这首《念奴娇·赤壁怀古》可以说是中国文学史上最著名的作品之一，也是宋词的顶峰之作和苏轼最有影响的名篇。可以这么说，假如一定要选出一首作品来“代表”宋词的话，我想，无论是古是今，绝大部分“选民”都会把票投给《念奴娇·赤壁怀古》。所有受过一定教育的中国人，哪怕平时多么平庸甚至猥琐，但只要他在心里吟出“大江东去，浪淘尽，千古风流人物”这一句词，心中便一定会涌起一股久违的豪情，升腾起一股始终深藏在我们民族集体潜意识里的浩然之气！因为我相信所有有缘读到这本小书的读者都熟悉这首名作，为节约篇幅起见，便恕不引录了。

苏轼的词，在当时即被广为传唱，在他自己的笔记里，就有当时苏词歌唱的记录。在《东坡续集》卷五有《与鲜于子骏书》，苏轼在这封信中对自己的朋友颇为得意地写道：“数日前猎于郊外，所获颇多，作得一阕，令东州壮士抵掌顿足而歌之，吹笛击鼓以为节，颇壮观也。写呈取笑。”这首词，便是著名的《江城子·密州出猎》。我们可以想见众多“倾城随太守”的“东州壮士”在集体狩猎之后痛饮酒、狂高歌，在撼天动地的鼓乐声中吼出“老夫聊发少年狂，左牵黄，右擎苍”时的情景，这该是一幅多么壮观、多么激动人心的壮阔场面啊！

在宋人笔记中，还有不少类似的记载。比如权相蔡京之子蔡绦著有《铁围山丛谈》，其中一则说：“歌者袁绹，乃天宝之李龟年也。宣和间，供奉九重。尝为吾言：‘东坡公昔与客游金山，适中秋夕，天宇四垂，一碧无际，加江流澒涌，俄月色如画，遂共登金山山顶之妙高台，命绹歌其《水调歌头》，曰：‘明月几时有？把酒问青天。’歌罢，坡为起舞而顾问曰：‘此便是神仙矣！’”这段记载为我们留下了一幅苏东坡与友人在中秋之夜乘兴歌舞的精妙速写。宫廷音乐家袁绹唱罢《水调歌头》之后，东坡居然手之舞之，足之蹈之，也的确是神仙风骨、神仙状态。苏轼不但会醉后起舞欢歌，在日常生活中，也不乏与众同歌的时候。苏轼虽然深爱陶渊明的《归去来辞》，但惜其“有其词而无其声”，不能歌唱，于是重新编词配曲，以《哨遍》曲牌填词，使其成为一首真正能歌唱的歌曲。在汲古阁本《东坡词·哨遍》后有一段小注：“陶渊明赋《归去来》，有其词而无其声。余既治东坡，筑雪堂于上，人人俱笑其陋，独鄱阳董毅夫过而悦之，有卜邻之意。乃取《归去来辞》，稍加括，使就声律，以遗毅夫。使家童歌之，时相从于东坡，释耒而和之，扣牛角而为之节，不亦乐乎？”这位东坡先生在东坡之上，与家童一起躬耕垄亩，“日出而作，日落而息”，劳作之余，将农具放在地上，叩击着牛角，踏着节拍歌唱：

半世仕途，
为米折腰，荣损空相累。
垄亩去、挂冠种田归，细看芳枝横柳翠……

这样一幅其乐融融的“隐士田歌图”，不知是古今多少仕途坎坷、善良朴质的文人心向往之的情景啊！但是，想归想，说归说，做归做。苏东坡之所以能使千秋万代的士人敬仰，就是因为他真正做到了“能上能下”，“居庙堂之高，则忧其民；处江湖之远，则忧其君”，而且，忧归忧，乐归乐，无论在任何时候，他都能从生活中发现快乐、创造快乐。

《广弘明集》卷八有释彦琮的《通极论叙》，其中说：

原夫隐显二途，不可定荣辱；真俗两端，孰能判同异？所以大隐则朝市匪喧，高蹈则山林无闷。空非色外，天地自同指马；名不义里，肝胆可如楚越。或语或默，良逾语默之方；或有或无，信绝有无之界。

若夫云鸿振羽，孔雀谢其远飞；净名观疾，比丘惮其高辩。发心即是出家，何关落发？弃俗方称入法，岂要抽簪？

此说甚是。对于中国信佛的文人而言，“显”也好，“隐”也好；“出家”也好，“在家”也好，都不过是形式而已。至于他们的本心，则早已在类似苏东坡《哨遍》中所唱的那样：“我今无我犹无事。岂可无浪语，墨里情，书中味。”——“无我”，这个佛家用语，其实是概括苏东坡的最准确、最精练的词语。他曾经给他的弟弟子由写过这样一封信《与子由弟十五首之三》，是深得佛中三昧的言语，仅录于此，权为本节之结：

任性逍遥，随缘放旷，但尽凡心，别无胜解。以我观之，凡心尽处，胜解卓然。但此胜解，不属有无，不通言语，故祖师教人到此便住。如眼翳尽，眼自有明，医师只有除翳药，何曾有求明方。明若可求，即还是翳……而世之昧者，便将颓然无知认作佛地。若此是佛，猫儿狗儿得饱熟睡，腹摇鼻息，与土木同，当恁么时，可谓无一毫思念。岂谓猫儿狗儿亦已入佛地……今日闹里忽捉得些子，如何！如何！元丰六年三月二十五日……

五、琴僧——一个特殊的音乐家群体

李白有一首著名的《听蜀僧濬弹琴》诗，诗曰：

蜀僧抱绿绮，西下峨眉峰。
为我一挥手，如听万壑松。
客心洗流水，余响入霜钟。

不觉碧山暮，秋云暗几重。

在这首诗里，李白寥寥几笔便为我们勾勒出一位潇洒风流、技艺超群的琴人形象。这位怀抱名琴、西下峨眉，挥手间水唱钟鸣、松涛阵阵的和尚，竟让大诗人李白在他的音乐中忘却了时间的流逝与凡世的种种挂碍！这位身份独特的琴人，便是琴僧濬，按佛门的规矩，应该称为释濬。“绿绮”是琴的别称，其名声大噪是由于据说司马相如就是用这张琴演奏《凤求凰》博得美人心悦的。“蜀僧”所奏，应是古琴流派中著名的蜀派，在唐代，“蜀派”即与“吴声”相对，成为当时两种影响巨大的古琴风格。初唐著名的琴家赵耶利当时即总结：“吴声清婉，若长江广流，绵延徐逝，有国士之风；蜀声躁急，若急浪奔雷，亦一时之俊。”[①] 一直到今天，演奏古琴《流水》的琴家们，仍然推崇蜀派传人张孔山所演奏的《流水》，其中的“七十二滚拂”，应该就是“急浪奔雷”的遗绪。

中国古代的琴僧，无论在僧人中还是在音乐家中，都是一个特殊的群体。他们以比丘像示人，以妙音声度人，你可以说他们是披着袈裟的音乐家，也可以说他们是善弹琴的和尚。有趣的是，就在这些披袈裟、携素琴的和尚与中国的文人士大夫切磋琴艺、夯实了中国古典音乐美学基础的同时，在欧洲，那些虔诚的天主教徒们也在为一种被称为“格利高里圣咏”的宗教仪式音乐的统一与传播努力，这一努力，同样为日后西方音乐的发展垒下了基础。

我在2004—2007年带的博士生司冰琳的博士论文题目就是《中国古代琴僧及其琴学贡献》。她在这篇论文中总结：“总的来说，历史上有两个发展的高峰期：一是在宋代，其标志为僧传僧的琴乐传承现象的出现，尤

① 《四库艺术丛书·琴史（外十种）》，上海古籍出版社影印本1991年版，第839—845页。

北宋范宽《临流独坐图》

其是北宋时期出现的琴僧系统。这一时期在释氏琴人中，出现了不少文化素养、佛学修行突出的僧人；二是在明清时期，其表现为琴僧数量的增多，且琴僧的活动范围较宋代时更为广泛。随着佛教世俗化的发展和三教合一思潮的进一步推进，僧俗的界限变得模糊。古琴的师承，不再追求北宋时期释氏琴人的琴学要像佛家重视师徒间的衣钵真传那样，而这一时期出现了僧传僧、僧传俗、俗传僧的多种样式。因此明清时期出版的琴谱中，有不少僧人参与校订、编写，或者因为受业于僧人而编撰琴谱的情况，如《松风阁琴谱》《东皋琴谱》《蕉庵琴谱》《枯木禅琴谱》等，僧人和佛教对琴学理论的影响日渐突显。”

其实，在唐代，琴僧已然成为琴家中耀眼的明星，而环境清幽、远离喧嚣的寺院，也成了琴僧与文人雅集听琴的最佳场所。前文曾引唐代诗人杨巨源的诗《僧院听琴》，就真切地描绘了当时僧人、诗人、琴人在这样一个特殊环境里以琴会友，以琴悟道的场景与感怀：“禅思何妨在玉琴，真僧不见听时心。离声怨调秋堂夕，云向苍梧湘水深。”唐代著名诗僧皎然也有一首点明在寺院听琴的诗《寺院听胡笳送李殷》：“一奏胡笳客未停，野僧还欲废禅听。难将此意临江别，无限春风葭菼青。”诗中所提到的“胡笳”，是古琴名曲，有《大胡笳》《小胡笳》，曾盛极一时，在唐代就广为流传。还有一位著名的诗僧齐己，也曾有诗《秋夜听业上人弹琴》，诗云：“万物都寂寂，堪闻弹正声。人心尽如此，天下自和平。湘水泻秋碧，古风吹太清。往年庐岳奏，今夕更分明。”陈子昂（659—700）的诗作《夏日游晖上人房》①，则更清楚地为我们描画了一幅唐代僧人精舍的清雅风光：“山水开精舍，琴歌列梵筵。人疑白楼赏，地似竹林禅。对户池光乱，交轩岩翠连。色空今已寂，乘月弄澄泉。”诗中这个把古琴的“琴歌”与佛教仪式

---

① 《全唐诗》第 84 卷 23 首。

“梵筵”巧妙结合在一起的和尚“晖上人”，即唐代凉州大云寺的圆晖法师，《宋高僧传》中称他“精研性相，善达诸宗”。圆晖著有《俱舍论颂疏》一书，在当时的士林中颇有影响并与众多诗人有交往。陈子昂还有多首与晖上人交赠答的诗歌，如《酬晖上人秋夜独坐山亭有赠》等。

当时的琴僧，似乎有着很高的艺术修养和艺术表现力，他们的演奏，常常给诗人们留下极深刻的印象，诗人吴仁璧有《秋日听僧弹琴》诗，他虽然没有写明这位弹琴僧人的名字，但从他诗中所体现出的琴僧的艺术水平，却分外了得！诗中说：“金徽玉轸韵泠然，言下浮生指下泉。恰称秋风西北起，一时吹入碧湘烟。”这位无名琴僧所操之琴，用“金徽玉轸”，应该不是夸张，而是如实的刻画。其指下泉生风起，更是技艺超群。当然，这位僧人不仅善弹琴，也未忘在表现琴艺之余宣讲佛教思想，让听众从其“言下”了解“浮生”的本质，可谓弹琴不忘弘法。有趣的是，这几首与琴僧有关的听琴诗，几乎都提到“秋”之时与“湘”之水！秋日秋夜听琴，悠然静寂，似可理解；但湘水乃至湖南与古琴的关系，却值得进一步研究。

大诗人韩愈有一首著名的《听颖师弹琴》，不仅用生动形象的语言描写了一个被称为“颖师”的琴僧高超的琴艺，还留下了一段千古公案，让后人争论不已。诗曰：

昵昵儿女语，恩怨相尔汝。
划然变轩昂，勇士赴敌场。
浮云柳絮无根蒂，天地阔远随飞扬。
喧啾百鸟群，忽见孤凤凰。
跻攀分寸不可上，失势一落千丈强。
嗟余有两耳，未省听丝篁。
自闻颖师弹，起坐在一旁。

推手遽止之，湿衣泪滂滂。

颖乎尔诚能，无以冰炭置我肠。

就像释濬的音乐打动了李白并让大诗人闻乐而悟一样，这位颖师的音乐，同样令韩愈激动不已，甚至涕泗滂沱乃至打湿衣襟！有趣的是，这位自谦不懂音乐，“嗟余有两耳，未省听丝篁”的大文豪，只不过自然而然地描写了音乐给他的主观感受和音乐所引发的瑰丽想象，却没有想到会因此引发一段公案，让多名重量级的文化人陷入一场旷日持久的争论。这件事本身，似乎也说明了音乐的不确定性和用文字描写音乐的局限性甚至危险性，即使是第一流的文学家的音乐文字，也可能造成广泛的误解。

当然，真正引起争论的还不是韩愈，而是苏轼记载的他与欧阳修的一段话：“‘昵昵儿女语，恩怨相尔汝。划然变轩昂，勇士赴敌场。’此退之《听颖师弹琴》诗也。欧阳忠公尝问仆：‘琴诗何者最佳？’余以此诗答之。公言此诗固奇丽，然自是听琵琶诗，非琴诗。余退而作《听杭僧惟贤琴》，诗云：‘大弦春温和且平，小弦廉折亮以清。平生未识宫与角，但闻牛鸣盎中雉登木。门前剥啄谁扣门，山僧未闲君勿嗔。归家且觅千斛水，净洗从前筝笛耳。’诗成欲寄公，而公薨，至今以为恨。”①

欧阳文忠公像

① 《苏轼文集》卷71，《杂书琴事十首赠陈季常》之二《欧阳公论琴事》。

在这段记载中，苏轼在回答欧阳修所问“描写琴的诗哪一首最好”的问题时，推举韩愈的这首诗。欧阳修却说：这首诗虽然好，称得上“奇丽”二字，但诗描写的却不是古琴之乐，而是琵琶之乐！他的这个论断让也曾自谦“平生未识宫与角”的苏轼深以为然。在其后很长的时间里，有众多文人在这个问题上表达了自己的看法，其中有支持这个观点的，如明代的张萱，就认为：“琴乃雅乐，音主和平。若如昌黎诗，儿女相语，忽变而战士赴敌；又如柳絮轻浮，百鸟喧啾，上下分寸，失辄千丈。此等音调，乃躁急之甚，岂琴音所宜有乎？至于结句泪滂满衣，冰炭置肠，亦惟听琵琶者或然。琴音和平，即能感人，亦不宜令人之至于悲而伤也。故据此诗，昌黎固非知音者，即颖师亦非善琴矣。”① 但不同意欧阳修观点的也不乏其人，比如与苏轼同一时代、与颖师同为僧人，并“以琴名世”的僧人义海②、许彦周③，一直到清末民初的琴家杨宗稷④。曾有人问义海对此事的看法，义海说：“欧阳公一代英伟，然斯语误矣。‘昵昵儿女语，恩怨相尔汝’，言轻柔细屑，真情出见也。‘划然变轩昂，勇士赴敌场’言精神溢余，竦观听也。‘浮云柳絮无根蒂，天地阔远随飞扬’，言纵横变态，浩乎不失自然也。‘喧啾百鸟群，忽见孤凤凰’又见脱颖孤绝，不同流俗下俚声也。‘跻攀分寸不可上，失势一落千丈强’，言起伏抑扬，不主故常也。皆指下丝声妙处，惟琴为然。琵琶格上声，乌能而邪？退之深然其趣，未易讥评也。”这段官司一直打到今天，仍有学者专为探讨韩愈诗中所描写的究竟是古琴还是琵琶而敷衍成文。⑤ 对于这样一个历史上有名的公案官司，笔者

---

① （明）张萱：《疑耀 · 颖师弹琴诗》卷 7，明万历三十六年刻本，第 91 页。

② （宋）蔡绦：《西清诗话 · 义海论琴诗》（卷上），明抄本，第 9 页。

③ （清）何文焕：《历代诗话 · 彦周诗话》。

④ 杨宗稷：《琴学问答》。

⑤ 尹晨曦：《颖师妙手抚琴 仙韵幽香四溢——韩愈〈听颖师弹琴〉所及乐器之辨析》，转引自司冰琳博士学位论文《中国古代琴僧及其琴学贡献》。

却认为是一个伪命题。理由有二：

其一，古琴与琵琶，都是表现力极为丰富的成熟的乐器，韩诗中所有的描写，在一个杰出音乐家手中，此两种乐器都可以完成，不存在哪种乐器可以做到，哪种乐器不能做到的问题。或有以为“琴音和平，即能感人，亦不宜令人之至于悲而伤也”，则更属偏见。著名的古琴曲《广陵散》(《聂政刺韩王》)，就以戈矛杀伐之气名播后世。

其二，在汉语中，“琴”这个概念，在中国古代一直是一个专属概念，即专指我们今天称为“古琴”“七弦琴”的这种乐器。“琴”与“瑟”相提并论，经常构成一个词组，如《诗经·关雎》中的“琴瑟友之”。一字一音一意，是中国汉字最大的特点。中国古人造字，是绝对的简、省。有学者指出，汉语中但凡一个字的名词，即汉之前中国固有的，如麦、黍、桃、李、琴、瑟、钟、鼓……两个字以上的，大部分所出较晚，当在西域凿空之后，如苜蓿、葡萄、琵琶、筚篥等。在唐代，单提一个“琴”字时即指今天的“古琴”，如果是其他乐器，韩愈会明确写“听颖师弹琵琶”“听颖师弹箜篌”……唐代的诗人们留下了众多歌咏音乐舞蹈的诗篇，清康熙四十六年（1707）所编《全唐诗》九百卷，收有两千多位诗人四万八千多首诗歌，1958 年，中国舞蹈艺术研究会舞蹈史研究组编、人民音乐出版社出版的《全唐诗中的乐舞资料》将《全唐诗》中所有有关音乐的诗歌辑录成编，分为“歌曲”和“器乐”两大类，其中“器乐”又分为“弹拨乐”“吹奏乐”“敲击乐”三类，通读这全部唐人咏乐诗，可以发现唐代诗人对音乐和乐器的表述是十分敏感和准确的，尤其是乐器的名称，绝无泛指或出错的情况，无论是“听歌”，还是“听琴”“听瑟”“听筝”“听琵琶”“听筚篥”“听箜篌”……无一不表述明确，其中六七十首题目和内容写“琴”字的诗篇，如李白的《月夜听卢子顺弹琴》，王建的《听琴》，孟郊的《夜集汝州郡斋听陆僧辩弹琴》，白居易的《夜琴》《船夜援琴》《松下琴赠客》……全部是对古琴演奏者、古琴曲、古琴演奏艺术的描写和欣赏古琴艺术的观感，绝无以“琴”字代替或泛指其他乐器的。应该指出的是，一直到近现代，各种乐器越来越多，尤其是钢琴、小提琴等西洋乐器进入中国社会之后，“琴”字才逐渐成为乐器的总称，而后为了与其他乐器相区别，才称“琴”为“古琴”“七弦琴”。因此，韩愈的《听颖师弹琴》诗，本来就不存在“听琵琶”或其他乐器的可能。看来还是那位琴僧义海真懂音乐，他的结论是：“欧阳公一代英伟，然斯语误矣。”

诗人李贺（790—816）也有一首与韩愈（768—824）同名的《听颖师弹琴》，应该是歌咏的同一个“颖师”。诗曰：

别浦云归桂花渚，蜀国弦中双凤语。
芙蓉叶落秋鸾离，越王夜起游天姥。
暗佩清臣敲水玉，渡海娥眉牵白鹿。
谁看挟剑赴长桥？谁看浸发题春竹？
竺僧前立当吾门，梵宫真相眉棱尊。
古琴大轸长八尺，峄阳老树非桐孙。
凉馆闻弦惊病客，药囊暂别龙须席。
请歌直请卿相歌，奉礼官卑复何益？

诗中的“古琴”二字虽非今日“古琴”之义，但其“古”字亦可作为颖师所弹乐器是琴而非琵琶的佐证。一般认为，琵琶自南北朝时方流行中国，在唐代，琵琶还是充满西域风情的时髦乐器，恐难以称“古”；而琴至唐时至少已有千余年的历史，李贺诗虽然瑰丽夸张，云蒸霞蔚，但这个“古”字，还是可以认真对待的。

宋元之后，与佛教的日益中国化、人间化同步，古琴也日益成为文人雅士的象征和中华“正统”文化的代表。清代张伯行撰《朱子语类辑略·卷七》中记载了南宋大儒朱熹的一段话：“佛教初入中国，只是修行说话，如《四十二章经》是也。初间只有这一卷经，其中有云：佛问一僧：‘汝处家为何业？’对曰：‘爱弹琴。’佛问：‘弦缓如何？’曰：‘不鸣矣。’‘弦急如何？’曰：‘声绝矣。’‘急缓得中如何？’曰：‘诸音普矣。’佛曰：‘学道亦然。心须调适，道可得矣。’初间只如此说。”朱子所言不错，迦叶摩腾与竺法兰翻译的《四十二章经》是佛教初传中国时的最早的经典，朱子所谈到的这段文字即其中的一章，全文为：

沙门夜诵迦叶佛遗教经，其声悲紧，思悔欲退。佛问之曰：“汝昔在家，曾为何业？”对曰：“爱弹琴。”佛言：“弦缓如何？”对曰：“不鸣矣。”“弦急如何？”对曰：“声绝矣。”“急缓得中如何？”对曰：“诸音普矣。”佛言：“沙门学道亦然。心若调适，道可得矣。于道若暴，暴即身疲。其身若疲，意即生恼。意若生恼，行即退矣。其行既退，罪必加矣。但清净安乐，道不失矣。”

在朱子所引用的这段经文里，佛用调琴弦必须缓急得当为例，教导学道的沙门既要勇猛精进，莫生退道之念，又不能操之过急，过于急躁，就像琴弦调得过紧一样，琴弦是会断的！从朱子引用这段经文我们不仅可以看到当时中国的儒家们已经十分熟悉佛教的基本经典，而且，琴和琴艺也已为普通民众所熟悉知晓。而中国古代除南唐李后主之外最有艺术天赋与艺术造诣的宋徽宗赵佶曾广搜天下名琴藏于其专设的“万琴堂”中，如唐朝斫琴名家雷威所作“春雷”琴即在堂中。故宫博物院现藏传宋徽宗赵佶所作的《听琴图》，是中国古代写实人物画的经典之作，据说画中抚琴者即是赵佶本人。帝王皇族、达官贵人的追捧，不但使琴的地位与艺术水平有很大提高，也使琴僧现象愈发引人注目。我的学生司冰琳在她的博士论文中总结：

> 《历代琴人传》的宋元部分（第三册）共记载了释氏琴人共14名，有释夷中（慧日大师）、释义海、释善升、释思聪、释从信、释演化、释知白、释良玉、释文照、释智和、释照旷、释居月、释则全、释芳洲。另外还有万松老人（行秀）、耶律楚材（湛然居士）、袁角（清容居士）3位著名的居士。他们古琴艺术活动和资料主要记载于地方志、笔记、见闻录、文集以及个人的琴书中，如《西湖志》《四明志》《苏州府志》《松江府志》《梦溪笔谈》《西清诗话》《莼湖漫录》《中吴纪闻》《渑水燕谈录》《春渚纪闻》《墨庄漫录》《湛然居士文集》《琴曲谱录》《琴苑要录》等。民国时人周庆云的琴史著作《琴史续》（共八卷）卷七"方外"中记载的释氏琴人，有宋代僧人文照、智和、思聪、照旷，元代僧人芳洲；《琴史补》（共两卷）卷二中的琴僧还包括宋代僧人知白、良玉、义海。从《文渊阁四库全书电子版》中查找宋元间释氏琴人的资料，有关于释氏琴人的简单经历或者弹琴事迹的记载，与上述两书所记载不重复的，还有妙能大师、琴僧元志和琴僧印秋，主要集中于几位文人的诗文和笔记中。[①]

司冰琳根据古代资料所记录的琴僧传承的脉络，总结出宋代曾存在的一个"琴僧系统"。这个系统的源头，是当时号称"天下第一"的琴家朱文济。朱文济是"琴待诏"——宫廷音乐家，其在琴界的地位无人可比。而这个"琴僧系统"的关键人物释夷中，就是他的传人。宋代沈括《梦溪笔

① 司冰琳：《中国古代琴僧及其琴学贡献》，博士学位论文，中国艺术研究院研究生院，2007年。

北宋赵佶《听琴图》

谈·补笔谈》中记载：

兴国中，琴待诏朱文济鼓琴为天下第一。京师僧慧日大师夷中尽得其法，以授越僧义海。海尽夷中之艺，乃入越州法华山习之，谢绝过从，积十年不下山，昼夜手不释弦，遂穷其妙。天下从海学琴者辐辏，无有臻其奥。海今老矣，指法于此遂绝。海读书，能为文，士大夫多与之游，然独以能琴知名。海之艺不在于声，其意韵萧然，得于声外，此众人所不及也。[1]

但并不是所有喜欢琴艺的人都能有幸听到这位被称为慧日大师的释夷中弹琴，欧阳修有一首诗《送琴僧知白》，这位知白，与沈括提到的越僧义海一样是释夷中的得意门生，诗中说：

① （宋）沈括：《补梦溪笔谈·乐律》卷1，明崇祯马元调刊本，第5页。

吾闻夷中琴已久，常恐老死无其传。
夷中未识不得见，岂谓今逢知白弹。
遗音仿佛尚可爱，何况之子传其全。
孤禽晓警秋野露，空涧夜落春岩泉。
二年迁谪寓三峡，江流无底山侵天。
登临探赏久不厌，每欲图画存于前。
岂知山高水深意，久以写此朱丝弦。
酒酣耳热神气王，听之为子心肃然。
嵩阳山高雪三尺，有客拥鼻吟苦寒。
负琴北走乞其赠，持我此句为之先。①

从欧阳修的诗句中，我们不但可以领略到琴僧知白高超的琴艺，在他的音乐中听到大自然的微妙音声："孤禽晓警秋野露，空涧夜落春岩泉"，而且也透露出一些难得的信息。从"未识不得见"的释夷中，到"负琴北走"的释知白，看来这些身披袈裟、怀抱素琴的琴僧虽然与文人交往频繁，甚至时而出入朱门，但却始终保持着方外之人的洒脱和独立，或神龙见首不见尾，或来去自由、寥然无痕。尤其这位释知白，更是行踪不定，迹若飘萍。宋代梅尧臣所撰《宛陵集》卷六中，也有一首诗《赠琴僧知白》，诗中说："上人南方来，手抱伏羲器。颓然造我门，不顾门下吏。上堂弄金徽，深得太古意。清风萧萧生，修竹摇晚翠。声妙非可传，弹罢不复记。明日告以行，徒兴江海思。"从这首诗中，我们似乎更清晰地看到了释知白的法身真容，他不但携琴游走，夕至晨别，飘忽无定，而且根本不把世俗的礼法放在眼里！他不邀自来，"不顾门下吏"，进门就弹琴，弹完就走人，

① （宋）欧阳修：《欧阳文忠公集·送琴僧知白》外集卷第三，四部丛刊景元本，第 319 页。

只留下“清风萧萧生，修竹摇晚翠”的琴声！这样的音乐家，不是百分之百地符合今天的人们对现代艺术家行为方式的习惯性认识吗？

与释知白同一师门的还有释义海，他“尽夷中之艺”，是慧日大师最合格的传承人。他为了更完整地继承老师的琴艺，“乃入越州法华山习之，谢绝过从，积十年不下山，昼夜手不释弦，遂穷其妙”。这山中十年不分昼夜手不释弦的苦练，类似佛门的“闭关”修行，以超乎常人想象的苦修，得到了也是超乎常人企盼的琴艺。他的音乐，有着鲜明的、不同于一般琴家的艺术追求，达到了一种近乎禅道的境界。沈括《梦溪笔谈》中的这句话深刻而准确地总结了义海音乐的奥秘：“海之艺不在于声，其意韵萧然，得于声外，此众人所不及也。”此“得于声外”的“声外论”，与“功夫在诗外”的“诗外论”一样，都是第一流的中国艺术家、诗人最得艺术真髓的经验之谈，也是中国传统文艺理论中最具有创造性与普遍性的理论总结。音乐二字，“所由来者远矣！”但早在春秋之时，中国人就用“声”“音”“乐”这三个不同的层次分清了自然的声音、人为的没有文化价值的声音与创造性的、有欣赏价值与人文价值的声音。而在这些琴僧的琴艺中，又升华出第四个层次：禅道。这“众人所不及也”的东西，不是琴技与琴艺；这“意韵萧然”的音乐，也不仅仅指的是一般意义的“风格”，更不是一切形式的追求，甚至也已超越了美学的范畴。但它存在，而且能被沈括这样的人所感知和把握。《礼记·乐记》中有一段名言：“凡音者，生于人心者也；乐者，通于伦理者也。是故知声而不知音者，禽兽是也；知音而不知乐者，众庶是也；唯君子为能知乐。”但儒家的“君子”们，完全将音乐与伦理、政治联系在一起，也还不能体悟到“意韵萧然”的意味，更难得体会“一声来耳里，万事离心中”的心灵解脱的愉悦。而琴僧们的音乐，更多的是禅意的表达，他们所追求的、欣赏的、尊崇的、坚守的，其实就是知白今天“南方来”“明日告以行”的行迹中所蕴涵着的精神的独立与自由。也许，正是这种“跳出三界外，不在五行中”的超脱与高迈，才使他的琴艺达到众所不及的高度，“天下从海学琴者辐辏，无有臻其奥”而独步琴坛、朗照万代。

义海有一个有名的学生释则全，《佛祖统纪·卷第十一》有则全的记载：“法师则全，字叔平，四明施氏，依报国（寺）出家。即造法智学教观。时南湖竞推十大弟子，师为之冠焉。旁通书史尤善著述，性直气刚敢言人失，人以是畏之。住三学三十年，郡守郎简尤加敬。尝谓人曰：‘叔平才气凛然，若以儒冠职谏诤，岂下汉汲黯唐魏征我朝王元之耶？’庆历五年夏，别众坐亡。”这位“尤善著述”的和尚著有《则全和尚节奏指法》一卷，收于《琴苑要录》。明钞本《琴苑要录》内辑录：一、古操十二章；二、则全和尚节奏指法；三、琴书；四、琴声律图；五、碧落子斲琴法；六、匠秘诀；七、琴笺；八、续琴笺；九、风俗通—音声论；十、姚兼济琴论。附《琴统》及《琴统外篇》。在此书中，则全和尚继承并阐释了其师义海“急若繁星不乱，缓如流水不绝”的演奏理论，又以“高以下应，轻以重应，长以短应，迟以速应”的经验和理论丰富了古琴美学。

义海还有一个学生释元志，北宋文学家孔武仲《说琴僧元志》文说：“越僧元志，居其州之资福院，少学琴于其师义海，尽得其法。余暇日造焉，为余鼓《越溪》《履霜》二操，坐者相与肃然敛容而听之，余评之曰：‘此非三代之中声也。夫中声者，使人趋之而忘劳，故其道可以久。元志之琴，方务为凄切苦淡，听者如坐于深山长谷之间，寂然不与世接，其能久而不厌哉？’然余犹喜其趋尚高远，出于尘垢之外也。夫君子之学，恶其多暇日而欲其无倦怠也，故有投壶博弈之属，以休其心不使堕于非僻之中。今元志之琴，虽未能全乎先王之乐，比诸投壶博弈不有间乎？余于是欲学之，而求其可以日相与处而数往来者，唯元志也，乃为说以赠之。”这段文字记载了释元志曾演奏过的两首曲目《越溪》和《履霜》，今均见于查阜

《琴苑要录》书影

西编纂的《存见古琴曲谱辑览》[①]，他“趋尚高远，出于尘垢之外”的音乐，亦是琴僧系统共同的美学追求和标志性特点。

除了这个传承有绪的琴僧系统之外，宋元时期还有许多著名的琴僧活跃在社会中，如钱塘僧人中被称为“日观大师”的释善升和前文提到的“七岁善弹琴，十二舍琴而学书，十五舍书而学诗”的释思聪[②]，无锡祥符禅寺以精通于鼓琴而闻名于世的释从信[③]和曾为内廷供奉的释演化，曾

① 查阜西编纂:《存见古琴曲谱辑览》，人民音乐出版社 1958 年版。但其中《越溪》题为《越溪春》，或为一曲。

② （清）李卫:《西湖志 · 卷 23》，雍正十二年本。

③ （元）袁桷:《延祐四明志》卷 16，清文渊阁四库全书本，第 226 页。

被朝廷赐以紫衣、与诗人梅尧臣有所往来的昆山慧聚寺僧人释良玉[①]，生活于政和、宣和年间的释照旷及释则全、释全仲[②]，北宋哲宗元祐年间藏“响泉”琴、居“妙音”阁、颇有艺术家个性的文照大师[③]，“寄妙理于弦外，一唱三叹”的妙能大师[④]，藏有“石上枯桐”“蕤宾铁”两张名琴的元代钱塘玛瑙寺僧人释芳洲[⑤]，等等。

除了弹琴，有的和尚还是斫琴高手。明代蒋克谦所辑的《琴书大全》中有《僧居月琴制》和《僧居月造弦法》两篇。居月，生平不详，似为宋时人。据近人周庆云所编《琴书存目》[⑥]所列条目，有“《琴曲谱录》（说郛本），宋僧居月撰；《琴书类聚》一卷，宋僧居月撰，见《千顷堂书目》”。这则史料明确提到僧人居月是宋代人，曾有两本古琴的著述名世，惜已不传。但在其《僧居月琴制》中，有关琴的琴制、选材、木作、漆作及前代著名斫琴大家作品的比较以及自己斫琴所追求的目标、经验的总结，皆有所论述，是古代斫琴理论十分重要的著作。他的作品，以唐代著名的“雷氏”琴和张钺琴为楷模，并在深入研究其特色和优越之处之后，结合两者的优点，制作新琴。他自述：“愚志学古法，尝造新琴，大抵以雷、张琴为式，其声实而能和，清而能润，足以考天地之真音，足以畅皇王之道气，是为大乐之本，非世俗可闻。”佛门不讲妄语，“妄”是佛徒“五戒”之一，因此，僧居月的自我评价，应该是真实可信的。汉字中的“琴”字，是“木”上张“丝”，好琴还要有好弦。《僧居月造弦法》则全面介绍了丝弦的选料、用胶、煮弦、缠弦、晒弦等一整套制弦工艺。其中不乏传统工

① （清）周庆云编：《琴史补》。
② （宋）何薳、张明华点校：《春渚纪闻》，中华书局，1983年版。
③ （清）郭廷弼修：《松江府志 · 卷63》，康熙二年本。
④ （宋）杨冠卿：《客亭类稿 · 卷7 · 悼琴僧》。
⑤ （清）李卫：《西湖志 · 卷34》，雍正十二年本。
⑥ 中国艺术研究院藏，第1函第4册，1914年自序，梦坡室刊本。

艺的总结与“私家秘籍”的传授，比如他在介绍“煮弦”工艺时说：“凡欲煮弦，须候天气晴明，方可煮。先须择清水锅子，不得肥腻。水须过其弦，用小麦少许同煮，如见麦绽，丝即熟也。如煮太过，则无声，稍生则脆。”众所周知，与“火”相关的工艺，最难掌握的就是“火候”。我们不知道“煮丝”时“用小麦少许同煮”的方法是前人的真传还是僧居月自己的发明，但这样细腻、明确的技术传授，不但具有极强的可操作性，学了可用，一学就会，而且反映出出家人对“技艺”之道的令人尊敬、毫不保守的态度。古印度即有“五明”之说，对佛门而言，除“内明”是佛教的“经、律、论”这“三藏”外，其余“因明”“声明”“医方明”“工巧明”都属于外学，是要为众生服务的。居月的斫琴制弦之法，是这位宋代僧人对“工巧明”的一大贡献。

宋元之后，琴僧一脉，络绎不绝。明末清初东渡日本的东皋心越禅师（1639—1695）更将琴学传到东瀛，深刻影响了日本文化。在日本文化人的心目中，他不仅是日本佛教曹洞宗寿昌派的开山鼻祖、得道高僧，而且是优秀的汉文化出类拔萃的代表，是汉诗、书画、古琴、篆刻的文明传播者和导师。

东皋心越像

东皋心越，俗姓蒋，浙江省浦江县人。8岁时在苏州报恩寺出家，13岁开始行脚，遍求明师。20岁时往江苏天界寺礼拜曹洞宗寿昌派中兴祖师觉浪道盛为师。觉浪禅师圆寂后，遵师遗命前往杭州皋亭山显孝寺参拜觉浪法嗣阔堂大文禅师。两年后继承阔堂的衣钵，成为曹洞宗寿昌派第35代祖师。清康熙十年（1671），受杭州永福寺住持邀请驻锡永福寺。清康熙十五年（1676），应日本长崎兴福寺住持澄一道亮之邀东渡日本。先后在日本兴福寺、大阪黄檗山万福寺、岱宗山天德寺等处传法授徒，广开弘法之门。日本元禄八年（1695）九月三十日，心越禅师圆寂于日本。他在日传法十九年，门徒无数，遗教众多，成为中日文化交流的巨擘。心越禅师曾将“虞舜”“素王”“万壑松”三张名琴带到日本，并在日广收琴徒，印刷、传授他编纂的《东皋琴谱》，开创并奠定了日本琴僧源流和琴学正统，被誉为日本“近世琴学之祖”。他还将中国的《韵府古篆汇选》带到日本翻刻，在日本推广、普及中国篆刻艺术，被奉为日本的“篆刻之父”。东皋心越禅师在日本的影响深刻而久远，至今仍在，笔者从本书“弁言”中所提到的那位日本尺八艺术家身上，便清清楚楚地看到了他悠然而沉静的身影。

宋代白玉蟾有三首五言绝句，叫作《庐山杏溪吴唐英琴，弦指相忘，声徽相化，其若无弦者，作诗以美之》。在诗中，无论是弹琴之人，还是听琴之人，都已超然物外，物我两忘，禅、乐、大自然三者已浑然一体，再无牵挂。这是绝美的诗，也是得道的诗，诗中所蕴涵的旨意，就是中国历代琴僧们在此生此世的追求和浩叹：

十指生秋水，数声弹夕阳。
不知君此曲，曾断几人肠。

心造虚无外，弦鸣指甲间。
夜来宫调里，明月满空山。

声出五音表，弹超十指中。
鸟啼花落处，曲罢对春风。

第六章　禅曲探珠

一、《普安咒》与《那罗法曲》——琴曲中的佛曲

沧海桑田，曾经在中国人的生活中长期存在并深刻影响了中国人心灵的佛曲和充满禅意的乐曲渐渐被现代人冷落了。这是中国传统文化的悲哀，也是中国人的悲哀。在这一章里，我从大海般浩瀚的佛曲禅音中捞起几颗“珍珠”献给读者，这里，有长期流传在乡间的民间佛曲，也有充满禅意的古老音乐。

虽然我们常说中国传统文化的基础是儒、释、道三家，虽然我们讲了这么多历代琴僧的事迹，但在现存于世的上千首琴曲中，却极少有反映佛教内容的琴曲，真正流传于世并为人所熟知的佛教琴曲，似乎只有《普安咒》一曲。

《普安咒》又名《释谈章》，乐谱最早见于明末的《三教同声》琴谱（1592）。在这本明代的曲谱中，曲名为《释谈章》，但谱旁配有《普安咒》的经文，因此人们便认为这两个名字指的是同一首乐曲。

咒语也叫真言，即真实不虚的语言的意思。梵语为 mantra，音译“曼怛罗”“曼荼罗”“陀罗尼”。也称咒、明、神咒、密言、密语、密号。在佛

教密宗中，属于“三密”中的“语密”。汉传佛教的习惯，对真言均不作翻译，而直接运用原语的音译，认为念唱或书写、观想其声音、文字，即可得到与真言相应的功德。按照《楞严经》的说法，修行证得“八地菩萨”以上果位的菩萨即可自说咒语[①]。佛教传入中国逾两千多年，高僧大德数不胜数，但创有自己咒语的只有普安（普庵）禅师一人。换句话说，《普安咒》是中国僧人对佛教真言的唯一贡献。

普庵禅师，宋徽宗政和五年（1115）生于江西袁州宜春，俗姓余，字印肃，为禅宗临济第十三代法嗣。印肃27岁出家，28岁受甘露大戒，后访沩山，礼拜黄龙牧庵法忠禅师，据说，印肃禅师曾问牧庵禅师：“万法归一，一归何处？”牧庵禅师便竖起拂子示之。印肃禅师一见，恍然有省。印肃求法心诚，精进用功，“胁不至席者十二余年”。一日，研读《华严合论》，读至“达本忘情，知心体合”句时，豁然大悟，遂作偈曰：

> 捏不成团拨不开，何须南岳又天台。
> 六根门首无人用，惹得胡僧特地来。

据说，悟道之后的普庵禅师神通广大，祈福禳灾，治病救人，莫不灵验，颇受时人敬仰。孝宗乾道五年（1169），印肃临终前书一偈于方丈西壁：

> 乍雨乍晴宝象明，东西南北乱云横。
> 失珠无限人遭劫，幻应权机汝为清。

---

① 《楞严经·卷6》，载《大正藏》第19册，第129页。

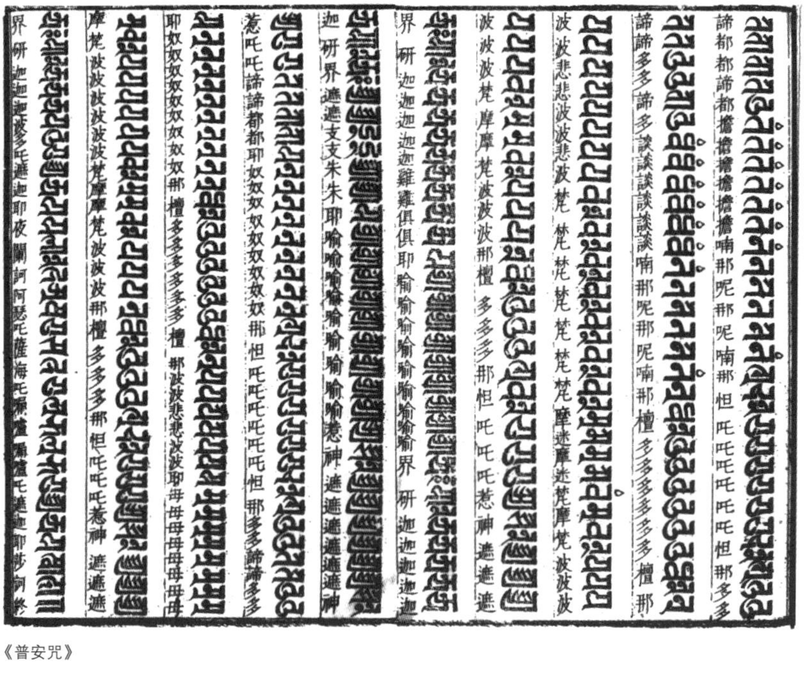

《普安咒》

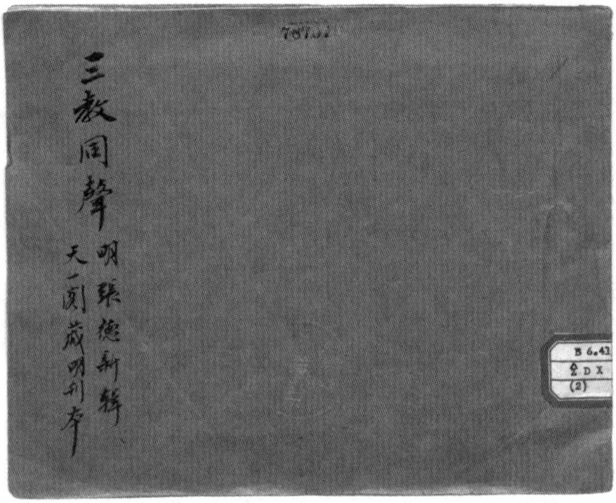

《三教同声》书影

书罢，跏趺而逝，时年 55 岁，留有《普庵印肃禅师语录》三卷传世。明永乐年间，成祖因其“万行圆融，六通具足。端严自在，变化无方。誓觉悟于群迷，普利益于庶类”而赐谥号：“普庵至善弘仁圆通智慧寂感妙应慈济真觉昭贶慧庆护国宣教大德菩萨”。

《禅门日诵》中，在《普庵大德禅师释谈章神咒》题目下标有一行小字：“此咒三回九转，勿致紊乱。朔望当念，余日或减。”《普安咒》在佛教徒长期的诵念中，以其滔滔不绝、紊湍回流般的音声和规整、往复的节奏，形成了一种独特的旋律，其对听者的心理影响，大大超过了普通的音乐。佛教徒们相信，念诵此咒语，可以荡妖除秽、身心平安。由于此咒念诵时鲜明的节奏感和音乐性，为其走出佛门发展成完整的器乐曲提供了可能。而由于此曲独一无二的宗教性和艺术性，此曲及其变体以及同名异曲广泛存在于中国传统音乐的许多领域，在五台山寺庙音乐、弦索乐、琵琶曲、昆曲、南音中，都可以见到《普安咒》的传承。

目前已知最早刊载琴曲《普安咒》的《三教同声》琴谱，系明万历年间张德新编订，成书于明万历二十年（1592）。张德新字嘉甫，又号宾桐，新安人。《历代琴人传》记载其："善琴，能取各书谱入丝桐。"铁耕道者郑邦福曾为该琴谱作序，序曰：

> 新安张宾桐氏，素精琴理。凡可持诵讽咏之者悉能被之于弦，以清入耳。余为比部时，见其《释谈章》谱，按而习之，如入梵宫闻众僧咒，既心异之。越二年余以入贺抵都，又见其以《大学》《清净》二圣经，谱而按之，与前音配，吁！亦奇矣。夫宾桐氏欲并三教以同声，何其所志之宏也。乃忽献疑于予曰：吾儒与道家者流，其习于琴久矣。乃佛氏以声音色相为邪道，则释谈章之谱得无悖于本旨乎？予曰："不然，琴之设，无非禁人之不正以归于正，咒为佛秘密语，虽不可以文字解，而其为教，亦欲摄群魔以归之正，此其意旨原不谬于圣人，况道流乎？人患不达先王作乐之本耳，达其本则触处冷然无性，非正性之具，即佛氏之风水树鸟皆能说法，梵音潮音皆属妙音。于琴理又何碍也？"宾桐氏遂释然领悟，并已此语并之简端。余嘿然无言。[①]

在琴曲中，除《三教同声》琴谱之外，其他许多琴谱如《伯牙心法》《太音希声》《太古正音》《理性元雅》《陶氏琴谱》《琴学心声》《德音堂琴谱》《琴瑟谱》《五知斋琴谱》《琴学入门》《古音正宗》《卧云楼琴谱》《治心斋琴学练要》《琴剑合谱》《兰川馆谱》《琴香堂琴谱》《研露楼琴谱》《自远堂琴谱》《晨露轩琴谱》《峰抱楼琴谱》《琴学轫端》《张鞠田琴谱》《稚云

---

① 文化部文学艺术研究院音乐研究所、北京古琴研究会同辑：《琴曲集成》第六册，中华书局 1980—1994 年版，第 107 页。

琴谱》《蕉庵琴谱》《天闻阁琴谱》《梅庵琴谱》等近四十种琴谱中都收录了《普安咒》(或《释谈章》)一曲。总括所有琴谱，可以看到琴曲《普安咒》大体存在三种不同的形式：配以咒文诵唱的21段《释谈章》，配以咒文诵唱的13段《普安咒》，以及脱却咒语，纯器乐化的琴曲《普安咒》。

从这些琴谱的“题解”中，可以窥见此曲的概要和演奏心法，特选其要者如下：

《伯牙心法》：“按斯曲即普庵禅师之咒语，后人以律调拟之也。盖缘梵有二合、三合、四合之音，亦有其字，华书惟琴谱有之。故七音韵鉴，出自西域，应琴七弦，斯之所由出也。昔作僧梵于给园，今付徽音于百衲；瞿云氏所误用调狂象、制毒龙者，兹可以舞鹤而驯雉矣。虽儒释固自异源，而音韵徽有真契，聊寄一时之笑傲云耳。知音者其辩之。”

《天闻阁琴谱》：“此操亦方外高人所作，他谱无传，系钱塘曹稚云先生手授。其音韵畅达，节奏自然。清夜弹之，逼真暮鼓晨钟，贝经梵语，如游业林，如宿禅院，令人身心俱静，可谓平调中第一操也。”

《枯木禅琴谱》：“即释谈章也。后人为分为二曲，本梵呗之歌，谱入琴操。其音节溜亮有驯狂象、制毒龙之意。”

《醒心琴谱》：“南宋普庵禅师所作。佛教咒语也，有荡涤邪秽，安心怀护之妙。原曲为梵呗之歌，后谱入琴曲。其音节清静平和，自然安稳，为静虑涤心之妙曲。”

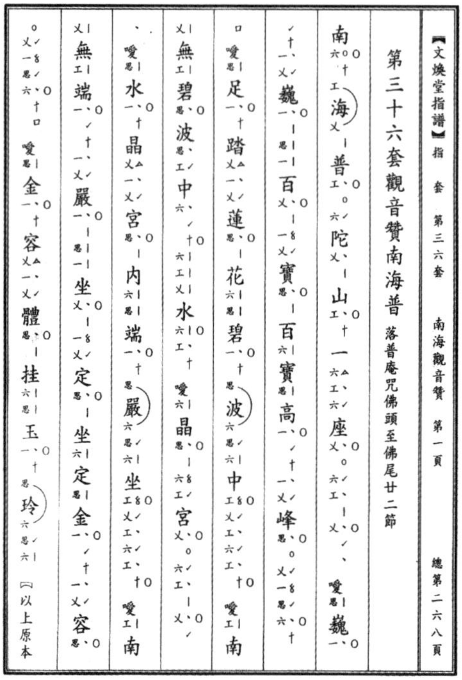

南音《南海观音赞——普安咒》曲谱

从这些“题解”中，我们大略可以知晓琴曲《普安咒》的风格特色了，它和普通的琴曲不同，除了一般的安心静气、修身养性之外，在许多琴家的心里，它甚至可以“驯狂象、制毒龙”。这“狂象”和“毒龙”可能是琴人内心的“贪、嗔、痴”，也可能是外在的邪魔妖祟。对于今天的我们来讲，当然不可以将这首琴曲神秘化，但也应该用一种宽容的心态去理解古人的心理。这首琴曲在其流传的至少四百年的时间里，在大部分琴家的心里，它是因为具有“荡涤邪秽，安心怀护”之妙而绵延传承的。不管怎样，其音乐的“音韵畅达，节奏自然”不容置疑，弹此曲能令人身心俱静，每“清夜弹之，逼真暮鼓晨钟，贝经梵语，如游业林，如宿禅院”，更是被琴家誉为“平调中第一操也”的充分理由。专研古琴艺术的音乐学家许健先生曾总结说：“这一琴曲的结构和风格与一般琴曲很不相同，显然是从其他乐种移植而来的作品。结构上最突出的特点是，除首段引起之外，每段的后半段都出现了完全相同的曲调，听起来回环反复连绵不绝。”[①]

对这首从佛教咒语演变而成的古琴曲，不但历代琴家格外重视，近

① 许健：《琴史初编》，人民音乐出版社 1982 年版。

代学者也多有研究。法国音乐学家皮卡尔（Francois Picard）的*PU' an Zhou*是较早研究这首琴曲的论文，发表在欧洲唯一专门研究中国音乐的刊物《磬》（1991，第3卷）上，可惜至今没有译成中文。中国学者中，杨春薇《〈普安咒〉研究》[①]和宋新《论〈普安咒〉及其传承》[②]都对《普安咒》的渊源、流变及其与《释谈章》的关系进行过探讨。琴曲《普安咒》与存在于我国传统音乐其他形式中的同名曲牌，如南音“指套”中的《普安咒》、弦索乐与琵琶曲中的《普安咒》、华北笙管乐中的《普安咒》究竟是什么关系，更值得中国的音乐学家深入研究。

除了《普安咒》之外，还有一首佛教内容的琴曲《那罗法曲》，和《普安咒》的声名显赫不同，这首藏身于《枯木禅琴谱》中的琴曲鲜为人知。北京琴人余青欣2003年将此谱打谱演奏，并录制了CD，这可能是自光绪十八年（1892）该琴谱出版后除编著者本人外古琴界第一次演奏此曲。该曲是《枯木禅琴谱》的编著者释空尘根据他所听到的藏传佛教梵呗创作的。他在该曲后记中写道：“戊子秋，访友京都，闲步旃檀寺，听喇嘛齐歌梵呗，声音清和。询之左右，知其为‘那罗法曲’之遗音。翌午，携琴复往，乞其反之，而后抚弦和之，得谱成曲。”从中得知该曲创作于1888年，地点是北京的旃檀寺。

对曲作者，我们知之甚少。仅从该琴谱的作者自序和数篇序言、题词中知其大概：作曲者是个僧人，法名空尘，法号云闲，吴县人，曾在虎丘出家。他自幼酷爱琴艺，“自序”中说“余幼耽操缦”，曾“遍访名师”。他的老师不简单，竟包括了儒、释、道三家，其中有启蒙老师菩提院的牧村长老，有道士赵逸峰，还有被他称为“夫子”的芜城丁绥安和淮山乔子衡。

---

① 杨春薇：《〈普安咒〉研究》，《中国音乐学》2000年第4期。

② 宋新：《论〈普安咒〉及其传承》，《黄钟》2005年第2期。

他跟这几位老师学琴三十多年，只学熟了几首曲子。老师们相继去世后，他“于是携琴访道，历燕、齐、楚、越，凡善琴者必谒之”。他在游学中对所有琴家所奏皆“一一聆纳，递加审按”。在多年的参访后，他终于开悟，明确了音乐和禅一样，如“庄生所诏，意之所随，不可以言传。盖节奏板拍可以传授，取音用意，各随人心”。

他在家乡学琴三十余年，离乡游学行脚二十余年，再次回乡时，已经五六十岁了。此时，他已卓然成家，禅、琴同入化境。佛门内外，同仰其尊，缁素皆以“公”称之。竹禅法师说他：“云闲上人，深悟琴学三昧，其住世行道，得教外别传之旨”，并题字“以琴说法”赠之。德辉法师说他“知公操缦卅年，合琴与禅为一致，则所发之音，所定之曲必有超出声尘之外者矣”。他的同乡朱兆蓉有诗曰：

瓶钵生涯三十年，
故乡旧雨尚依然。
（上人离乡已廿余载矣，今年慈航旋里憩小园流连弥夕）
芭蕉短幅王摩诘，
落叶长安贾浪仙。
（琴书而外亦娴诗画）
道悟法雷冬自响，
禅参智月晦尤圆。
平生雅趣饶泉石，
松下横琴一拂弦。

在他的旧友看来，他像王维、贾岛一样热爱自然，多才多艺，“琴书而外亦娴诗画”，且道法圆融，禅参智月，是一位得道的高僧大德。从诗中我们不但知道了一点他的生平（出家三十余年，离乡二十余载），知道了他在“旧雨”眼中的形象，更仿佛看到了一幅高僧松下弹琴的古画。在琴谱诸序中，老友朱敏文称他因为“遍参江浙诸名山、穷岩、邃谷栖真者久之”，所以才“佛法仙心归胸下”。从朋友们的序文看，释空尘的演奏生涯除在苏杭外，还曾在上海、北京的雅集之中。在他演奏的盛期，他和几位同好“月必一晤，晤则琴歌竟日”，在江南的烟雨中，不知留下了多少他空灵飞动的琴声。

释空尘不但自己是琴僧，而且也在琴谱中尽量钩沉昔日琴僧的资料。他说：“继梵僧居月善琴，继以颖师、聪师、维公、义公，咸以琴理喻禅，见于旧简者不可以数计。”在他辑录的《历代圣贤名录》中，作为佛教徒的琴家和其所作琴曲计有：

僧觉道（列墨子后，张子房前）：作《鹤鸣九皋》

王摩诘（列李白后，韩昌黎前）：作《春江送别》

僧智和（列郭楚望后，董庭兰前）：作《释谈》《清夜闻钟》《松下观涛》

苏东坡：作《四乐吟》《思君操》

僧义海（苏东坡后）：作《瑶天笙鹤》《双清吟》

僧省涓：作《石上流泉》《白云操》

《枯木禅琴谱》共八卷，第一卷有“凡例”“琴德论”“音声论”“指法纪略”“辨音十六则”“上弦法”“调弦法”“抚弦转调歌”等；第二卷有“制琴曲要略”“历代圣贤著曲名录”“左右手指法”“幸存琴谱”。从第三卷到第八卷，均为释空尘所谓“所操廿余曲及自著数曲”，他“省题析义，去杂除繁，体会吟猱，注意指法”，列为卷三“宫音”五曲，卷四“商角音”

七曲，卷五“徵羽音”六曲，卷七“外调”三曲，均以宫调分卷。而卷八中的七曲无分调别，当为空尘和尚所创作。卷八中曲目为《独鹤与飞》《云水曲》《怀古曲》《那罗法曲》《枯木吟》《思贤操》《莲社引》。仅从曲名看，就可知其中尚有佛家内容者，如《莲社引》即为吟咏净土大师之曲。我们似乎可以这样说，因为有了《枯木禅琴谱》，有了释空尘，有了《那罗法曲》《莲社引》等琴曲，中国的古琴艺术可彰显佛家之影响，填补三足鼎立之中国传统文化在琴艺中的欠缺了。

我曾经多次说过，一个研究中国传统文化却不懂中国宗教的学者，不能称其为中国传统文化学者；同样，一个只有“琴心”而没有“佛心”的音乐家，也不可能达到传统中国音乐的最高境界。在过去的百年里，中国从一个贫穷落后、任列强欺侮的国家逐渐变成当今一个最大的、最具发展潜力的国家，但是，在这一充满苦难与血泪的过程中，我们像一个接受“化疗”的患者一样，被迫将自己身上许多健康的细胞与可能的癌细胞一起杀死了！佛教与佛教文化，在很长一段时间里是被当成“封建主义”的东西而被排斥的，追求灵性、追求“佛心”，对现代大部分中国的音乐家来讲，是视野之外的事情。

但是，在人类的整个历史中，佛教不但曾推动了人类社会的前进，而且对人类的整个精神世界产生过巨大的影响，佛教传入中国后，深刻影响了中国人的思想、文化、艺术，甚至被王安石称为“成周三代之际，圣人多生儒中，两汉以下，圣人多出佛中”。在佛教影响下的中国的艺术家们曾在追求生命永恒的过程中创造了许多永恒的艺术。比如以敦煌、云冈、龙门为代表的中国佛教石窟艺术，不但是中国传统文化的瑰宝，是中国的骄傲，也是全人类共同的珍贵文化遗产。一直到今天，当我们面对这些信仰之力与艺术天才的双重创造时，我们依然会被其中所蕴涵、体现的博大胸襟、慈悲情怀和庄严、宁静、超然、平和的思想之光所笼罩、所折服。没有佛教文化，中国的文化是残缺的。

琴心是美，佛心却不仅仅是善。那也是美，是一种闪耀着慈悲情怀、般若智慧的旷世之美。

二、《江河水》——是“阶级压迫”还是“有生皆苦”？

1964年10月2日，一部名为《东方红》的“大型音乐舞蹈史诗”在北京人民大会堂正式公演了。这部由3700多名演员参加演出、会集了当时中国内地最优秀的艺术人才参与创作，倾举国之力打造的超大型歌舞晚会，用音乐、舞蹈的多种形式全面展示了中国共产党从1921年成立到1949年成立中华人民共和国的历史。演出场面之浩大，创作队伍与演员阵容之强大，国家行政力与财力投入之力度，可以说是空前的。对那一个时代生活在内地的中国人而言，这部“大型音乐舞蹈史诗”的震撼力也是空前的。半个世纪过去了，一些亲历者仍然在津津有味地回忆着他们当年参加表演或现场观看的感受。[①]《解放军报》曾发表署名陈立萍的文章《音乐舞蹈史诗〈东方红〉台前幕后的故事》[②]，作者说：“在中国，这是许多人心中的红色狂欢。那种激情和辉煌，仿佛直到今天，都没有散场。那是我们最特别的记忆之一。”该文透露，时任国务院总理的周恩来亲自指挥、组织《东方红》的创作和排练，先后26次亲临现场，并指定《东方红》领导小组组长由时任文化部艺术局局长的周巍峙担任，副组长由中国人民解放军总政文化部副部长陈亚丁担任。领导小组在全国各地调兵遣将，“周恩来总理亲自过问，要人给人，要物给物，一路绿灯”。为了创作剧本与歌词，

① 在网上随便输入“东方红大歌舞”几个字，便可以读到许多有关的回忆录。

② 陈立萍:《音乐舞蹈史诗〈东方红〉台前幕后的故事》,《解放军报》2009年9月2日。

“当时把所有有名的诗人都请来了：有魏巍、徐怀中、阮章竞、贺敬之、乔羽，要求写出最高的水平。安波、马可、吕骥、时乐濛、严克等十几位作曲家，以及一些戏剧学院、中央歌剧院的最优秀的舞美设计也全部请来了。大家集体投入了战斗”。

“《东方红》在北京连演 14 场，场场爆满，北京电视台和中央人民广播电台作了多场实况转播。中国唱片社发行了《东方红》全部实况录音和选曲两种唱片。中国音乐出版社于 1965 年出版了相关书籍。《东方红》中的歌曲，成了当年最流行的歌曲。”正式公演之后，这部划时代的歌舞还被拍成电影在全国公映。可以想见，在当时中国内地文艺领域缺乏力作和色彩单调的氛围里，它在全国范围内所掀起的狂热和巨大的影响。

在《东方红》第一场“东方的曙光”中，为了表现“苦难岁月”，有一个令人印象深刻的场面：一个悲痛欲绝的母亲沿街叫卖头插草标的女儿。这个场面的配乐，是一段凄厉悲惨的双管独奏曲《江河水》。管子，亦称“羌管”，古称“筚篥”，自古便有“悲管”之名，因此，古诗词中不乏“不知何处吹芦管，一夜征人尽望乡”“羌管悠悠霜满地，人不寐，将军白发征

《东方红》第一场“苦难岁月”剧照

夫泪”之类的句子。卖儿卖女的场面配以管子独特的音色和时断时续，既像哭泣又像呐喊的音调，使听者观者无不动容。乐曲一开始，双管在低音区呜咽着，仿佛是一个饱经沧桑的老人开始了他的控诉。节奏自由的旋律连续四次由低向高四度大跳，终于用悲愤的“引子”引出了深沉苍郁的主题。这个主题音调将中国传统音乐线性思维的特性发展到了极致，那起伏跌宕、抑扬顿挫，行则如湍如瀑、止则马勒悬崖的旋律线，像怀素的狂草，饱含感情，纵横挥洒，沉郁悲凉。第二乐句一个十度的向上大跳和连续两次向上的冲击，如刷风哭血，穿云裂岸。第三乐句忽停又续、泣不成声的“行行重行行”中，达到了乐器模仿人声的最高艺术境界。乐曲的中间段落如水出夔门，浩荡流畅，以一种略显平缓的速度“痛定思痛”，尽情铺陈着人生的种种苦难和无助。乐曲将近结束的时候，双管与激越愤懑的乐队全奏像钱塘大潮一样从天边奔涌而来，气势磅礴，撼天动地！最后，减弱，减弱，减弱，属意长吟、哀转不绝，用一声绵绵的长叹结束了全曲。

因为《东方红》，这首《江河水》几乎在一夜之间便传遍了大江南北，之后，又从双管独奏移植、改编为单管独奏、二胡独奏、板胡独奏、古筝独奏、器乐合奏等形式，成为一首家喻户晓的名曲。21 世纪之前中国内地出版的所有教材、辞典、音像出版物中，关于此曲的典型的说明文字是：“此曲是辽宁（或辽南）民间乐曲，反映了旧社会的阶级压迫和穷苦人民的悲惨生活……”

《江河水》其实应叫《江儿水》，在元、明之时即已出现。明成祖在永乐十五年（1417）御制圣序颁行天下的《诸佛世尊如来菩萨尊者名称歌曲》卷十四“佛名称歌曲”中，即有“妙吉祥之曲即江儿水十首”。这说明早在 15 世纪初开始，《江儿水》已成为官方认定的佛教音乐。《诸佛世尊如来菩萨尊者名称歌曲》的影响很大，这部靠国家行政力量和皇帝之威推行全国的佛教歌曲集对明代民间佛教音乐，乃至戏曲音乐、曲艺音乐的发展都起到了相当大的推动和规范作用。仅以《江儿水》一曲为例，即在我国民间法事和戏曲领域有多种变体遗存，如昆曲中就有【二犯江儿水】曲牌。音乐学家杨久盛在《人民音乐》1981年第2期上发表过一篇《〈江河水〉一曲的由来和发展》，其中将辽宁流传的《江儿水》与昆曲《二犯江儿水》的曲调进行了比较，得出这样的结论："'辽宁鼓乐'笙管曲曲牌【江河水】与昆曲曲牌【二犯江儿水】在旋律走向特性音程乃至调式、音域等各方面，都有着极为密切的联系，我们可以认定，这两个民间曲牌是'异曲同宗'。根据历史记载可以判定，【江儿水】是曲牌的原名，而【江河水】则是【江儿水】在辽宁民间艺人中的误传。"

杨久盛在文中还提到："《江河水》这首乐曲是在20世纪50年代初期，由原旅大市文工团王石路、朱广庆和艺人出身的朱长安、谷新善同志一起，根据'辽宁鼓乐'同名笙管曲曲牌整理、加工、改编而成的。"那么，这首佛教乐曲与东北民间音乐，尤其是"辽宁鼓乐"又是什么关系呢?

其实，在中国民间，佛教乐曲与民间器乐有着密不可分的关系，不但乐器使用、演奏技巧有相当大的一致性，甚至曲目也普遍存在着共用共享的现象。因此，在很多地方、很多情况下，区分一首乐曲是"佛教音乐""道教音乐"还是"民间音乐"，主要看两点：一是使用的场合和目的；二是演奏者的身份。在《中国民族民间器乐曲集成·辽宁卷》的"综述"中，编者谈道："从收集到的佛教笙管曲目看，其曲调、板式及演奏程序与民间笙管曲几无差异。……历来佛庙僧众生活清苦，但却能保证衣食，无冻馁之虞，无后顾之忧，生活安定，用心专一。这样，许多笙管乐艺僧能专心于技艺的探求，故佛庙笙管乐水平普遍较高。特别是许多佛事与民俗相结合，常与道士、民间艺人对棚，这既促进了竞争，又增加了交流机

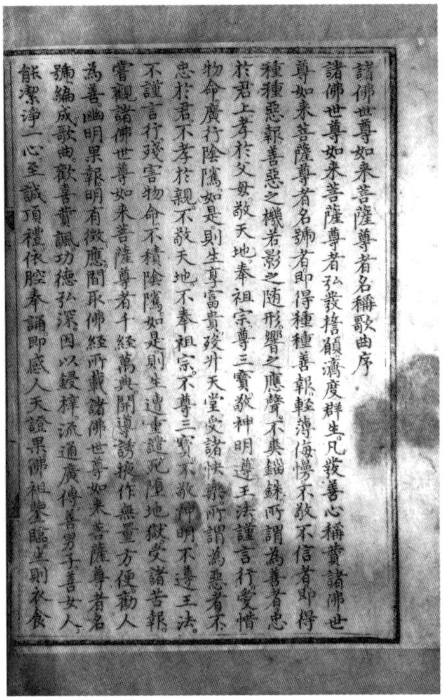

諸佛世尊如來菩薩尊者名稱歌曲序
諸佛世尊如來菩薩尊者弘敷揞額濟度群生凡發善心稱賛諸佛世
尊如來菩薩尊者名號者即得種種善報輕薄侮慢不敬不信者即得
種種惡報善惡之機若影之隨形響之應聲不爽錙銖所謂為善者忠
於君上孝於父母敬天地奉祖宗尊三寶敬神明遵王法謹言行愛惜
物命廣行陰騭如是則生享富貴殁升天堂受諸快樂所謂為惡者不
忠於君不孝於親不敬天地不奉祖宗不尊三寶不敬神明不遵王法
不謹言行殘害物命不積陰騭如是則生遭重譴死墮地獄受諸苦報
嘗觀諸佛世尊如來菩薩尊者千經萬典開導誘掖作無量方便勸人
為善幽明果報明有徵應聞取佛經所載諸佛世尊如來菩薩尊者名
號編成歌曲歡喜讚諷功德弘深因以鋟梓流通廣傳善男子善女人
能潔淨一心至誠頂禮依腔奉誦即感人天證果佛祖光臨生則衣食

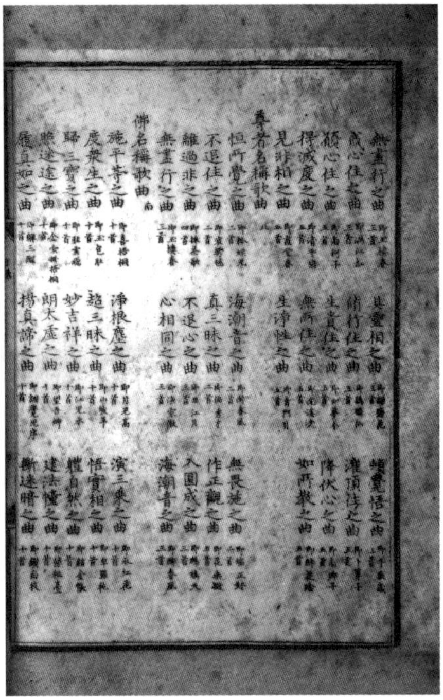

《诸佛世尊如来菩萨尊者名称歌曲》书影

会，使其技术水平、艺术造诣不断提高。”[①] 曾任《中国民族民间器乐曲集成·辽宁卷》常务副主编的杨久盛应笔者之邀，在2011年7月27日致笔者的电子邮件中专门提供了《江儿水》在当地使用场合的资料：

> 据艺人介绍，东北过去风俗：死人上祭时在大门两侧分别设佛道两个经棚，孝子要在棺材前头顶灯，往两个经棚分别送99盏灯。因为怕风把灯吹灭不吉利，所以孝子走得很慢，这时鼓乐班用笙管乐（不

① 《中国民族民间器乐曲集成·辽宁卷》（上册），中国ISBN中心1996年版，第13页。

用唢呐，所谓雅乐）吹奏《江河水》。最初加花不多，但时间太长，一个曲调翻来覆去演奏，艺人也生腻，于是放慢加花，最后形成目前流传这个版本。

杨久盛的实地调查充分说明这首乐曲在民间使用的场合即中国传统礼俗中最受重视的“白事”，演奏者为民间佛、道乐班。即由佛教“居士”或道教的“火居道”所主持的“民间法事”。从明成祖的御制“官方佛曲”，到辽宁农村至今依旧广泛流传的民间佛曲，日升月恒，《江儿水》委婉凄切的旋律不知慰藉了多少普通百姓的心灵！当一个个“孝子”在先考、先妣的灵前“顶灯”行礼的时候，这如泣如诉的音乐里有子孙后辈对先辈无尽的思念与缅怀，更有佛家“有生皆苦”的宣示。“生、老、病、死”，是人生的必经之途，亘古至今，无人可免。仅用“阶级压迫”来解释这样一首起码已有500多年历史的千古名曲，未免狭隘了些吧？更正半个世纪以来教科书、音乐辞典的错误，是学者应尽的职责；指出《江河水》原来是一首民间法事中使用的民间佛曲，也丝毫不会降低这首乐曲的人民性。2010年6月，鞍山市文化局要出版一本以辽宁千山佛乐为主的佛曲集，请我题字，遂遵嘱凑了几句以为交代。诗虽浅陋，聊可作一佐证：

一曲江河水，曾动万人心。
本为慈悲意，岂是阶级嗔？
松作梵音偈，山似佛陀身。[①]
悠悠千百载，光辉耀古今。

---

① 辽宁千山是辽南民间宗教音乐的重镇，千山多松柏，有一山酷似佛陀坐像，故有此言。

三、世界上最慢的音乐——南音

过去，我曾经慨叹：“我们经常听到的所谓‘民族音乐’中的绝大部分，为什么和我在中国古典文学和其他古典艺术中所感受到的意境那么格格不入？常常，当琵琶的轮指像机关枪的子弹一样扫向无辜的听众；当二胡的弓子如‘白驹过隙’般在两根弦间奔突；当竹笛和唢呐在舞台上扬起田径场上的口号，比赛谁‘更快、更高、更强’；当我们像西洋管弦乐队一样庞大的民族乐队得意扬扬地奏起《拉克齐进行曲》的时候，我觉得我们的老祖宗在皱眉头：这是我们的‘华夏正声’吗？”[①] 直到听到泉州南音，我才听到与我血液中的音乐基因相互唱和的声音。

过去，我曾经慨叹：“音乐是时间艺术，是即现即逝、随生随灭的；看不见、抓不着、留不住。‘逝者如斯夫，不舍昼夜。’有什么办法呢？古人没有精确的记谱法，更没有录音机，有时候，只好凭我们寻扯獭祭。现世之人，谁都没有陪孔老夫子在齐国听过韶乐，所以，谁都说不清楚老先生到底为什么听过它之后竟然三个月吃不出肉味来？三千太学生‘转世’至今，也恐怕都淡忘了嵇叔夜的慷慨与悲凉，没有谁能说得清为什么斯人逝去便该‘于今绝矣’的《广陵散》至今仍有琴人在弹？”[②] 直到听到了泉州南音，我才敢下这样的断语：古老的中国音乐，真的一直流传到了今天。

佛教讲“因缘”，泉州南音能作为华夏正声流传到今天，有着特殊的原因和条件。泉州地处东南沿海，有独特的人文环境和生存条件，从晋、唐、五代以至两宋，中原的士族、皇族因为逃避战乱，先后举族南移，最终一大部分人定居泉州。他们把日常生活中不可或缺的音乐文化也带入泉州，

---

① 田青：《穿越时空隧道——听台湾汉唐乐府〈艳歌行〉》，《光明日报》1999 年 4 月 15 日。

② 田青：《从〈广陵散〉到迦陵频伽》，《佛教文化》1992 年第 1 期。

并逐渐流入民间，世代传衍。中国古乐中绝大部分的物质构成和形态构成，在中原大地以至大江南北，大都只埋在五代、魏晋墓葬中的砖刻石刻图像里。令人感到惊喜的是，活生生的唐宋音乐遗响，却大量保存在南音当中。南音中自成体系的工尺谱，南音中的横抱琵琶、尺八、拍板、筚篥、轧筝、笙等乐器，南音的演唱规制，以至一首首具体的乐曲，在一定程度上都可以作为中古音乐的历史见证。

曾经有人概括泉州南音的特点是古、多、广、强、美。其所谓古，是南音有千年的历史；其所谓多，是南音有谱、散曲和套曲达两千首以上；其所谓广，是南音不只活跃在闽南地区，而且扩展到中国台湾、香港、澳门地区和南洋群岛以及欧美的一些地方；其所谓强，是南音历经无数的天灾人祸和漫长岁月的磨砺，还能够顽强地存活下来；其所谓美，是南音既有如怨如慕、如泣如诉的长撩曲，又有慷慨悲歌、一唱三叹的叠拍声。赵朴初先生生前在泉州听过南音之后，写下了这样的诗句："管弦和雅听南音，唐宋渊源大可寻。不意友声来海外，喜逢佳节又逢亲。"更生动地道尽了南音的艺术魅力和深邃内涵。

我曾经与泉州的朋友探讨过南音为什么历经千年而不衰的问题。他们认为，其一，南音的主体部分，绝不是里巷歌谣，也不是所谓的源自戏曲音乐，而是唐宋宫廷和教坊中的乐师、乐工的杰作。如大谱中的"四（时景）、梅（花操）、走（马）、归（巢）"和《阳关三叠》等，都是纯粹的"虚谱无词"的古曲，是非常难得的、艺术水准极高的纯器乐作品。也许它们一开始传入泉州时就已经非常成熟，因而就十分凝固。所以历代弦友对它们只能是认真保守，不敢轻举妄动。有位新文艺工作者，发现有首散曲中的一个词，只要移动一个音位，就可使咬字叫音更加明确，但立即受到多位艺师的斥责，认为"尽管说得有理，但谁敢动它"！由此可见，弦管界忠于传统、保守传统是很坚定的，因此才会历久而不变异。

其二，南音在爱好者当中，是深入人心、融化在感情深处的，是永远挥之不去的。听说当年在“破四旧”时，有的弦友墙上挂的是“样板戏”的曲谱，口中唱的却仍然是南音。在海外，有的地方长年禁止华文活动，但不少华侨仍然关起门来唱乡音。在他们心中，南音——是祖宗的灵魂，是故乡的明月，是游子心中永恒的记忆。“野火烧不尽，春风吹又生”，南音是永远不可禁绝和扼杀的。

南音也称“南管”，由“指”“谱”“曲”三大部分组成。其中的“指”也叫“指套”，是有词有谱和注明琵琶指法的大曲。“谱”是无词而有琵琶指法的器乐演奏谱，原有十三大套，后增至十六大套；南曲十六大套“谱”，以“四”（四时景）、“梅”（梅花操）、“走”（八骏马）、“归”（百鸟归巢）四套最为著名。“曲”即散曲（亦称草曲），在南曲音乐中占有很大比重，有一千首左右。

在清咸丰年间刻本《文焕堂指谱》中，许多重要的音乐历史信息和古曲的面貌被比较完好地保存了下来，例如，在其三十六套“指谱”中，有一些与唐《教坊记》中记载的唐代曲名同名，如《舞霓裳》《后庭花》等。更珍贵的是指套中还有两首反映佛教内容且充满禅意的古代乐曲，一首是廿二套中的【太子游四门】《汝因势》，一套是卅六套中的【照山泉·兜勒声】《南海观音赞》。

《南海观音赞》是保存在南管指套中的一套佛曲，包括其主体部分的“赞词”和最后的“结咒偈语”。在供佛演奏时，要“起和《梅花操》第一段，尾和《四时景·冬景》”。

其赞词曰：

南海普陀山一座，巍巍百宝高峰。

足踏莲花碧波中，南无碧波中，水晶宫。

水晶宫内端严坐，南无端严坐定，坐定金容。
金容体挂玉玲珑，南无玉玲珑，珠翠珑。
紫金妙像难描画，南无难描难画，难画无穷。
无穷无尽度众生，南无度众生，出樊笼。
观音大圣大慈悲，南无观世音度众生。
观音大圣大慈尊，南无观世音度众生。

“结咒偈语”曰：

南无水月轮菩萨摩诃萨，
南无观自在菩萨摩诃萨，
南无救苦难菩萨摩诃萨 。

《南海观音赞》以【寡北】门头演唱，唱奏时通常会加入铙钹、响钟、木鱼等法器，较异于一般南管乐曲的唱奏。此曲特别引人注目的是其使用的曲牌【照山泉·兜勒声】。“兜勒”二字始见于《晋书·乐志》：“胡角者，本以应胡笳之声，后渐用之横吹。有双角，即胡乐也。张博望入西域，传其法于西京，惟得《摩诃兜勒》一曲。李延年因胡曲更造新声二十八解，乘舆以为武乐。后汉以给边将，和帝时，万人将军得用之。”

张骞（博望）凿空，出使西域，共有两次。第一次在公元前138—前126年，第二次在公元前119年，张骞第一次出使西域，历尽千辛万苦，费时十余年方归中原，去时百余人，归时只二人，又是仓促逃归，估计不可能携什么乐曲回国。第二次出使西域，本人只至乌孙，归时“乌孙发道译送骞，与乌孙使数十人，马数十匹，报谢”。也许就是在这次出使归来时带回了这首乐曲？我们今天虽然已无法知道张骞是如何带回的这首乐曲，但我们知道李延年是当时最好的音乐家。一曲西域风格的《摩诃兜勒》竟让他灵感大发，改编或在乐曲的启发下重新创作了二十八首军乐，可见其艺术上的独特魅力。

那么，张骞带回的这首《摩诃兜勒》，究竟是一首什么音乐呢？一种说法认为："摩诃兜勒"是"大曲"的意思。"摩诃"在梵文中是"大"(waha)的意思，"兜勒"在蒙古文中是"曲"的意思，埃及也把一种套曲称作"多尔"(兜勒)。还有一种认识，即《摩诃兜勒》是佛曲。"兜勒"系人名，《佛说义足经》中有《兜勒梵志经》一品，讲兜勒如何从迷信外教而经释迦牟尼点化皈依佛教的故事。兜勒改变信仰，终于变成"摩诃兜勒"(伟大的兜勒)，当然值得歌颂。从南音《南海观音赞》所使用的曲牌【兜勒声】来看，张骞在两千多年前从西域带回的这首《摩诃兜勒》，似乎应该是一首佛曲。

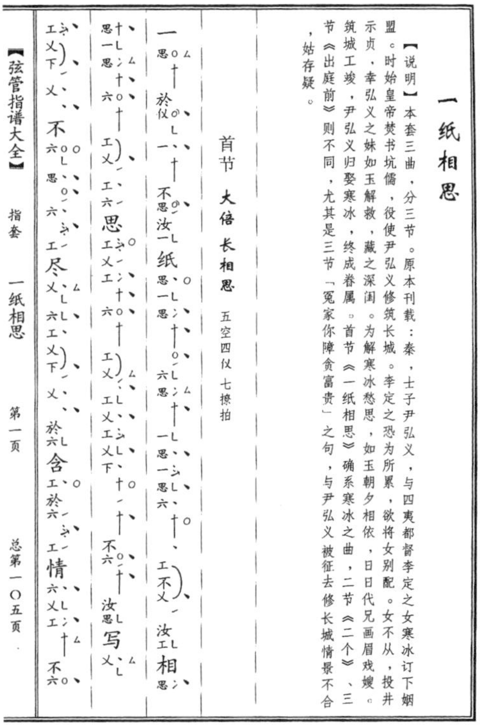

《一纸相思》乐谱

南音的节拍称"撩拍"，以"撩"作为节奏基本单位，以"拍"为拍板击节之处。在南管工尺谱中，在音符的旁边记有节拍符号，"拍"记为"o"，"撩"记为"、"。工尺谱内凡遇到"o"记号，则击"拍板"一次。南管撩拍共分六种：七撩拍、三撩拍、一二拍、叠拍、紧叠、散板。由于南音的音乐悠长细腻，节奏缓慢，所以在把南管工尺谱译为现代通用的五线谱或简谱时，常常不以常用的四分音符为 1 拍，而以二分音符为 1 拍。七撩拍即七撩加上一拍，共八撩，相当于 8/2 拍，如果用习惯的四分音符为 1 拍，那么，1 小节则有 16 拍，即 16/4 拍。以此类推，三撩拍为 4/2 拍，一二拍为 2/2 拍，叠拍为 1/2 拍，紧叠为 1/4 拍。

南音的“七撩拍”可能是世界上最慢、最绵长的音乐了！南音“指套”里有一曲“一纸相思”[①]，就是“七撩拍”。开始的 7 个字“一纸相思写不尽”竟然要唱整整 9 分钟！这 7 个字，是柔肠百转、哀婉入神的 7 个字！这 9 分钟，是跌宕起伏、回肠荡气的 9 分钟！中国传统音乐体现的是一种线性思维，但这条旋律线，不是一条直线，也不像现代的摇滚或进行曲那样充满直上直下、棱角分明的“硬”曲线，而是像漓江两岸起伏有致的层峦叠嶂在碧绿清澈的水面映出的那道山影一样，悠游和缓、浑然天成，耐看、耐听、耐人寻味，充满禅意。

我在前文中曾谈到中国美学中最有代表性的一个字：“韵”，在这个显而易见是来自音乐的字中所包含的千百种只可意会、不可言传的感觉，其实是中国人在千百年漫长而细致的审美活动中逐渐形成的，它隐含在我们每一个炎黄子孙的血液中，是我们精神的 DNA，牢固而鲜明，代代相传。假如说汉字书法是线性思维在空间中付诸视觉的极度彰显，那么，中国传统音乐的旋律，则是线性思维在时间里付诸听觉的尽情展现。我们欣赏怀素的《自叙帖》，那飞扬灵动、迤逦周折、充盈着豪情与洒脱的线条让我们感受到扑面而来的氤氲之“气”；同样，我们在聆听南音时，那婉转婀娜、曲水流觞般清丽淡雅的天籁之声，则让我们充分体悟到“韵”的滋味。

在现代社会，尤其在城市中，其生活节奏之快，常常令人有急迫紧张

① 苏统谋、丁水清编校：《弦管指谱大全》（上册），中国文联出版社 2008 年版，总第 105 页。

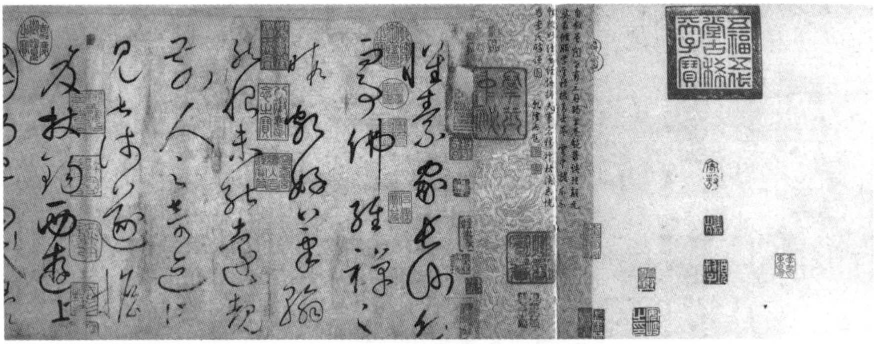

怀素《自叙帖》局部

之感，甚至引发越来越多的焦虑症和城市病。当许多青年人为了缓和或暂时逃避紧张仄迫的生活而到处参加“瑜伽班”“灵修班”的时候，我建议你不如去买一张南音的光盘，然后坐在家里听。只听，什么也不想。我保证，你一定会在南音的音乐中重新体会到一些被你久已忘却的感受，你会在南音里体会到什么叫“优雅”，什么叫“婉约”，什么叫“恬淡”，什么叫“偷得浮生半日闲”，什么叫“一声来耳里，万事离心中”！假如你有较高的悟性而你的音响设备也足够好的话，说不定你还真会在这天籁般的“七撩拍”里入禅得道呢！

四、一首鲜为人知的伟大乐曲——《行道章》

1993 年深秋的一天，在英国音乐学家钟思弟（Stephen Jones）的努力下，天津佛教乐团在英国伦敦大学亚非学院举行了首场演出。演出之前，我应邀作了一个有关中国佛教音乐的演讲，向听众介绍了名为“津沽梵音”的传统佛乐和这些长期在津沽一代“应酬佛事”的居士音乐家们。之后，这些身穿“海青”，手持笙、管、笛、云锣、铛子、铬子、铙钹、鼓槌的

1994年在英国录制的《天津佛教音乐》光盘封面

居士音乐家们陆续演奏了《兰花梅（懒画眉）》《倒剔金灯》《行道章》等几首传统佛乐。当这些流传了数百年的佛教乐曲从这些庄重而有威仪的佛教音乐家指下唇中流出时，普通的英国听众可能并不知道这些充满禅意的美妙音乐，曾经经历过什么样的浩劫；不知道它们今天仍然能够响彻云天，又是多么的幸运！这其中，又有多少人为了保护、传承这古老的传统文化而呕心沥血、竭诚尽力。

1988年夏天，为了筹办“中国佛教道教音乐周”，我到天津考察。在河北区文化馆工作人员张生录的引荐下，见到了两位天津佛乐的传承人历兰亭和能闻师。

历兰亭，法名极林，1915年生，4岁时即被送到山东德州某寺做了一个小沙弥，10余岁时开始学习佛乐，20岁左右到天津达摩庵向枫仪和尚学习津沽佛乐。新中国成立后还俗，以“卖药糖”为生。“改革开放”之后，已经70岁的历兰亭又回到天津大悲院，重新过起青灯黄卷的寺庙生活。能闻师俗名李锦文，1922年生，亦自幼出家并习佛乐，因天资聪颖，11岁即吹头管应酬佛事。1949年后，吹、拉、弹、唱无所不精的他还俗做了一名文艺工作者，在一家专业剧团司琴，直至退休。

几十年唯物主义的宣传与“文革”的冲击，带给两位老人的影响是巨大的。听张生录介绍，刚开始请历兰亭出山恢复天津佛乐的时候，他勉强答应并强调只有请出他的师弟能闻，天津佛乐才可能有望“起死回生”。老人回忆幼年时因家贫被送到庙里学习佛乐时所经历的艰难困苦，令人唏嘘感叹。他说，当时学习乐器演奏，要“冬练三九，夏练三伏”，每天起大早在空旷之处练习吹奏。师父严格甚至严酷，今天教的段落，次日要“回课”，全靠记忆吹奏，只要一个音出错，师父就会用手中的鼓槌敲头！历兰亭说：“我笨，记不住，净出错！几天下来，光头上大疙瘩套小疙瘩！觉得实在没法活了，就寻死。我听说洋火儿[①]头有毒，就买了一包，把洋火儿头全刮下来喝了！结果，没死成，还得练……”

也许是岁月早已淘尽了昔日的苦楚，历兰亭平静地叙述完自己学艺的“笨”之后，面带骄傲地介绍起他的师弟能闻师的“巧”：“哎呀，能闻太聪明了！学啥会啥，师父教完了他就学会了，也甭练，一回课，老师就说好！他 11 岁就挑大梁做佛事，因个儿矮，专门给他做了件小袈裟，穿戴上，站在凳子上吹，天津城里城外，七十二沽，都传遍了！”人们可以从历兰亭语带骄傲的叙述中想见这位 11 岁的“神童和尚”身披一件金碧辉煌的小袈裟，头戴毗卢帽，稚气未脱的小脸儿带着一脸的庄严，认真而神采飞扬地吹奏佛曲“超度”亡灵的场面！

但是，当找到能闻师的时候，却遇到了未曾想到的两个困难：第一是退休的“文艺工作者”李锦文同志认为当年因家贫而被迫为僧的历史是不光彩的，“那是封建迷信！”已经当了爷爷的老人认真地说：“要是让孙子知道他爷爷搞过‘封建迷信’，当过和尚，他不笑话我？”我在第一次见到能闻师的时候和他说的第一句话，就是：“能闻师，谢谢您！谢谢您为国家和民族保存了这么多宝贝！您是大功臣！您的小孙子会为爷爷自豪！”

---

① 即火柴，因中国最早的火柴系外国进口，故称“洋火儿”。

天津佛乐团在排练，右二为能闻，左二为历兰亭

第二个有趣而发人深思，就是当能闻师克服了心理障碍，重新认识了“封建迷信”与“文化遗产”的区别之后答应出山，再想从头“拾掇”起当年的佛曲时，不知道是因为他过去在潜意识里的“主动遗忘”，还是因为他成年之后的几十年“文艺工作者”生涯中演奏了太多的其他音乐，这位当年过目不忘、一学就会的“神童”却已把佛曲忘得一干二净！

多亏了真诚地自谦“笨拙”的历兰亭老人，当年曾经把他折磨到“寻死”地步的佛曲，早已被师父的鼓槌深深“敲”进了他“大疙瘩套小疙瘩”的光头里，每一首乐曲、每一个段落，甚至每一个音符，他都没有遗忘！而且，是在经历了几十年——包括空前绝后的“十年浩劫”的“文革”之后！我不知道我们是不是该感谢那位曾给小历兰亭带来痛苦的“严酷”的师父，但我始终相信，从“改天换地”的1949年，一直到“改革开放”

之后，在这漫长的时间里，无论是挎着“卖药糖”的小箱子走街串巷，还是在生活的最底层苦苦挣扎，这些美妙的、闪现着佛陀的慈悲与智慧、深蕴着祖先至诚祝福的禅音佛曲，一定时时低回在他心里，默吟在他唇间。佛曲，滋润着他看似卑微的人生；同时，凭靠这位孤独老人的信仰之力得以传承。

也许，人的记忆力与领悟力是不可兼得的。就像能闻师的领悟力超人一样，历兰亭老人的记忆力同样超人。他不但凭着记忆唱出了一首一首的大曲，他甚至还记得诸如“1937年，南马路老王家办事儿，你吹这句时‘翻’上去……”如何如何。在他的启发下，深埋在能闻记忆底层的音乐重新“复活”了！两位老人，一管一笛，连吹带唱，最终完成了后来成为“天津佛乐团”经典曲目的十余首曲目的挖掘、整理工作。这些曲目有：《雁过南楼》《倒剔金灯》《行道章》《兰花梅（懒画眉）》《金镏锁套十番》《蛾浪子》及法器曲《开坛钹》、有器乐伴奏的梵呗唱诵《炉香乍爇》《香云盖》《五方佛》《稽首皈依》等。在这些佛曲中，最著名的是在天津民间佛事中被称为“楼、兰、章、灯”的四大曲，而这四大曲中，结构最完整、规模最庞大、思想最深刻、旋律最丰富的，当属《行道章》。

“行道”，是佛教仪礼的一种，指佛教徒礼佛时向右方绕佛旋转，也称“绕佛”。《尊胜陀罗尼经》云：“于四衢道，造窣堵波，安置陀罗尼，合掌恭敬，旋绕行道，皈依礼拜。”《万善同归集》亦云：“行道一法，西天偏重，绕百千匝方施一拜，经云：‘一日一夜行道，志心报四恩……’”故中国佛教徒有“六时行道”之说。佛曲《行道章》当初应在绕佛时使用，在近世天津地区的民间佛事中，常在葬仪中使用，也在《瑜伽焰口》中间僧众休息时吹奏。

《行道章》的结构完整，规模庞大，整首乐曲演奏需要21至23分钟，在规模与容量上与西方的交响曲相近，且完全符合唐大曲由三大部分：“散序”“中序”“破”组成的结构原则。乐曲一开始，是一个悠长跌宕的“引子”。这个“引子”其实已完全超越了一般乐曲“引子”的功能和局限，它不但是一个引导、一个暗示、一片初萌的绿叶、一块路牌或路标，它是一个真正的“散序”，它本身便具备了音乐“起、承、转、合”的功能，完全可以视为一首独立的、充满张力的乐曲。在这个接近 4 分钟的“引子”的开始，管子突兀而出，从天而降，用一种苍劲悲凉的音色直指人心！随后，笙慢慢托起了冲云破雾、像一条蛟龙一样上下翻飞的旋律，就像层层海浪与祥云，甘作腾龙的底色与陪衬。不知从什么时候，笛子加了进来，像另一条小龙，在大龙的身前背后追随、穿插，如影随形，俏皮而灵动。这是中国音乐特有的散板，它基本上不能用定量、规整的现代乐谱系统记谱，一是因为它的即兴性，每次演奏都随环境、心境的不同而有所不同，一是因为它根本冲破了“节拍”的束缚，“散”而不乱，自由自在，无拘无束，“廓然无圣”!

白居易在他著名的《霓裳羽衣歌》中有“散序六奏”的说法，又非常“专业”地描绘了“磬箫筝笛递相搀，击擫弹吹声逦迤”的“配器”手法。在中国内地的北方，普遍流行着一种被称为“笙管乐”“鼓乐”的器乐形式，中国绝大部分的佛曲、道曲，都属于这个庞大的系统。这个系统所使用的乐器，除敲击的“法器”之外，即“笙、管、笛”三大件，其中管子是主奏乐器，主要吹奏旋律；笛子则加花变奏，常常与管子形成中国特色的复调。而笙，则担负起西方管弦乐队中圆号等中间声部的功能，起着“勾芡”—“泥缝儿”[①] 的作用。所谓“笨笙、俏笛、规矩管”[②]，因其学习难

① 此为民间俗语，“勾芡”是北方常用的烹调手法，一般是炒菜的最后一道工序，即在菜出锅前加进用淀粉调制的糊状“芡汁”，使菜肴不散而丰润。“泥缝儿”也写为“腻缝儿”，为传统建筑术语，指用浆水充实砖缝。在民间音乐家口中，都指笙在音乐中所起到的调和、充实、衬托的作用。

② 此指三种乐器演奏风格的不同。

度的不同，民间又有“一年的笛子，两年的笙，三年的管子不中听”之说。

能闻师的管子演奏，可谓出神入化、炉火纯青。当他在“引子”的最后用一个迂回反复的下行曲调充满期待地牵出“中序”的瞬间，一声低沉、威严的堂鼓，击碎了“散序”之“散”，给了音乐一个节奏开始的原点。这“入拍”的一声鼓“点”，让我想起米开朗琪罗在西斯廷教堂穹顶画《创世纪》中神圣点化亚当的手指，这神圣的一“点”，开始了时间，开始了空间，开启了一个个波澜壮阔的人生写照，也导引出一段中国传统音乐中罕见的无比深刻的大慢板！

在法器所塑造的庙堂气氛中，凄厉激越，悲壮沉郁的旋律忽而穿行在九霄云外，如天马行空，紫气东来；忽而沉潜海底，如巨鲸戏水，波翻云卷。第一次听到这首乐曲时，我就被彻底震撼了！多年来，人们被电视里、舞台上那些“歌舞升平”的“民族器乐”所迷惑，以为中国的传统器乐曲就是如此的浅薄！这些铺天盖地的“民族器乐”就像大部分唐人街的“中国料理”一样，甜腻而油滑，而且“百菜一味”，把“欢快”的“味精”撒在每一道菜肴里！而《行道章》的这段大慢板，却让我体会到中国传统器乐曲的博大精深。听着这首乐曲，你仿佛看到中华民族几千年的历史画卷在你眼前徐徐展开：这里，有王粲“出门无所见，白骨蔽平原”的哀叹，有杜甫“三吏三别”的辛酸，有屈子行吟泽畔的浩歌，也有河曲贫困山村痴情女子《走西口》那令人肝肠寸断的低唱。

这个大慢板丰富深沉的旋律铺陈，极像颜真卿的传世名帖《祭侄文稿》的法书，从相对平静的叙述开始，感情的浓度逐渐加强，层层推进，直到苦难悲愤的顶峰。厚重而磅礴的旋律犹如钱塘江的大潮，恣肆奔涌，波澜壮阔；你感觉它似乎达到高潮了，但旋律却还在铺张鼓荡；待到你做好心理准备，等着听潮头崩裂爆炸的瞬间时，那旋律却如高崖跌瀑，纵身一跳，再从葱郁的谷底重新开始一轮新的潮起潮落、云舒云卷。音乐似乎也陷入

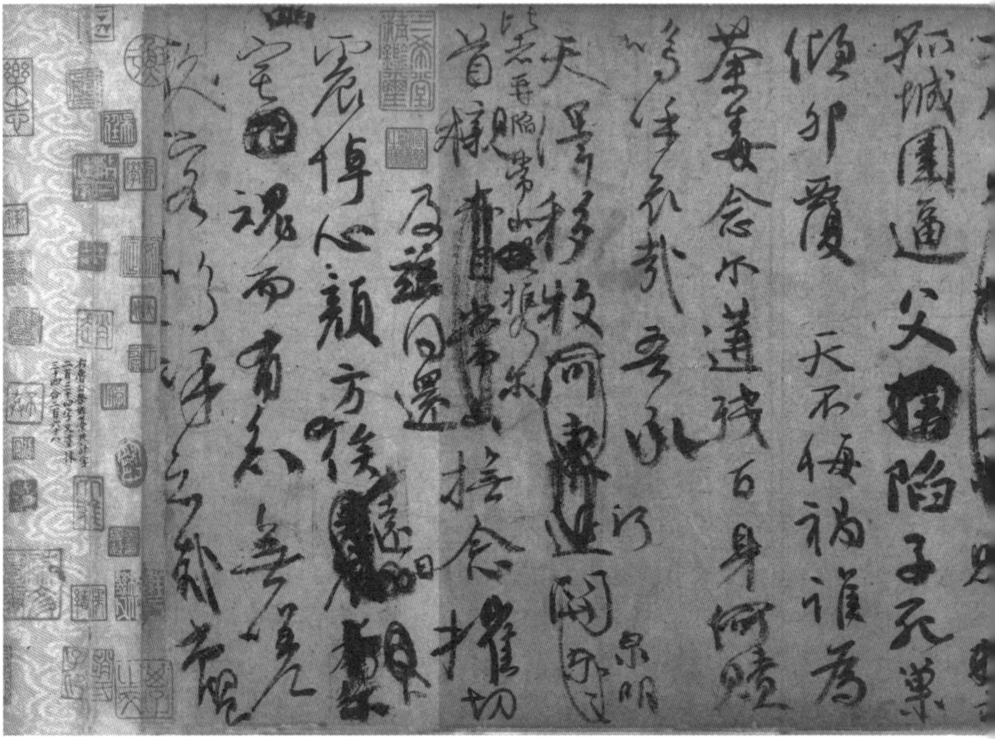

颜真卿《祭侄文稿》

了“六道轮回”，反复咀嚼着绞心滴血般的苦痛。慢板最后的高潮是凄厉而狂放的，被古人称为“悲管”的乐器在这位饱经沧桑的昔日“神童”唇间尽情吐纳着人生的大苦痛、大悲哀！“有生皆苦”！这世上又有谁能摆脱生、老、病、死之苦，摆脱“爱别离”“怨憎会”之痛呢？茫茫大地，渺渺人生，又怎样才能得到解脱之道呢？

“中序”大潮大涌般壮阔的节奏慢慢加快，古时被称作“破”的快板开始了。这“破”，既打破了慢板舒缓深沉的节奏，渐渐转为激昂、激动、激情；又打破了音乐对人生种种苦难的控诉。音乐大笔挥洒，重彩浓墨，纵

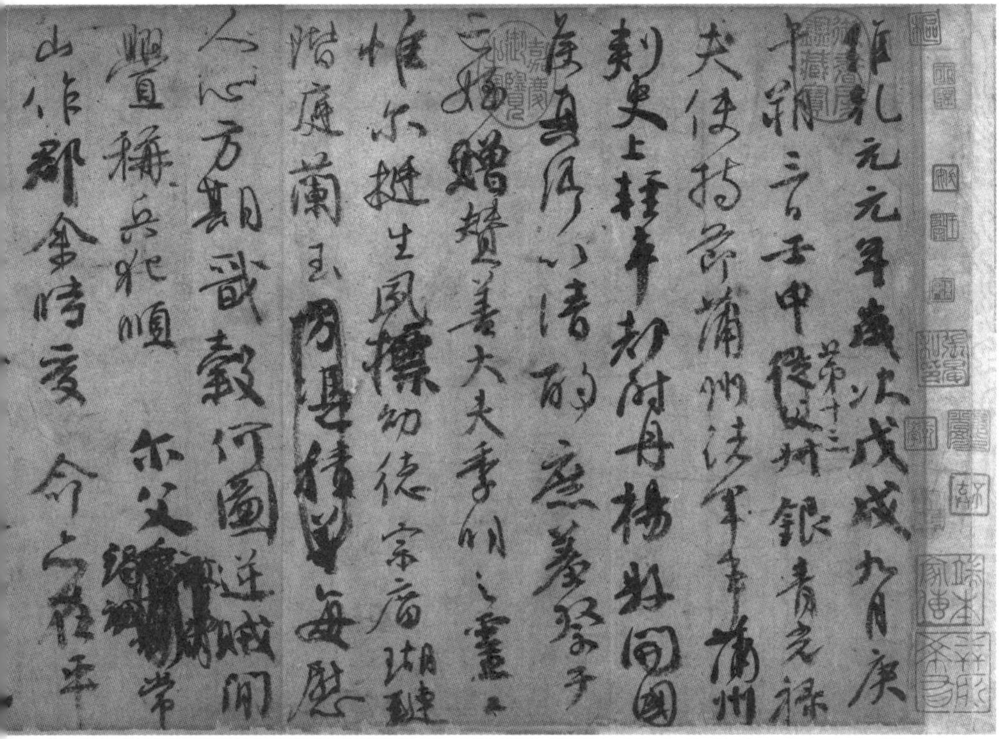

横捭阖，无阻无碍；从悲吟低唱，过渡到慷慨高歌！既然“一切有为法，如梦幻泡影，如露亦如电”，那么，哀叹与激愤又有什么用呢？笙、管、笛与铿锵作响的法器终于将音乐推举到巅峰之上，节奏越来越快，管子与笛子似乎一边在赛跑，一边在高呼：“勇猛精进！”“勇猛精进！”“勇猛精进！”

九天之下，大地之上，似乎只有《行道章》雷霆般轰鸣疾驰的音乐！当音乐狂奔到终点无法再前进一步时，便戛然而止，刹那点睛的空白之后，长引一声，在结束这首伟大乐曲的同时，印证了白居易对唐大曲描写的高度可信性："繁音急节十二遍，跳珠撼玉何铿铮。翔鸾舞了却收翅，唳鹤曲终长引声。"

这首乐曲从结构上完全暗合唐大曲的曲式，节奏上从无拍的散板开始，入拍后从慢板到中板，逐渐加快，到快板、再到急板；从 4/4 拍到 2/4 拍，最后到 1/4 拍，其完整性、丰富性堪称中国传统器乐曲的经典之作。我个人认为，只要有这一首《行道章》在，那些认为中国"民族器乐"浅薄的看法就是浅薄的了！[①]

五、生命的鲜活、自由、灵动——潮州筝曲《行云流水》

在本书第一章第一节中问过"中国为什么没有产生宗教"的郭沫若，虽然不是音乐史家，但却曾宏观地断定：在中国现存乐器中，但凡一个字的，如琴、筝、瑟、笙、钟、磬等，都是中国固有的乐器；但凡两个字或两个字以上的，如琵琶、筚篥、唢呐等，都是外来的，至少先秦时尚未在中原流行。郭沫若的判断未必完全准确，但筝这件乐器是华夏民族古老的、不折不扣的民族乐器，却向无疑义。因此，人们就像称琴为"古琴"一样称筝为"古筝"。

筝还有一个名字，叫"秦筝"，类似"楚瑟"，暗示着这乐器的"原籍"。筝还有一个名字，叫"哀筝"，李商隐有《哀筝》诗，其中就有"轻幰长无道，哀筝不出门"的句子。古之诗人咏筝，又常喜用"悲""怨""苦"等字，仅以唐诗为例：李峤有"莫听秦筝奏，筝筝有剩哀"；柳中庸有"抽弦促柱听秦筝，无限秦人悲怨声"；张祜有"分明似说长城苦，水咽云寒一夜风"；李远有"座客满筵都不语，一行哀雁十三声"；岑参说得更明确："汝

① 曲谱见田青主编《中国佛教音乐选萃》，上海音乐出版社 1993 年版，第 22 页。

不闻，秦筝声最苦……汝归秦兮弹秦筝，秦声悲兮聊送汝。”

但有一首筝曲，却超越了悲苦之情，以出世的高迈与洒脱充分表现了生命的鲜活、自由、灵动，这就是潮州筝乐大师杨秀明演奏的潮州筝曲《行云流水》。

杨秀明（1935—　），是中国著名的古筝演奏家。我初识杨君，是1977年夏天。那年，我刚从天津音乐学院作曲系毕业留校任教，去广州番禺寻找冼星海早年的生活经历。在广州，住在文化局招待所。一天夜里，月白风清，我坐在阳台上乘凉，一边盘算次日的日程安排，一边悠闲地欣赏着远处一棵老榕树山峦般的树影。那树影像一掬巨掌，以同样的悠闲托着一轮朗月，任月华在掌心缓缓游走。就在这时候，传来了筝声。

筝声很清、很柔、很美，分不出声音的远近，但却分明包蕴着某种超越了音质、音色，超越了技巧和风格的东西。那时候，我刚刚结束四年音乐学院以西洋音乐为主的“正规”教育，把时间全花在分析贝多芬32首钢琴奏鸣曲的和声、曲式上了，对我们自己的民族音乐知之甚少，也几乎没有听过民间音乐大师的演奏。但那筝声，却依然唤起了深藏在我血液里的审美基因和对纯真音乐本能的向往。当我寻声而去找到弹筝人的时候，才发现这位因为怕吵到别人而躲在公共厕所兼冲凉房里练琴的中年男子。当时，他赤膊、短裤、拖鞋，双腿分开，十分专注地流汗与弹琴。这位在特殊环境里用特殊的姿势演奏特殊音乐的男人，就是杨秀明。

我后来知道了杨秀明坎坷的经历，也许是命运为了锤炼和栽培一位音乐大师吧，他在青年时便因错案而锒铛入狱，错失了少年得志的机会，却得到了一份超乎常人的韧性、耐力、精神，更重要的是得到了与佛结缘的缘分。1981年，杨秀明因北京古筝研究会会长、中国音乐学院教授曹正的大力推荐，应邀至中国音乐学院执教，十年间，树桃培李，成绩斐然。出色的古筝演奏家邱大成、林玲、李淑萍、王勇、李萌、周望，琵琶演奏家李景侠，胡琴演奏家刘顺等，皆曾蒙其教诲。

我当年在为他的唱片所写的序中，曾这样评价他的音乐：“深得中国传统文化之精髓，雅而不矜，丽而不俗，动中有静，静中有动，清朗恬淡，光明洞澈。如莲花不著水，如日月不住空。由于其艺术修养的广博，更因其对中国禅学的修养，使他的音乐能超脱一般世俗音乐的审美观，达到静心、开智、增慧的作用。”

杨君音乐之外兼善丹青。其客寓京城之时，居中国音乐学院教工单身宿舍，乃恭王府墙内夹道里一陋室也。方不足八平方米，木床下塞满或用过或未用过的宣纸。那时，我恰好随杨荫浏先生攻读研究生，中国艺术研究院研究生院的课室和学生宿舍，就在这个夹道旁边。因此，我读书写作之余，就常跑到他这里闲聊、喝茶。就是这样一间陋室，在 20 世纪 80 年代那个充满激情与幻想的“理想主义”时代，曾将简陋、清贫与精神世界空前的丰富与自由融汇在一处，而杨秀明的琴艺与画艺，也在这“谈笑有鸿儒”的狭小空间里得到了提高、释放、尊重。赵朴老曾为其题词曰：“海潮往复高低呗，林鸟和鸣大小弦。早许音声为佛事，不期画笔落梵天。溪头池角鱼蛙乐，牛背山腰岁月闲。画到未生前面目，雄鸡一唱破重关。”

文如其人，乐亦如其人。《乐记》中说“唯乐不可以为伪”，诚哉斯言！杨君隐逸一生，信佛茹素，尤具古人之风。我与杨君相交凡三十余年，可记者无数，仅举印象深刻之数琐事，以勾其轮廓：

其一，我 1985 年研究生毕业后，移居东直门外新源里音乐研究所宿舍，当时尚无私家电话，更无手机之便利，但杨君基本不用“公共电话”呼来唤去，时而起心动念，欲与我晤谈，则不打招呼，一人骑自行车“出城”来访我，倘若我不在，则掉头骑车回家，来也悠然，去也悠然。幼读古诗，见古人有“小扣柴扉久不开”句，知魏晋时王徽之雪夜乘船访戴逵“乘兴而行，兴尽而返”的典故，而时人有如此之行者，唯杨君一人耳！

其二，20 世纪 90 年代某年夏天的一个上午，我跑到杨君的宿舍去看他。因为下午要去北海静心斋参加一个纪录片拍摄，我还穿了一身崭新的白色亚麻西装。没想到，前晚下了一夜大雨，他的宿舍被雨水浸泡，屋里跟屋外一样存着一尺左右的积水。泡在水里，蹲在椅上，我俩谈性不减，到了吃中饭的时候，他拿出两个大馒头，我俩一人一个，权作午饭。这么多年过去了，我至今记得那天我俩像在船上一样蹲踞椅上一边神侃一边啃馒头的情景，当然，我更希望有缘看到那集讲述佛教音乐的纪录片的观众，不要太在意那位“专家”穿着的那件皱巴巴、沾着泥点的白色西装。

其三，1989 年春天，我去潮州开元寺为赵朴老担任顾问、我担任主编的《中国音像大百科·佛教音乐卷》录制《潮州佛乐》。录音结束后，杨君与我同游觉山。当我站在山顶，迎着猎猎海风远眺大海的时候，那苍茫海面上的点点渔帆，不知为什么竟让我胸中一热，一刹那间百感交集，自觉男儿一生，当有所担当。后来才知道，那一天，开始了我生命中一个重要的转折。

1992 年 9 月 8 日，由汕头市文化局、中央乐团、中国佛教文化研究所、中国国际广播电台、中国音乐学院、中国音乐研究所、《中国音乐年鉴》编辑部、北京音乐厅八单位联合主办的“杨秀明古筝独奏音乐会”在北京音乐厅举行，应杨君之邀，我亲自担任主持和解说。这么多年过去了，那天他弹的什么曲目、我说的什么话，都已经模糊，但我却清清楚楚地记得两个场景：其一是他初登舞台、落座筝前的时候，他没有立刻演奏，而是默然静坐片刻，像是入定，又像是为众生祈祷。待他双手触弦的一瞬间，银瓶乍破，乐泉汩汩流出，沁人心脾……二是他演奏的最后一首乐曲《行云流水》。这首乐曲，是杨君自创，以即兴为主，似曲水流觞，又信马由缰，让真性情随着音符释放，让音符随着真性情流淌。这首乐曲，可长可短，每次演奏都有所不同，每次演奏，都会赋予音乐以新的乐思、新的乐

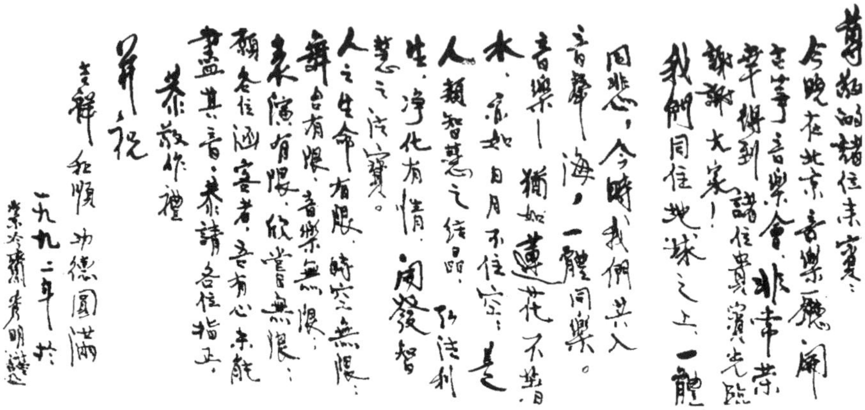
尊敬的諸位來賓：
今晚在北京音樂廳聞
古箏音樂會，非常榮
幸得到諸位貴賓光臨
謝謝大家！
我們同住地球之上，一體
同悲心，今時我們共入
音聲海，一體同樂。
音樂，猶如蓮花不着
水，亦如日月不住空；是
人類智慧之結晶。弘法利
生，淨化有情，開發智
慧之法寶。
人之生命有限，時空無限，
舞台有限，音樂無限；
表演有限，欣賞無限；
願各位涵容者，吾有心未能
盡其音，恭請各位指正。
恭敬作禮
并祝
吉祥 和順 功德圓滿
一九九二年於
紫竹齋 秀明敬題

杨秀明古筝音乐会节目单上的题词

句、新的结构、新的意境。那天的演奏，杨君似乎用情过深，以致忘却了时间、忘却了空间，任那充满禅意的音乐如行云流水般奔泻了大约 20 分钟，其长度超过了任何乐器独奏曲应该有的长度。我在侧幕暗暗为他着急，怕他一直弹到天明！奇怪的是，音乐厅里的全体听众，居然像着了魔似的被他的音乐引领着，随波逐流，任意平生，直到他戛然而止。

1992 年第 4 期《佛教文化》有一篇文章《离声之响——记“杨秀明古筝音乐会”》，这位署名“妙音智”的作者用一大段真诚而细腻的笔触描写了在现场聆听杨秀明音乐的感受，仅录其文，以飨读者：

杨秀明先生欲将其几十年的生命与艺术体验，凝聚于他自作的《行云流水》中。他曾说，这几十年的生活感受（顺逆、悲欣?），使他悟出了许多道理，而欲以“行云流水”这一洒脱的意境来比拟。是的，云、水的千姿百态，历来是古今中外文人笔下（琴下）所钟情之物。又因云能无形无有、水能随器而居，更为善用比喻的佛教常引为解说“性空缘起”“真如妙用”的境界。佛法又向以慈悲济世为主题，僧人出家后，云游四方，参访名师，入道后，随缘化度。因此，寺院称接纳外来游方僧人的去处为“云水堂”，以示“一钵千家饭，孤僧万里游”。律中明确比丘（意为乞食者）维持三衣、一钵、一杖，或行头陀，坐于露地，依于裸石，夜卧荒冢之间，精进向道；或结庵而居，受众供养，讲经说法，弘化一方。这在表面上看去，确有些超然之味，想来应是远离人间了。然而这首《行云流水》却从第一个音开始，就打破了你的妄想。

在我们眼前仿佛展开了这样一个场面（镜头向极远处望去），有一行人在路上缓慢地走着（随着镜头推进），我们看清了这是一队去举行放生仪式的行列，其前为主法的僧人，后面跟着的是男女老少的居士，当中还有一些尚未懂事的孩子，他们正走向一条河边。间或我们听到几声木鱼和引磬之响，耳边有一阵由远而近的笛声，似乎在暗示着什么，而又未特别引起人们的注意。当他们来到湖边时，本来是阴沉的天空，这时更加晦暗，河水也变得浑浊起来。僧众在老法师的引领下开始作法，木鱼、引磬和着祈祷的经声。浓云密布，下雨了，豆大的雨点抽打着水面，淋湿了人们的面孔和衣衫——音乐转到一段长时间的不和谐与扭曲之中——我们看到，满满几大桶的活鱼、活鳝、泥鳅等，在极少的水里痛苦地扭动着，吐着泡沫，挤在几只笼子中的禽鸟也相互冲撞拥挤、躁动不安（它们本来是已送到集市，即将被人活活宰杀食用的）。（一个特写）老法师紧缩的眉头、消瘦的面颊与几乎是嗫嚅蠕动的嘴唇。他心中在想，罪孽深重的友情，实难度脱，唯仗皈依三宝之力，方能免离恶趣之苦。而旁边的人却不禁暗想：佛力真的是无边的吗？这些鱼鸟真的能得救吗？纵今放还，不是仍难免再遭网捕，即使得免，难道又能逃离彼此残杀之苦吗？突然木鱼紧敲几声。

随后，慈悲的主题骤然而起。在深思了一切众生无始以来皆曾为我父母，众生亦本来平等，相互维系，而却于此无知，自他相害，同类之间你争我斗、异类之间弱肉强食等现实之后，一种追求息灭众苦，给予安乐之心油然而生。“慈能与乐，悲能拔苦”，在慈悲之旋律中乐曲转换为欢快、明朗、和谐的调子——诵经已毕，人们把一桶桶活鱼轻轻倾入水中，又打开了拴紧的牢笼……这时，雨住了、天也晴了，天空现起彩虹和祥云，河水变得清澈见底。得到了解放和祝福的鱼儿们欢畅地向河心深处游去，鸟儿们纷纷展翅高飞，鱼跃于水、鸟翔于空，自由的世界，自由的心灵，大地万物在雨后的阳光中更加欣欣向荣。善良战胜了邪恶，人间净土恍然降临，孩子们拍手而歌，成人们则泪流满面……就在这盎然的旋律中，演奏者俯身连续在古筝上往复拨弹，十几下、几十下、上百下、直如行云流水、流水行云，全场听众都为其忘我的演奏和娴熟的技巧所激动，不自觉地鼓起了阵阵掌声……

杨秀明的潮州筝曲，得潮州音乐真传，无论其继承古曲，还是随兴而奏的“新”曲，都禅意浓郁、韵味深长。除了杨君本人的修养外，潮州音乐本身的特色与妙处也是十分重要的因素。潮州音乐与泉州南音一样，被视为“华夏正声”，是我国汉族传统音乐中最古老、最精彩、最有价值的音乐品种。中国古代先民的创造，至今在潮州音乐的宫调、音阶、乐谱中魂魄俱存，仿佛唐宋。潮州流传的“禅和板佛曲”与“香花板佛曲”，是目前中国保存最好的佛教音乐，清幽淡雅，古趣盎然；潮州大锣鼓，是遍及中国大河上下、大江南北的锣鼓乐中的奇葩，其气势之雄伟，可撼天动地。被称为“弦诗”的潮州古典弦索乐，细腻委婉、柔媚动人。潮州音乐至今仍在使用的“二四谱”是十分古老的谱式，以潮州方言“二、三、四、五、六、七、八”为唱名，在其独特的律制中“si”“fa”二音的灵活变化体现了潮州音乐独特的韵味，同时构成潮州音乐“轻三六”“重三六”“活五”“反线”等多种调式，其中“重三六”的弦诗多出现“si”“fa”。“活五”多出现“si”“fa”和“re”。“re”的高低变化是“活五”的要点和精华，在筝人的指压下，这个音可以升高半度左右或至一度音；弓弦乐器演奏时，“re”字要活按，指要捞上抹下，所以称为“活五”。“轻三六”多出现“la”“mi”。“反线”多出现“la”—“do”—“re”—“fa”，其中“fa”是骨干音。“轻三重六”类似“轻三六”，多用“la”，而又用“fa”，且以“fa”为关键音。潮州音乐在演奏上强调充分发挥“作韵”和即兴加花的技法，保留着中国传统音乐中最有价值的东西，即我们所说的禅意——突出生命的鲜活、自由、灵动。杨秀明演奏的潮州筝曲《诸宫调・粉红莲》深得潮州音乐精髓，清新淡雅、秀丽脱俗，墨分五色、诸宫多韵，闻之如见莲叶田田、莲花灼灼，真一幅元人水墨画也！

第七章 中国音乐向何处去

一、西风东渐与国乐凋残

20世纪之初，一个曾在德国留学的四川青年慷慨激昂地宣告："吾将登昆仑之巅，吹黄钟之律，使中国人固有之音乐血液重新沸腾，吾将使吾日夜梦想之'少年中国'，灿然涌现于吾人之前……"[①] 这个热血沸腾的青年，叫王光祈[②]。

王光祈的时代，已是国乐凋残、西风东渐的时代。其时，"黄钟之律"已喑哑无声，"中国人固有之音乐血液"已冰冻沉寂，笔者在本书中讴歌赞美的中国传统音乐的禅意与神韵逐渐凋零枯萎，包括中国传统音乐在内的中国传统文化就像清王朝一样被逼上了绝境。

如何使中国走出困境，如何使旧中国走上现代化之途，在无数智者唇枪舌剑的激辩与无数仁人志士热血的喷涌之后，一个观点逐渐被当时社会

---

① 王光祈：《东西乐制之研究》一书的自序。

② 王光祈（1891—1936），音乐学家和社会活动家，字润玙，笔名若愚，四川人。1920年赴德留学，研习政治经济学，1923年转学音乐。1927年入柏林大学专攻音乐学，1934年以《论中国古典歌剧》一文获波恩大学博士学位。他的研究，开东方民族音乐之先河。

上大多数人所接受，那就是：中国的落后挨打是因为中国的文化落后，以儒家文化为代表的中国传统文化必须被抛弃或经过彻底的改造。面对强势进入的西方文化和近邻日本“明治维新”的成功，中国当时的有识之士无不以革腐鼎新为宗旨，以富国强兵为己任。无论是主张“中学为体，西学为用”，还是主张“师夷之技以制夷”，像日本一样全盘西化、“脱亚入欧”，远法欧美，近效日本，已是上至朝廷、下至众庶的主流认识。1898 年“戊戌变法”初期，清廷根据张之洞的奏折批准“废庙兴学”，将全国寺庙宫观的十分之七庙产作为办学之用。1904 年，清廷颁布《奏定学堂章程》，1905 年，废除科举，一批新型的学校逐渐建立了起来。当时把这类学校叫作“学堂”，把学校开设的音乐课叫作“乐歌”科，把“乐歌”课上教唱的歌叫“学堂乐歌”。以沈心工[①]、李叔同[②]等人为代表的一批留日学生回国后大力提倡“学堂乐歌”，基本上是采用在日本流传的外国歌曲的曲调配以反映新思想的中文歌词，这些歌曲在当时起到了巨大的启蒙作用。同时，由于社会动荡、经济衰败，旧中国寄寓于民俗活动和乡间僻壤的传统音乐社团，如承办丧葬仪式的音乐班社逐渐失去生存空间。连年的战乱，更使文人士大夫孤芳自赏的传统音乐生活无以为继。有着千百年传统的中国古典音乐、民间音乐、文人音乐、宗教音乐统统沦为濒临灭绝的边缘文化、弱势文化。五四运动的兴起，深刻影响了中国近现代文化甚至当代文化的全部内容和形式。“德先生”与“赛先生”代替了孔子、释迦牟尼、玉皇大帝，成为大部分中国人的新的信仰。

---

① 沈心工（1870—1947），音乐教育家，上海人。原名沈庆鸿，字叔逵，笔名心工。幼读家塾，1890 年年底中秀才，1902 年东渡日本，进东京弘文学院学习。他从日本学校的音乐教育得到启发，在留学生中组织了“音乐讲习会”，研究乐歌制作，并编写出第一首乐歌《男儿第一志气高》，是中国近代普通学校音乐教育初创时期最早的音乐教师，一生作有乐歌 180 余首。

② 弘一法师，俗名李叔同（1880—1942），天津人，中国新文化运动的前驱，卓越的艺术家、教育家、思想家，中国近现代佛教史上杰出高僧。

1919 年，陈独秀[①] 在《新青年》上发表的文章《〈新青年〉罪案之答辩书》是一篇影响巨大的文章，同时也是一篇讨伐中国传统文化的宣言。他说：

> 他们所非难本志的，无非是破坏孔教，破坏礼法，破坏国粹，破坏贞节，破坏旧伦理，破坏旧艺术，破坏旧宗教，破坏旧文学，破坏旧政治，这几条罪案。
>
> 这几条罪案，本社同人当然直认不讳。但是追本溯源，本志同人本来无罪，只因为拥护那德莫克拉西（Democracy）和赛因斯（Science）两位先生，才犯了这几条滔天的大罪，要拥护那德先生，便不得不反对孔教、礼法、贞节、旧伦理、旧政治；要拥护那赛先生，便不得不反对旧艺术、旧宗教；要拥护德先生又要拥护赛先生，便不得不反对国粹和旧文学。[②]

以砸烂“孔家店”为标志的五四运动可以说是摧枯拉朽！没有这场新文化运动，中国无法摆脱封建主义的束缚，也无法走上现代化之路。但是，当革命的尘埃落定，破旧立新之后，人们却应该反思：当年我们那些可尊敬的先辈在泼洗澡水的时候，是不是把澡盆里的孩子也一起泼掉了?!

在文化领域里最值得我们反思的问题，同时也是使我们优秀的文化传统和传统文化濒临中断的原因主要有两个：一是崇洋媚外，事事以西方文化为楷模，凡是与西方不同的，统统在自己身上开刀，垫“鼻”阔“嘴”隆“胸”，以求貌“像”洋人。二是信奉“科学主义”，将科学凌驾于艺术之上。

人类对科学的态度，在近二三百年里起了巨大的变化。在 18 世纪之

---

① 陈独秀（1879—1942），原名庆同，官名乾生，字仲甫，号实庵。中国新文化运动的发起人和先驱，五四运动的领袖，中国共产党的创始人及首任总书记。

② 陈独秀：《〈新青年〉罪案之答辩书》，《新青年》1919 年 1 月 15 日。

前，科学还没有进入大部分人的普通生活，还只是一小部分科学家和知识分子探索物质领域中未知世界的智力活动。在科学发展的早期阶段，不但一般民众不知科学为何物，科学家和科学发现还常常遭到来自保守势力的残酷压迫和攻击。从 19 世纪开始，情况起了变化，科学发明和科学成果不但如此迅速地改变了人类的生活，更极大地改变了人们对科学的态度。随着大工业与资本主义生产方式的普及，科学逐渐成为人类改造自然与改善生活质量的主要手段。20 世纪，是科学获得空前发展的时期，也是人类生活自人类诞生以来进步最显著的时期。而这一切的取得，大部分靠的是科学技术的力量。当人类的足印因科学的伟力踏上月球、迈入太空时，当人类通过掌握核裂变技术从而掌握了足以使地球毁灭千百次的能量时，人类不但得到了自尊心的空前满足，也不知不觉把对科学的依赖变成了一种信仰并逐渐代替了宗教。换句话说，当人们认为科学是万能的并把一切幸福都归结于它时，科学便与“上帝”一样成了人类的崇拜对象。不同的是，科学的力量和它带给人的福祸是可以在现世证实的，它的所有福祉灾害都那么的明确、那么的实际、那么的巨大、那么的不容置疑。

英国哲学家汤因比在谈到面对传统宗教衰落的现代西方人时说：

> 在因此造成的精神空虚里，他们以一位女神代替了上帝的崇拜。那摧毁西方基督教世界的对于旧神灵的不信任感和厌恶感使这位女神交了好运。这位女神不是圣母，而是技术；人们对新神灵崇拜得五体投地——技术被神话，不是西方人有意的选择，而是因为宗教与自然一样厌恶空虚。技术与技术专家因而成了晚近西方世界的罗马女神和恺撒。[①]

① ［英］阿诺德 · 汤因比：《一个历史学家的宗教观》，晏可佳、张龙华译，四川人民出版社 1990 年版，第 251 页。

不同的是，当西方人已经率先把技术与技术专家视为“罗马女神和恺撒”时，我国的先进知识分子们却还在为争取“德先生”与“赛先生”在中国社会的一席之地而奋争。由于整个中国近代史中的屈辱都与国势的衰败分不开，而“中央之国”的雄风不再又都与政治腐败和科技落后、经济落后有关，因此，在现代大部分中国人尤其是进步知识分子的眼里，走科学与民主的路是拯救古老国家的唯一途径。“五四”的进步意义，很大程度上表现为科学思想的民族启蒙。应该说，整个20世纪是科学观念在中国生根、成长的世纪。从“五四”开始，在一代又一代中国人的眼里——“科学”——这个似乎具有无限威力与魔力的名词，也便逐渐成了“正确”“进步”“至高无上”的同义词。而科学的否定式，比如“不科学”“不够科学”，也自然成了代替“错误”“落后”，甚至“反动”等概念的贬义词。在科学成功的巨大光环里，人们忽略了这样一个事实：科学所取得的成功，绝大部分都是在物质世界里。迄今为止，科学对人类精神领域的影响和探索，还根本无法和其在物质世界所取得的成就相比。但是，对科学的进步充满自豪与憧憬的人们还是不知不觉地把科学的胜利扩大了，扩大到了几乎一切领域。

艺术领域当然也不例外，对科学的崇敬在很大程度上改变着人们对艺术本质的认识。在科学主义的号召、近代民族屈辱史的鞭策及振兴祖国的伟大理想的激励下，用西洋大乐队的形式来组建中国新的“民族乐队”，用科学来改造“落后”的中国民族乐器，创建“科学的民族唱法”，成为整个20世纪中国音乐界共同奋斗的三大目标。

中国传统的民族乐队本有着自己独一无二的丰富性和悠久的传承，我们不必谈西周雅乐的钟磬乐队和“房中乐”的室内乐队，也不必谈魏晋的“清商”乐队与隋唐“堂上乐”“堂下乐”的“燕乐”乐队。一直到近代依然传承着的民族器乐合奏形式就有北方农村的“笙管乐”“鼓吹乐”，江南的“丝竹乐”“十番”，潮州的“大锣鼓”“弦诗”，福建的“南音”“北管”……但是，我们必须承认，这些产生在农业社会的民族器乐演奏形式大多规模较小，缺乏反映工业文明的新音色与反映新生的泱泱大国的宏大气势。当中国传统音乐与其他中国传统文化一样沿着自己的逻辑发展到近代时，与西方“强势文化”仓皇遭遇了。这种遭遇的场景很像是一个垂垂老矣的拳师与一个操着完全不同的路数却血气方刚的年轻拳师的较量，结果是显而易见的。尽管中国音乐从贾湖骨笛算起已有了八千多年悠久的历史，尽管中国音乐在古代曾灿烂辉煌并深刻地影响了亚洲许多国家，尽管中国音乐一直到近代依然以自己独特的美学观念和独特的表现形式缓慢发展并继续对千百万中国人的生活产生着影响（这一点在农村尤其明显），但是，假如我们摆脱民族主义的狭小眼光，而是用更广阔的视野，比如从历史哲学或从整个人类文明史的视点来看，那么，我们则必须承认，中国的传统音乐到了近代，的确已发展到了它的暮年。

就是在这样一个不以人们的意识为转移的时代背景下，从 19 世纪末到 20 世纪末，在这多灾多难的百年中，所有对中国音乐的现状感到忧虑的爱国主义的中国音乐家们，都面临着一种痛苦境地，即必须在“弱势文化”的基础上，面对西方“强势文化”的压力，奋发图强。就是在这样一种背景下，我称之为“彭修文[①]模式”的希图使中国音乐“自立于民族之林”的第一种现代民族乐队模式产生了。

这种目前已成为华人世界主流的民族管弦乐队模式以西方 19 世纪成熟的管弦乐队为楷模，在规模、编制、配器、演奏方式甚至审美追求上进行

① 彭修文（1931—1996），中国当代杰出的民族音乐家、中国现代民族管弦乐队创始人之一、成就卓著的指挥家作曲家，曾改编创作大批脍炙人口的民族器乐作品。

中央民族乐团在北京音乐厅民乐合奏　董建国摄

全面吸收和模仿。比如西方管弦乐队规模庞大，按照不同类型的乐器分为弦乐器、木管乐器、铜管乐器、打击乐器；其中弦乐器又分为“第一小提琴”—“第二小提琴”—“中提琴”—“大提琴与倍大提琴”等。这种民族管弦乐队也仿照西方管弦乐队将二胡分为两组，担任“第一小提琴”和“第二小提琴”的任务，利用笙的混溶性音色代替黑管、圆号等中声部乐器，并增加了“革胡”“拉阮”等低音声部乐器以代替大提琴和倍大提琴。彭修文时代最优秀的作曲家们所改编和创作的大型民族管弦乐作品，基本上是一个套路，即民族音调（多为现成的民歌旋律）+三度叠置和弦及19世纪欧美功能性和声+西方作曲（音乐发展手法）及配器观念+作为“胡椒面”点缀、提味儿的民族器乐特殊音色的片段。为了能够演奏这样的音乐作品，就顺理成章地出现了一个在中国绵延几十年、“引无数英雄竞折腰”的事业——乐器改革（简称“乐改”)。“乐改”的思路和套路也可以简化为一个公式，即十二平均律+扩展音区+扩大音量。而无论乐器的改革还是新型民族乐队的建立，衡量其是否成功的标准其实也只有一个，即能不能演奏西方音乐。而所有这些“改革”的重点——适应十二平均律制下的转调、增加乐队中的低音声部、用西方的“和声”丰富民族曲调，其实也只做了一件事，即用西方纵向的多声思维代替中国传统的横向的线性思维。

为“彭修文模式”的大乐队所写作的乐曲，的确有一批优秀的作品，民族大乐队不但展现了过去中国民族音乐中少有的宏大气魄，提高了民族音乐表现现实生活的能力，也开创了一条民族乐器和声化和多声思维民族化的道路。但是，在巨大的成功[①]之后，在新的时代里，我们却应该对整个 20 世纪中国音乐家们的努力进行总结与反思。1997 年我曾发表过一篇名为《“华韵九芳”与新古典主义》[②]的文章，我在充分肯定“华韵九芳”追求中国器乐演奏传统的同时，对“彭修文模式”大乐队的产生进行了反思与总结：

> 现在越来越多的人认识到，过去几十年里，那种在艺术上不加选择地强调“人家有的我们也要有”的思想，那种基于民族乐器和民族乐队“音不准”“音色太刺耳”“音域太窄”“转调不方便”的思路而在竹笛上加键、在二胡上加指板、把阮或马头琴放大后当成大提琴立在地上拉、按照西方管弦乐队的编制和规模组建中国民族乐队的“改革者”们，实际上是进入了一个误区。应该说，过去许多的乐器改革包括民族大乐队的建立，都有其历史的功绩，在那样一种时代，也是历

① 目前，“彭修文模式”的民族管弦乐队已成为整个华人世界的主流形式，在中国香港、台湾地区和新加坡都有与此相类似的民族管弦乐队。

② 田青:《“华韵九芳”与新古典主义》,《爱乐》1997 年第 5 期。

史的必然；甚至在目前，彭修文模式的民族乐队也还是“一枝花”。问题是，这种对传统文化的“改革”，是以从“鸦片战争”以来中华民族的屈辱史为背景的。在学习西方、振兴中华的历史重压下，这些“改革者”们的爱国心、凌云志以及他们出众的才华和想象力，不得不用在了对西方音乐文化的模仿上。他们虔诚地相信只要把我们的民族乐器和民族乐队“改革”成西方乐器和乐队的样子，我们民族的音乐文化就能摆脱“落后”的局面。他们不屑于深挖自己的传统，在某种程度上，还有意无意地割裂了传统（如不去挖掘仍在中国民间流传的类似“五调朝元”的固有转调方式，不去向那些能用指法和“口风”在一支竹笛上转五个调的老艺人学习而宁可牺牲民族韵味去追求“十二平均律”的“音准”）。其思想的深处，其实还是一种隐蔽着的民族自卑感——认为我们的乐器和乐队不如西方的乐器、乐队“科学”；我们的混合律制，不如西方的“十二平均律”“科学”。其实，艺术不是科学，在艺术领域，也本没有“先进”与“落后”的区别。不同的民族，只有不同的美感和不同的审美习惯。一个受西方音乐教育的耳朵可能认为西北民间音乐中的“fa”不“fa”“si”不“si”，觉得那个被西北农民世世代代称作“苦音”的音阶中比本位“fa”高、但又比升“fa”低的音“不准”；觉得那个比本位“si”低、但又比降“si”高的“si”不准，但正是这两个可能已有了两三千年甚至更长历史的音现象，不可替代地构成了我们中华民族，尤其是西北诸民族共同的、长期的审美习惯和音阶体系。同理，在西方“强势文化”进入我国之前的数千年里，欣赏“中庸之道”、喜欢“中和之声”、讲究不同音色的对比和在旋律的横向进行中体现多声思维，有着从北方的“笙管乐”到南方的“十番鼓”“江南丝竹”等几十种合奏形式的中国人，也从没有觉得我们传统的乐队组合中一定要加上什么“低音声部”、一定要用三度叠置的和声才好。

我在这里首先强调了“过去许多的乐器改革包括民族大乐队的建立，都有其历史的功绩”，“甚至在目前，彭修文模式的民族乐队也还是‘一枝花’”。21世纪，是政治民主化和文化多元化的世纪。在这样一个时代，在文化上不应排斥任何一种形式，也应该对文化创造的艰辛和不易表示更充分的理解。民族大乐队和民族乐器改革的问题是一个复杂的问题，笔者只是试图站在历史哲学和“大文化”的角度去反思它成功与失败的原因；至于对站在某种艺术思潮和艺术观念中的个人的评价，却不一定与这种思潮和思维模式的成败相关。历史上真正的英雄大都是悲剧人物。某种“创造”或努力哪怕被后来的事实和历史证明是“做了无用功”，也并不影响他个人价值的实现，更不影响后人对他的理解和敬重。我在《再谈民族音乐的“第三种模式”》[①] 中还有这样一段话：

“彭修文模式”其实从刘天华等人把西方音乐技术运用到民族器乐的创作时就开始了。人的所有选择，其实都受着时代的制约。换句话说，在某一个历史阶段里，人们只能有一种选择。百年来，面对西强中弱的现实，大多数爱国、忧国的中国人，都会赞同“中学为体，西学为用”的口号；而为了“强我之国”而“师夷之长”的学习，也就不但如饥似渴，也当然免不了饥不择食甚至出现“吃噎了”的情况。因此，“彭修文模式”极其自然地成了20世纪中叶最普遍、最有代表性的民族音乐的乐队组合形式和创作模式。这种主要把欧洲十八九世纪“古典音乐”的和声学、配器法、曲式学运用到民族器乐的创作中

① 田青:《再谈民族音乐的第三种模式》,《中国音乐》1997年第3期。

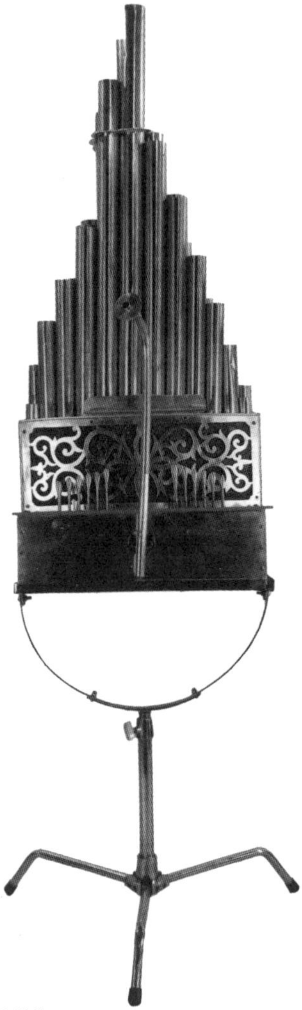
加键笙

并以西方工业社会的乐器制作标准和西方管弦乐队编制为楷模的大乐队，与当时形形色色以西方乐器构造、工艺为蓝图，以“十二平均律”为法则的乐器改革一样，都是农业中国向工业中国迈进时的“第二次浪潮”的典型反映。

当中国社会由“农业文明”向“工业文明”过渡的时候，在中国民族音乐的一切领域里，几乎都存在着西方文明的强烈影响。在专业音乐教育中，民族器乐的教学也充分体现了对西方音乐教育体制的模仿。在形成了“成批”培养相当水平的专业演奏家的能力的同时，或多或少地牺牲了与传统文化的联系。从刘天华所编写的第一批以小提琴练习曲为蓝本的二胡教材开始，民族器乐的教学便以西方器乐的教学方法、教学原则、教育体制为全面模仿的对象。据说，只有西方的器乐教学方法才是“科学”的，而我们沿袭了千百年的、浸泡在传统文化整体氛围中的、深得禅宗精髓的“口传心授”，却被视为“不科学”“陈旧”的垃圾而遭扫地出门。几乎在所有的音乐学院里，民族器乐的教师们都常常面对着“土”的压力和“洋”的傲然。一种认为在教学中用“琵琶练习曲第6号”就一定比用《老六板》“正规”的偏见由来已久。以西方音乐教育体制为蓝本、以西方器乐训练方法为参照系的音乐学院民乐系在培养出一批具有高超演奏技巧的“专业演奏家”的同时，或多或少地割断了与我国悠久的文化传统与音乐传统的联系，使音乐院校出来的民乐演奏家们普遍存在着技术强、艺术弱、文化缺的现象。

用“技术强、艺术弱、文化缺”来概括所有音乐学院民乐系的毕业生，无疑是犯了以偏概全的毛病。但我相信一个了解专业音乐教育基本情况并且真正深爱着中国民族音乐的人，会在相当大的程度上同意我的这种可能“犯众怒”说法。如果说在辛亥革命之前，中国民族音乐家中除了个别的文人音乐家外，大都是属于“下九流”的民间“吹鼓手”和“戏子”的话，那么，近几十年来从音乐学院毕业的民族器乐的演奏家们则早已在自己的感觉上脱却了“土气”，改变了“成分”。且不说这种“感觉”是否已被学西洋音乐的同行们认可，单就民族音乐的传统而言，我以为还是“入不敷出”。的确，在五十年前还不能登大雅之堂的二胡、三弦、笛子冠冕堂皇地成了独奏乐器，千百年来一直以十三弦为主的筝已普及为二十五弦，琵琶的品位也从九到十三品增加到二十五品之多，和西方管弦乐队一样庞大的民族乐队也坐满了整个舞台。但是，我们的演奏家在完成从“农业文明”向“工业文明”过渡、从农村土台子向城市音乐厅过渡的时候，却不无遗憾地丢掉了与赖以产生这种音乐的土壤——中国传统文化的联系，丢掉了与自然、与广大农村的社会生活、与至今仍然具有现实意义和永恒性的“农业文明”中的优秀遗产的联系，丢掉了许多艺术积累、艺术技巧、艺术韵味和艺术表现手段。古琴换了尼龙弦，音量是大了，但“月出鸟栖尽，寂然坐空林。是时心境闲，可以弹素琴”的感觉却模糊不见了。竹笛加键之后，是可以在“十二平均律”的原则下转调了，但那“间关莺语花底滑”的滑音和许多细小但独特的韵味却被冲淡了。大乐队坐满了舞台，但在八

加键管

至十把“第一二胡”和四至六把“第二二胡”以及两把“低音二胡”颤弓演奏的大三和弦的背景下，在像一架小型管风琴一样的“改良笙”的衬托下，两管唢呐的和音却总也吹不出两把小号的味道来。

经过长达半个世纪的不懈努力，建设新型民族管弦乐队和创立声乐“中国学派”的两个目标可以说是基本上达到了。在声乐领域，经过“科学化”了的“民族唱法”不但与西洋歌剧唱法（所谓美声唱法）和“通俗唱法”三足鼎立，成为当前中国音乐生活中重要的艺术品种，而且基本形成了自己独特的、相对成熟的教学体系并在艺术实践、艺术教育等方面具有很大影响。

大家都还记得，在“科学”还不发达的20世纪五六十年代，王昆、郭兰英、马玉涛等歌唱家的声音都有自己鲜明的特点。即使只有广播没有电视，人们也能很轻松地将她们区别开。个性化与地方特点的鲜明，是农业社会的必然，也是那个时代共同的审美要求。从六七十年代开始，我们的社会开始进入工业化社会，应时代的要求，在科学主义无声的影响下，声乐界开始探索所谓的“科学唱法”，并大量培养适应群众此时审美需求的歌唱家。在一些杰出的声乐教育家的努力下，一种借鉴西洋歌剧唱法并在某种程度上保留了民族风格的唱法与音色逐渐形成了。由于用这种方法培养出来的歌手受到一个时代的肯定和欢迎，也由于这种“科学唱法”的教学的确具有可操作性和可重复性，所以，这种唱法和用这种方法培养出来的歌手便逐渐取代了五六十年代那些来自民间的、具有鲜明的地方风格与个性色彩的唱法和被称为“大本嗓”的民间歌手，建立了在民族声乐教学领域与实践领域的绝对统治地位。

2000年，我第一次作为中央电视台“全国青年歌手大奖赛”的评委“被迫”集中聆听了一大批当时最优秀的青年歌手的歌唱，这种“集中”聆听，让我发现了一个其实已经长期普遍存在的事实，即民族声乐“千人一声”的问题。

我在回答“大奖赛”监审组的提问时曾试图解释产生这种现象的原因，我把个性歌手的沉寂与“罐头歌手”的批量生产归结于一个时代的共同审美需求和生产方式的改变。我当时在电视直播时说：“五六十年代，没有电视，只有广播。但那时候你一听就知道是谁在唱。王昆就是王昆，郭兰英就是郭兰英，马玉涛就是马玉涛，但是，现在你光听，不看电视就不知道是谁在唱。当然，这其实不是歌手本身的问题，甚至也不是他们老师的问题，造成这种局面的主要原因是一个时代的共同的审美思潮和审美追求。”我解释说：“王昆的时代，中国处在农业社会，农业社会的审美特点就是个性化、地域化，与民间有着深厚的联系。现在这些歌手，是工业社会的产物，是音乐学院的产品。工业社会所推崇的，是科学化、规范化。而科学化、规范化的结果，就是我们具备了批量生产歌手的能力，但却抹杀了个性。现在，我们已提前进入信息化时代，信息化时代的审美标准是回归自然，是个性化和多元化。”的确，群众的审美需求是随着经济的发展、社会的发展而变化的，今天，当我们国家的工业化还没有完全完成的时候，我们已经提前进入追求个性、崇尚自然、讲究多元化的信息化社会了。那么，“第三次浪潮”后的时代除了与“第二次浪潮”的工业化社会以大为美、追求“科学性”和“规范化”不同，要求多元化和个性化之外，还有什么最应该追求的目标呢？

作者在“青歌赛”评委席上批评“千人一声”

二、魂兮归来！——中国音乐的复兴之路

当人类进入 21 世纪第二个十年的时候，世界形势发生了巨大的变化。随着中国经济的高速发展，中国的国势越来越强盛，一百年前仁人志士抛头洒血所期盼的民族复兴越来越成为可能甚至现实，困扰了中国几代人的民族自卑感和文化上的自虐倾向也越来越淡、越来越少；取而代之的，是逐渐开始的全民族的“文化自觉”和文化自信。

促使全民族开始“文化自觉”的起因是近年来在世界范围内影响深远的两大思潮：提倡“文化多样性”和关注各民族非物质文化遗产的保护。应该说，这两大思潮是人类进入 21 世纪后自我认识的重要进步，它不但为一些处于强势文化包围下的弱势文化提供了一种继续生存的可能，也为彷

徨百年、处处以西方音乐为圭臬的中国民族音乐找回自信心和灵魂提供了一条光明大道。“文化自觉”是已故的中国学者费孝通[①]晚年最重要的学术思想，他主张每个民族都要通过文化自觉来重新审视自己的文化和他人的文化，找到本民族文化的“安身立命”之地，最终达到“各美其美、美人之美、美美与共，天下大同”的境界。

具体到中国民族音乐的复兴之路，我目前的认识是：在促进全民族“文化自觉”的过程中，高举“文化多样性”和保护非物质文化遗产的大旗，向传统学习，向民间学习，努力找回中华民族独特的艺术品质和神韵，这里当然包括找回深蕴在中国古典音乐和民间音乐中的禅意。

主张“文化多样性”，就要首先克服文化上“一花独放”“唯我独尊”的思想，要承认艺术与科学的不同，科学是建立在理性之上的，而艺术，始终是感性的产物。科学讲求唯一正确，100 个科学家做一道数学题只能有一个答案；但艺术没有标准答案，对同一主题，100 个艺术家会创作出 100 个不同的艺术作品。一个新的科学试验的成果被承认，必须有可重复性，即必须所有人都能够在同样条件下得出同样结果。在科技指导下的大工业生产，也一定要求标准化与统一规格。但艺术不能标准化，艺术必须有个性。在科学领域中强调的可重复性恰恰是艺术的天敌。艺术追求的就是创造性，就是个性，就是与众不同。《红楼梦》不能写两遍，贝多芬之所以是贝多芬，就在于他与莫扎特不同；同理，莫扎特之所以是莫扎特，也在于他与贝多芬不同。所谓“科学”唱法“就好比这间屋子，只有一个门，什么人都只能从这一个门中出去”的话，完全违背了艺术的本质。在艺术领域，只有那些不想从一个门出去，只有那些想得出方法并敢于从窗户、

① 费孝通（1910—2005），汉族，江苏吴江人。著名社会学家、人类学家、民族学家、社会活动家，中国社会学和人类学的奠基人之一。

云南民间歌手李怀秀姐弟演唱彝族《海菜腔》

烟囱、地道，甚至掀了屋顶出去的人，才可能成为大艺术家。

主张“文化多样性”，就要自觉自愿地寻根，向民间学习，找到被自己遗忘的母亲，找到自己的DNA，接续历史和传统。西北黄土高原上嘹亮飘逸的“花儿”，河套地区高亢深情的“信天游”“爬山调”，闽南委婉婀娜的“南音”，彝族行云流水般的“海菜腔”，侗族天籁般自然纯净的多声部“大歌”，蒙古族草原般辽阔、天空般透明的“长调”，维吾尔或激情如火，或柔情百转的“木卡姆”……都像一座座宝山，等待我们去认识、去探究、去欣赏。今天，主动借鉴其他民族的文化有了过去从未有过的大好时机，与历史上不同民族间常常伴随着血与火的文化交流、文化融合不同，今天，我们56个民族终于可以平等、和睦地互相学习了。有人认为只有一种唱法是“科学”的，认为只有西洋美声唱法是成体系的。其实，我国的许多少数民族都有自己独立的、完整的声乐体系，只不过没有被整理出来而已。

我之所以在近年来大力提倡所谓的“原生态”唱法，其最终的目的，就是要为我们的民族唱法重新找到自己的根与魂，找回被我们在“专业化”“科学化”的过程中丢失的东西。

2006年，一种被称为“原生态”的民族民间唱法堂而皇之地进入主流媒体，成为中央电视台“全国青年歌手电视大奖赛”中与“美声”“民族”“通俗”唱法并列的独立品种，打破了前三者“三足鼎立”的声乐版图，引起了广大电视观众和媒体的广泛关注，甚至使“原生态”一词被迅速普及最终被社会乱用。

但是，“原生态”的称谓是否准确？如何看待、对待所谓“原生态”的艺术形式和歌手？以往边缘化的民族民间唱法进入主流媒体和专业院校、团体是利大还是弊大？如何在这一不可逆转的过程中保护这些处于“文化弱势”的草根艺术不被现代化的浪潮和专业化的追求异化、同化？如何引导民众将纯粹娱乐的目的和追求新奇的时尚行为转化为全民族的文化自觉？这都需要全社会在“热”后有冷静的思考。

首先必须指出，正像一些学者所说的那样，“原生态”唱法这个概念是不准确、不学术化的，它正确的名称应该叫作“民族民间唱法”。只是由于民族化的美声唱法已经被习惯称为“民族唱法”，于是，这种真正来自各民族民间的、没有经过现代化、专业化训练的传统唱法只好借用了其他领域的概念并首先由媒体使用而普及。当一个名词已经约定俗成并有明确的所指之后，当公众已经广泛接受这一概念之后，学术概念的讨论虽然必要，但也只能局限在学术界了。实际上，不但现在大家已经普遍接受的其他三种唱法的称谓都不够学术化，在其使用之初，也都无一例外地有过争论和不同的称谓；而且，古今中外艺术史上许多流派的称谓，也都是约定俗成的。比如“印象派”的概念，不但同样不够准确，甚至出于非善意的嘲讽，而且当时就被那些被称为“印象派”的艺术家所反对。但是，我们现在一提到“印象派”，就会想起马奈、莫奈、凡·高、雷诺阿、德彪西……想起《日出·印象》《牧神午后》……没有歧见，这就够了。我个人以为，实际推动一种艺术流派或者艺术风格的进步，比书斋中的“名实之辩”更需要、更重要。

至于如何看待、对待所谓“原生态”的艺术形式和歌手？以往边缘化的民族民间唱法进入主流媒体和专业院校、团体是利大还是弊大？我觉得在探讨这个问题之前，有必要回顾一下我们近年来的文化环境，尤其是主流唱法的产生背景与形成原因。

在“全国青年歌手电视大奖赛”中，“原生态”唱法是从“民族唱法”中独立出来的。而所谓“民族唱法”，和中国 56 个民族固有的传统唱法并没有直接的传承关系，它基本上是用美声唱法的理论、规律、方法来唱中国歌，它解决了西方发声方法与中国语言的矛盾，并借鉴西方声乐有普遍性的训练方法成功地培养了一大批中国歌手。

从 20 世纪 50 年代我们要建立自己的民族声乐学派，到今天民族美声发展到精致化、规范化的阶段，并开始遭到一部分听众批评的时候，首先要看到这种唱法产生的必然性，要看到整个时代的要求和一代人审美观的变化路径，学院派“民族唱法”以西洋美声唱法的美学观和教学方法为基础，是一个时代的必然选择。但是，把这种唱法称为“唯一科学的唱法”，则既违背了艺术的基本规律，也违背了科学求真的本质。

声乐是高实践、超理论的艺术，它更多的是个体的生命体验，正像禅宗所说：“如人饮水，冷暖自知。”这就像气功或瑜伽的修炼，主要要靠自己的实践和体会；也像中国医学中的经络、穴位，一扎就有针感，但西方的科学体系，比如解剖学，就至今无法解释。由于我们几十年来一直受科学主义的支配，什么都要谈科学，因此才有了所谓“科学唱法”的概念。实际上，学院的声乐教学至今也仍然沿袭着最传统的一对一的教学方式，和所有手工艺人的传统传承方式没有任何区别；大部分术语，是“打比方”，要靠学生去体悟、去验证。当然，不是科学并不意味着这种唱法不好、不高级。艺术是艺术，科学是科学，在艺术领域，要破除对科学的迷信，主张对艺术自身规律的复归。

假如说20世纪五六十年代中国声乐界提出“创立中国声乐学派”的口号反映了新中国初建时广大民众迫切希望洗刷列强带来的百年耻辱、体现了“外国有的，我们都要有；外国没有的，我们也要有”的时代认识的话，那么，经历了一代人的辛勤探索之后，改革开放则自然成了民族美声唱法迅速成熟、普及的最大动力。当中国人物质生活得到迅速提高的同时，中国民众一方面进一步强化了对西方文化的认同意识，一方面增强了民族自豪感，开始有了一种民族意识的觉醒和“大国意识”的萌生，渴望得到国际的承认和尊重。民众的政治意识是会影响审美意识的，而民族美声唱法，恰恰顺应了中国人“大国意识”的萌生，尤其是20世纪90年代之后，一个发生了巨变的民族迫切需要一种响亮、高昂、通透的音色，一种不同于传统、不同于以往农业文明的金属般的音色，一种城市化的、和国际接轨、与西方美声音色相近的音色。这时候，民族美声的形成和发展就是理所当然的了。彭丽媛就是一个代表，她的声音和形象都明亮、大气、端庄，是中国的，但不是乡村的，带点民族风格，但又是现代化的。这就是这个时代的审美要求。而这个时期，也正是电视在中国迅速发展的时期，电视文化促成了大晚会的应运而生，而大晚会的泛滥和一些歌手的成功，则又促成了全国声乐界的群起仿效之风。

我曾经把“原生态”唱法进入主流媒体之前的“通俗”“美声”“民族”三种唱法，比喻为《诗经》中的“风”“雅”“颂”。通俗唱法只唱个人的感情，很少关心大事、国事，可以看成当代的城市民间音乐，是“风”；美声唱法大部分是唱西洋歌剧，是典型的知识分子的“小众文化”，是货真价实的“雅”；而民族美声，则引吭高歌，独自担负起“为祖国歌唱、为政治服务”的任务，现在舞台上电视里的民族美声作品，几乎百分之百是反映集体意识的颂歌：党、祖国、黄河、长江、父亲、母亲……基本上是集体意识的反映，很少听到个体感情的倾诉，更很少听到男女之爱，是典型的“颂”。这种状态的形成，有诸多因素。但不管怎样，是不合理的，也不利于三种唱法的良性发展。“诗言志，歌咏情”，当一种唱法几乎被“颂歌化”了的时候，怎么可能避免单一化的倾向呢？

在实现“文化多样性”的同时找到民族文化的根与魂，是“原生态”唱法进入主流文化视野的最大贡献。只要我们真正认识了民间文化原真性的价值和艺术的内在规律，认识到非物质文化遗产是我们民族的自我标识和身份的认证，按照“抢救第一，保护为主，合理利用，传承发展”的政策去做，尽最大努力让民众在文化自觉的基础上重塑传统，人们不会永远甘做异文化的被同化者，不会永远甘愿以牺牲民族特性、中断历史与传统作为代价来追求他人为我们制造的时尚。

至于有的人认为“原生态”歌手离开了自己的土地，离开了草原、山林、溪谷就不再是“原生态”，认为只要来自民间的歌手进入了专业团体，上了电视，就不再是“原生态”歌手，有一定的道理，但与保护非物质文化遗产，不让这些弱势文化自生自灭、淹没在强势文化的洪流中的大道理比起来，也是文人的“名实之辩”，止于书斋而已。难道在中国吃的西餐就不可以叫西餐吗？只要你用的是他的原料、他的烹调方法，也就是保持了他原来的内容和形式。过度的挑剔并不是严谨。

我认为，民族民间唱法和来自民间的歌手借“原生态”之名浩浩荡荡地进入主流媒体、进入公众的视野，是一件大好事，是许许多多学者和以弘扬民族民间文化为己任的普通人多年来集体奋斗的结果，也是我国民众开始文化自觉与维护文化多样性的标志。

在民族器乐领域，同样需要提倡“文化多样性”和向民间学习。有幸听过我在本书第六章介绍过的几首佛曲和充满禅意的民间音乐的音乐家，应该对民间和民间音乐家重新建立起一种由衷的、真诚的敬意！是他们，不但为我们保存了我们祖先智慧的创造，保存了属于我们整个中华民族的非物质文化遗产，也为我们保留了一份远离尘世喧嚣的宁静，一份融合着信仰与心灵自由的禅意，一份来自我们精神深处和血液里的审美趣味。

主张“文化多样性”，就要摆脱对西方大型管弦乐队的模仿，不再紧跟工业革命“以大为美”的潮流，回归中华民族一贯的小型、多样的器乐形式和自由、即兴的文化传统。20 世纪 90 年代，我曾经提倡民族乐队的多样性、小型化和即兴性的演奏方式，并提出一个“新古典主义”的口号，主张有别于“彭修文模式”和“新潮音乐”的“第三种模式”。被我称为“第一种模式”的“彭修文模式”前文已经讲过，这里有必要谈一下所谓的“第二种模式”，即“新潮音乐”。

从 20 世纪 80 年代中、后期开始，在“改革开放”的大潮中，在中国专业音乐教育中一统天下几十年的、以西方 20 世纪以前的古典音乐为主要教材的苏联音乐教育体系，被以现代主义、后现代主义为时尚的西方现代音乐教育思想替代了。一个有才华的青年作曲家群出现了。他们生而逢时，就在他们进入他们学习和创作的青春期时，刚巧赶上中国文化专制主义的结束，而一个突然出现的文化“空白”和文化“冷场”，又给了他们上一代艺术家一辈子也没有碰到的机会。他们充分吸收了在他们上一代时还被当作“毒品”的域外新鲜的营养，充分利用了中国几十年来从没有过的个性自由和以自己的意识为创作思想的特殊环境，充分发挥了他们的聪明才智和比上一代人多得多的冒险精神以及推销自己和宣传自己的才能。“时势造英雄”，一个以西方现代、后现代主义音乐思维和“反传统”为旗帜的第二种模式出现了，这就是被守旧的老人称为“怪胎”同时却被新潮理论

山西民间歌手石占明

家和青年音乐爱好者视为中国音乐之光的“新潮音乐”。

坦白地讲，笔者虽然从个人趣味上不喜欢“新潮音乐”中的一些作品和做法，但在理念上却一直是“新潮音乐”的支持者。笔者始终认为，比个人的欣赏趣味更重要的是对创造的尊重、对艺术探索的尊重、对音乐家有权创作你个人不喜欢的作品的自由的尊重。而且，与“新潮音乐”中一些我不能接受的探索性作品比较而言，我更不能接受那种把“新潮音乐”骂成“怪胎”的“棍子”理论。

“新潮音乐”虽然在破除我国近五十年形成的“新传统观念”和破除音乐思维定势上立下了汗马功劳，也在国内外赢得了一批以青年专业人员为主体的听众群，但始终因为“脚步太快”而难逃“脱离群众”之讥，并被某些“新传统观念”的卫道士们视为大逆不道，处于“曲高和寡”的尴尬状态。我个人认为，“新潮音乐”所面临的主要问题不但不是卫道士们的狙击，甚至也不是听众的多少和舆论的毁誉，“新潮音乐”所面临的问题，还是自己，即“新潮音乐”的作曲家们如何超越自己的问题。在近二十年里，以谭盾、叶小纲、瞿小松、郭文景为代表的“新潮音乐”，在中国和世界的乐坛上掀起了一个个令人瞩目的新闻热点，展现了一个个在时间的纵坐标上与前人不同，在空间的横坐标上与他人不同的艺术境界，尤其是把中国乐坛搅得波翻浪卷后又在世界乐坛上叱咤风云。仅从振聋发聩、摧枯拉朽和使广义的中国音乐走向世界的意义上来说，便功不可没。但是，在中国文化的标准里，“立功”并不是人生最高的境界。《左传》称君子有“三不朽”：“太上有立德，其次有立言，其次有立功。”到目前为止，“新潮音乐”作曲家们还只能说是达到了“立功”的层次，他们之中最好的，也尚在“立功”与“立言”之间。至于“立德”——代天地立命，为子孙万代立楷模，恐怕既非作曲家们所想所愿，也非他们所能。因此，我希望这些有抱负、有才华的作曲家们能不断超越自己，既不被外在的传统所囿，也不被内在的局限所困；既不迷信别人，也不崇拜自己；把追求自己的个性与追求人类的共性结合起来，逐渐做到真正的“立言”——为这个民族、为这个世界，创作出一批真正经得起时间考验、能流传几代的经典作品来——但目前，“革命尚未成功，同志仍需努力”。

一句话，到目前为止，“新潮音乐”给中国音乐带来的观念的突破远远超过作品本身的意义。大多数听众从他们的音乐中感受到的是“冲击”而不是“享受”。虽然好的菜肴讲究的是“色、香、味”俱全，一个“新发明”的菜式也能把人们引进餐馆，但每一个坐到餐桌前的食客所最终盼望的，毕竟是食物在自己齿间舌上时的快感，而不是其他形式的刺激和理念的满足。

当然，“新潮音乐”从来不是一个有清晰的理论体系、有统一的共同目标、有相同的艺术风格的艺术流派。它只是一个概念极不清楚的泛指，只是人们约定俗成的对某些青年作曲家及他们的探索作品的统称。奇怪的是，当“后殖民理论”的批评家们讨伐以张艺谋为代表的“第五代电影”时，我不知道为什么反对“新潮音乐”的“老同志”们没有借用“后殖民理论”这条枪。因为，在某些“新潮音乐”作曲家的作品中，的确存在着非常明显的以附会所谓的“中国古代文化”“东方文明”而应和西方听众口味的现象。这种被称为“新文化殖民现象”的深层心理背景，其实也还是一种隐藏着的民族自卑感，只不过隐藏得更深而已。说有些人是“民族自卑感”，是因为有些人总是自觉不自觉地以西方人的眼光、西方人的标准来审视自己的创作；总是觉得只有西方人说我好了，我才是真好了。假如说“第一种模式”是真诚地以为“洋人比我们好，而我们只要和洋人一样了，我们也会好”的话，那么，“第二种模式”却看透了洋人，是“我知道你认为什么好，你想要什么，我就给你什么”。而且，“第二种模式”玩洋人的玩意儿，也已经不比洋人差，甚至比洋人玩得更好。但问题是，他们无论玩得多好，他们玩的还是西洋“拳击”，而不是中国“功夫”。

在这种情况下，“第三种模式”即新古典主义的出现便成了一种必然。人们希望有一种直接根植在传统之上但又充满青春活力的民族音乐出现，希望艺术家们能在传统韵味与现代气息之间找到一种契合点，希望能在西方“强势文化”和“流行音乐”大潮的双重冲击下，听到直接从我们血脉的源头传来的声音，听到那种地地道道、不折不扣但又新鲜活泼的民族之声。这就是一批以年轻的专业演奏家自发组织的民族室内乐团 20 世纪 90 年代开始出现在北京舞台上的背景和原因，也是民族音乐领域里新古典主义兴盛的背景和原因。

代表“第三种模式”的这些民族室内乐团，有许多共同点。第一，它们都是志同道合者的民办团体、“同仁”组织。第二，这些乐团的成员，都是一些有一定知名度的、在技术上没有负担甚至相当成熟的独奏演员。第三，他们都深深感到民族音乐生存的困境并意识到民族音乐的未来与自己的前途息息相关，因而把弘扬中华传统文化作为自己的职责和奋斗目标。就像历史上所有的“文艺复兴”运动无不以对古典艺术精神的追索与张扬开始一样，“第三种模式”所追求的，也是对中华文化传统的深层次的挖掘。但是，一切艺术精神都要依附于艺术形式并靠形式来显现，音乐也不例外。人们发现，这些似乎突然出现在音乐舞台上的类似的小型民族乐团都在向一个方向努力，即都在或有意识，或无意识地追求着同一个目标：

“华韵九芳”民乐组合

除了致力提高传统的器乐独奏的标准之外，特别强调各种组合形式的重奏，并不约而同借用了一个西方音乐的概念——室内乐。

这种共同的选择不是没有道理的，它起码也有三个原因。首先，重奏是与独奏、合奏同样重要但在以往的几十年中没有得到足够重视的艺术形式，假如说独奏需要充分张扬个性的话，那么，重奏则需要演奏家能时时体味到同伴的存在。在这里，演奏家的个性要融入一个共同营造的艺术氛围之中，但又不像在大乐队中那样要把自己变成指挥手下的一个毫无个人意识的琴键。室内乐妙就妙在它介于独奏和大乐队之间，这就像是生命的一种最佳状态——既可避免独处的寂寞，又可躲开群居的喧嚣，而只和恋人、好友在一起。其次，室内乐不但是西方古典音乐中非常重要的艺术形式，它其实也是中国古典音乐的传统。中国从周代起便已有了“房中乐”，一直到现在，类似“房中乐”的中国式室内乐在民间还有不少，比如属于琴乐的琴箫合奏，曾在北京流行的“弦索十三套”，江浙的“丝竹”“十番鼓”，云南的“洞经音乐”，甚至广大北方农村广泛流行的“笙管乐”中的小管音乐等，都是中国音乐传统中极重要但又未被高度重视和充分借鉴的部分。除此之外，还有一个原因是他们“别无选择”。他们所面临的共同处境是：一方面，目前不但几乎每一种民族乐器都有相当数量的一批“著名独奏家”，而且，在每一个音乐学院的本科和附中里，还储备着一大批未来的“著名独奏家”。随着我国经济的发展，广大民众的物质生活水平和我国在国际上的影响力必将不断提高，这无疑会促使国内外学习中国民族乐器及欣赏中国民族音乐的人数不断增多。同时，无论是全球“文化多元化”的普遍进程还是我国社会中民族主义情绪的必然抬头，也都会成为刺激我国民族音乐发展的因素。问题是，需求虽然会造成繁荣，但在一个终归是有限的文化市场中，对独奏家的需求也终归是有限的。另一方面，当社会上出现了“独奏家”过剩而缺乏真正意义上的“大师”的同时，人们的审美观也在发生变化。与“第二次浪潮”以大为美相反，在信息革命带动下的“第三次浪潮”的美学观更强调多元化、个性化、小型化。因此，以西方管弦乐队为楷模建立起来的“大民族乐队”在美学及经济等各种问题的困扰下不得不走向衰败，而多种形式的室内乐则必然成为民族器乐舞台的主流。

现在，似乎该讨论一下“新古典主义”的含义了。首先，我所说的新古典主义从来都不是复古主义。新古典主义寻找的主要是被丢失的文化传统中的古典精神。其次，新古典主义也绝不是现代化的绊脚石。新古典主义所追求的，正是不丢失自我的现代化；它所反对的，也只是文化上的保守主义和新殖民主义。另外，我所说的新古典主义也不是 20 世纪 20 年代末兴起的以斯特拉文斯基为代表的西方音乐思潮中的新古典主义。斯特拉文斯基提出的口号是“回到巴赫”，而我所说的新古典主义并没有“回到”何处的暗示和指向。我所强调的，更多的是一种灵魂的复归。我希望我们的音乐家们，能够穿越近代中华民族的屈辱史，穿越“五四”反传统的传统，找回淹没在西方强势文化语境中的属于我们自己的话语系统，找回那些当我们的父兄在和我们一样热血沸腾的年纪里被他们和洗澡水一起泼出去的孩子，并把他养大。新古典主义所追求的，是中华传统文化在新世界中的重现、再生；新古典主义的核心，应该即是中国传统文化的高峰和最具东方特色的精神表现——禅。我认为，无论是“文化全球化”的展望还是“后殖民主义理论”的沉浮，中国民族音乐只能唱着自己的调子走向日益缩小的“地球村”。所幸的是，当这个“地球村”上的大部分人在熙熙攘攘、无休无止的纷争、奔忙和快节奏的生活中萌生“突围”之念，希图重归自然、重归传统、重归淡泊与恬静，希图重新找到丢失在纷乱世俗中的灵魂自由时，诞生在中国文化中的古老而又新鲜的禅不啻是现代人渴望的灵丹妙药。

笔者在本书中提到过中国传统音乐在近代便已垂垂老矣的窘态，提到过万事万物都会“自然死亡”并被新事物替代的规律，提到过佛家极彻底、极究竟的认识论：“诸法无常”。但，这不应该被误解为笔者对中国音乐的前途持一种通常意义上的悲观主义态度。我是“悲观主义”者，但我用的是佛家的含义。佛家用“悲”这个字时，常常与“慈”字连用。“慈”是爱，“悲”是悯；“慈”是“与乐”，“悲”是“拔苦”。大乘佛教还特别强调“无缘大慈、同体大悲”，“悲观”，便是用一种和被“观”的对象同体同受的大悲心去体贴、去感受、去帮助、去爱怜、去呵护。佛家对死亡的理解，更超越了常人生乐死苦的认识，是一种积极的、对生命永恒的最本质的肯定。笔者希望中国的民族音乐会“行到水穷处，坐看云起时”，将自己的灵魂“转世”到新的生命形式中去。

缀　语

余生性愚钝，这本15万字的小书，居然写了十多年！每每听到一些学者一年里出版四五本书，不免在自愧弗如的同时有“叹为天人”之羡！只是愚钝还罢了，却还疏懒。记得当年初见扬州八怪中的一位“天生懒骨莫如我”的诗句时，竟跌足摩掌，嗔恨此句未出于己口！

当然，也可以找些托词来自我安慰。自2005年至2010年，我有幸参与中国非物质文化遗产保护的具体工作，事务繁忙。那几年，这本书的前半部一直静静地躺在我电脑的硬盘里，如陪伴满阶落叶的白头宫女。偶尔，我会在夜半醒来时想起，仿佛想起自己曾欠故人的一笔小债，怅然无奈，心为之一沉。

此书开始写作之时，家父尚在世，每有所嘱，望我以安心著书为志。今年（辛卯）腊月初八，乃家父一百周年诞辰，又适逢2012年元旦，千载难逢。遂立誓于此日前成书献祭。蒙家父在天之灵护佑，此次写作，与前半部书写作的艰难与延宕不同，后半部书是2011年用一个暑假、一个国庆长假加日常工作之余暇一气呵成写完的。写作之通畅与愉快，亦非往昔所能有。

本书的第三、四章曾以《禅与中国音乐》为名作为论文发表，书成后一日，偶遇刘梦溪先生并言及此书，先生曰：“何不名《禅与乐》乎？”吾欣然以诺。本书附赠之六首音乐系音乐家林友仁、杨秀明、陈美娥、郭向、余青欣诸老友慷慨提供，至为感谢！承蒙星云大师、南怀瑾先生慈悲题词，则除却感激之外，唯余惭愧二字！其中王红殷勤约稿精心编辑，翟风俭、杨晓、都本玲校对，林晨、刘晓辉供图，赵文娟录音，诸君之功，亦不可不谢！一并记之，以为缀语。

十年磨一瓦，君莫笑我傻。

虽说难作镜，抟泥也成塔。

2011 年 10 月 5 日于北京

二、《佛教音乐漫谈》

第一讲

嘉　实：各位朋友，你们好！我是嘉实，很高兴有机会能和田青老师一起主持《佛教音乐漫谈》这个节目。佛教音乐是中国传统音乐的重要组成部分，是中华民族共同的文化遗产。随着我国经济的繁荣、物质生活水平的提高，人们更加关心和珍惜祖国几千年来灿烂的传统文化。近年来，佛教文化也是人们关心和议论的文化热点之一。作为佛教文化重要组成部分的佛教音乐自然也就成为大家希望了解的一种文化现象。为此，我特别邀请了佛教音乐研究方面的著名学者、音乐理论家田青老师，跟大家一起漫谈这个大家非常关心的话题。

田青老师，您是著名的音乐学家，也是研究佛教音乐的著名学者。我是个十分喜爱中国音乐的人，我发现凡是喜欢中国音乐的人，只要他是个有心人，时间长了，就不难发现，许多中国传统的民间乐曲都跟佛乐有点关系。

田　青：对，你如果有这个发现的话，你肯定是个有心人。

嘉　实：一说起跟佛教有关的音乐，对佛教不了解的人，就觉得有些神秘。

比如大家都熟悉的乐曲《江河水》，我们一直以为是民间乐曲，可是听您说是来自佛乐，这可能会让很多人都接受不了。

田　青：对，你说得对，这首乐曲是来自佛乐，这是一个很有趣的例子。大家都知道，《江河水》是《东方红》大歌舞中的音乐。尤其是经历了20世纪60年代的人，都非常熟悉这首曲子。《东方红》大歌舞一出来就用了《江河水》。从此，这首曲子就传遍了大江南北，甚至是国外。

嘉　实：而且还改编成了各种器乐演奏形式。

田　青：对，开始是双管的，然后是板胡，还有二胡的。

嘉　实：后来又改成声乐的。

田　青：对，有人填了词。

嘉　实：后来我在一张激光唱碟上，看到了您写的介绍，我才恍然大悟，原来这首乐曲，是来自于佛乐。当时我的感觉和许多爱好者一样，大吃一惊，不可思议。这里面赋予了人格化、故事化的内容，怎么会来自佛乐呢？而且大家都觉得佛乐嘛，它是一种神秘的，念佛的文化，它怎么会有这么美的音乐呢，带有这么大的张力和戏剧性呢？所以，也使我对佛乐开始刮目相看。

（播放《江河水》音乐）

田　青：《江河水》，原名叫《江儿水》，是流传在辽南地区管乐的一部分。但所谓民间的管乐呢，实际上大部分是属于佛教的东西。这首乐曲，就是民间人去世以后做佛事吹的。从明、清开始，《江河水》作为佛事音乐的传统曲目，在中国的很多地方都有，北到辽南，南到潮州，在佛教的器乐曲里都有【江河水】的曲牌。我想简单地介绍一下，所谓佛教音乐，一般的人一听到佛乐，第一个反应恐怕就是老和尚念经，你是不是也觉得只有这个才是佛乐？

嘉　实：哈哈，对对。

田　青：那么，我首先说一下，佛乐不但有庙堂上的唱诵、唱念，包括出家人唱的赞呗、念经，还有一部分器乐曲，主要是在北方流行的一种民间佛曲。

嘉　实：说起很多民间的佛曲，它跟民间的音乐好像联系得很紧密。

田　青：嗯，有的时候是分不开的。

嘉　实：过去我曾经思考过，佛教音乐跟民间音乐有时是很难界定的，是相互渗透的，而且这种渗透处处可见。经常在好多乐曲中都能看到，比如刚才的《江河水》。还有一种情况，原来有些是民间的音乐，经过几十年、数百年，甚至上千年以后，在社会上就没有了，没人演奏了，不过在寺庙里却完好地保存了下来，有没有这种情况呢？

田　青：对，你说得很对，这种情况是有的。

嘉　实：这就使我联想到一些问题，就是佛教在中国音乐发展中它起到一个什么样的作用？具体地说，它对中国的音乐有没有影响？它是以什么方法来影响的？就是说中国的音乐是怎样吸收佛教的一些美学思想，然后这两者之间又是怎样并行发展的呢？

田　青：哦，我现在已经开始不轻松了。你给我提了一个很严肃的学术问题，不过你刚开始提到的民间音乐和佛教音乐很难界定的问题，我认为是这样：我们常常把中国的传统音乐比作一条长河，如果传统音乐是一条长河的话，我们在河的入海口打几桶水，要让我们从桶里面分出哪滴水来自源头，哪滴水是从山西汇进来的，哪滴水是从喜马拉雅山汇入的，这恐怕很难分辨。不过它确实包含着源头来的东西，也包含着山西、喜马拉雅山来的东西。但具体到民间音乐和佛教音乐的界定，这又是一个比较严肃的学术问题，需要经过深入的研究。

　　你另外一个问题，就是说一些古老的乐曲在民间已失传了，但在宗教音乐里面还保存着，有没有这种现象？那么回答是肯定的。读过唐诗的人都知道［望江南］这个词牌："江南好，风景旧曾谙。日出江花红胜火，春来江水绿如蓝。能不忆江南？"这种词牌是一个曲牌，是能够唱的。不过在民间，【望江南】曲牌找不到了，失传了。但在五台山佛教音乐里面就保存着和古代【望江南】曲牌词格完全相同，并且可以认定是一样的【望江南】。

嘉　实：哦，那真是很宝贵。那么，能不能说佛教音乐和民间音乐完全是一体的呢？它没什么很明显的特性，有没有这个佛乐跟哪个民间乐曲是完全不搭界的？

田　青：不，不，这个问题不是这样。佛教音乐和民间音乐当然还是有它的分水岭。但也存在佛乐和民间音乐有很多共性的现象，而且也有很多民间乐曲本身就是佛教乐曲。比如像民间器乐曲里《五声佛》这一类的乐曲，都已经完全民间化了，但它是来源于佛教的。另一方面呢，尤其是地方，在民间做佛事的时候，常常吸收大量的佛教音乐，你中有我，我中有你这样的双向交流，使得一部分佛教音乐存在这种现象。但是佛教音乐这个范围还是比较广，比如说庙堂里面的赞呗、唱赞，那它绝对和民间音乐是两回事。而且现在庙堂里出家人唱的最常见的、最普通的，也是最有名的像《八大赞》《四大祝延》，就是所谓的赞呗，你在民间音乐里面是找不到和它同样旋律、同样风格的东西的，也就是说佛教音乐有它自己的特性和范围，这是主要的一面。但是你刚才所说的现象也是存在的。

嘉　实：寺庙里的各种仪式都离不开音乐，这本身对音乐就是一种贡献。另外，在历史的发展当中，对于战乱，在大的历史变动当中，它能相对地安静地、客观上起到保存文化典籍的作用，比如刚才讲的《忆江南》能保存下来，已经是一大贡献了。

田　青：对，你讲得很对。寺庙在战乱和社会大动荡中常常是一个“避风港”。

嘉　实：一提到佛教音乐，就感觉好像它是很遥远的东西，其实它能兼收并蓄，把社会上很多优秀的东西都吸收进来。

田　青：对。我觉得你的这种看法很正确。其实这个问题并不神秘，学过一点西方艺术史的人都知道。拿西方来说，如果没有基督教存在，恐怕西方的古典艺术很多都不存在了。是不是可以这样说？西方无论是古典美术，还是古典音乐，从米开朗琪罗到巴赫，大部分都可以说是宗教艺术家，从绘画内容到音乐内容，如果没有基督教，恐怕什么都没有。王安石有句话说："成周三代之际，圣人多生儒中。两汉以下，圣人多生佛中。"他就是讲中国传统文化，说"成周三代之际"，也就是我们说的先秦时期，像孔子、孟子等圣人都出在儒中。而两汉以后，圣人多出于佛中。当然，这只是王安石的一个观点。但从历史上看，他说的确实有道理，就从我们近代史上来看，比如梁启超、谭嗣同，还有我们比较熟悉的弘一法师。有的是受了很深的佛教影响，像弘一法师，最后皈依了空门，做了虔诚的佛教徒。从这一点也可以看出，佛教对中国文化，对中国文化人的影响是巨大的。

嘉　实：对，田青老师，您刚才说了，我们应该充分认识到一种文化，它能在中国几千年的历史发展中始终如一地拥有它很重要、很确切的位置，仅仅这种现象就值得我们珍惜。那么，佛教本身的哲学观、美学观、艺术观对我们的民族音乐有哪些指导性，或者有哪些独特的贡献呢？

田　青：这是个很大的问题。

嘉　实：我为什么要提这个问题呢，田青老师，就是尽管俗乐和佛乐很难界定，但我们仍怀着好奇心，想领略一下属于佛教音乐艺术的独特东西。

田　青：那么我可以先放一段音乐，你可以先听听佛教音乐的赞呗。

（播放《宝鼎赞》音乐）

嘉　实：唉，田青老师，这音乐听起来，一下子就能感觉到独特的、鲜明的佛乐特点。

田　青：对，就是佛门的东西。但是你还能听出来它是中国的东西，它不是印度的，更不是英国的。你刚才提的佛教对中国音乐的影响，第一个影响，就是佛教和儒家、道家的思想一道塑造了中国音乐的灵魂。当然还有其他的，这个美学层次的影响是无形的、看不见的。还有一些别的具体的影响，比如说为中国的传统音乐提供过一些中国过去没有的物质材料——乐器，还有一些中国没有的乐曲，这个在历史上是很大量的。我们常常说的所谓的一些民族乐器，比如琵琶、铙钹等，实际上都是随着佛教传入中国的，不是我们汉民族原来固有的。比如“钹”这个字在唐之前就没有，在唐之后沿着丝绸之路，随着佛教大量传入，在这些乐器传入后，中国人才创造了这个字。包括琵琶，都是这样。这在我们的民族乐器中是很具有代表性的。

嘉　实：哦，这都是从西域传来的？

田　青：对。实际上是随着佛教一起传来的。我们看敦煌壁画里《西方净土变》的那个琵琶，包括反弹琵琶之类的乐舞，都是从佛教的洞窟里找到的。那么还有一个很大的贡献，就是在中国历史上有很多出名的艺僧，就是出名的佛教艺术家。在《高僧传》里面有很多记载，他们创造性的劳动极大地丰富了中国的民间音乐。他们的技艺，他们创作的乐曲，都对中国的传统音乐有着很深的影响。还有一个影响，就是过去我们大家“赶庙会”。过去，尤其在旧社会，在中国广大民众精神消费极其贫乏的时候，庙会恐怕是广大下层人民唯一的娱乐场合了。

嘉　实：欣赏艺术的一种场合。

田　青：对。不可能一个拉洋车的和一个种地的，有钱买票进大剧院，不可能的。

嘉　实：哦，过去我们说“赶庙会”“赶庙会”，就是赶“庙里的会”。

田　青：对，就是庙里的聚会。庙会很丰富，除了艺术，还有吃的、玩的等。现在我们还“赶庙会”，不过庙会内容已经有些变化。在过去很长一段历史时间中，假若没有庙会，广大下层人民恐怕没有任何欣赏艺术的场合。还有最后一个影响，就是刚才所提到的佛教的相对保守性。“保守”这个词，一般来说是贬义词，但有时也要转化，比如说如果没有它这个“保守”，很多传统的东西恐怕就丢了。说明这点最明显的例子，就是我们的音乐，所有的世俗音乐都在求新、求变。以流行歌曲来说，恐怕没有哪一个通俗歌星在歌坛能独领风骚。

嘉　实：保持三五年。

田　青：别说三五年，恐怕一年都难，走马灯似的换。也就是说，世俗音乐以“新”为美，（嘉实：以“新”、以“变”、以“快”）以“新”为追求的最主要的东西，但是宗教恰恰相反，它是以衣钵真传，以古老为最美，所以有这样的思想。我们叫它“保守性”，但正因为有这个“保守”，才能够保存下这些古老的、美好的东西。拿佛乐来说，除了刚才我们听的庙堂里的赞呗，民间佛曲更是丰富。我觉得我们今天先谈到这儿，下面就听一曲佛教的管乐曲。曲子叫《行道章》，是由天津佛乐团的能闻师傅领奏的。

（播放《行道章》音乐）

录音整理：张黎黎

第二讲

嘉　实：各位朋友，你们好！我是嘉实，很高兴有机会能和田青老师一起主持《佛教音乐漫谈》这个节目。佛教音乐是中国传统音乐的重要组成部分，是中华民族共同的文化遗产。随着我国经济的繁荣、物质生活水平的提高，人们更加关心和珍惜祖国几千年来灿烂的传统文化。近年来，佛教文化也是人们关心和议论的文化热点之一。作为佛教文化重要组成部分的佛教音乐自然也就成为大家希望了解的一种文化现象。为此，我特别邀请了佛教音乐研究方面的著名学者、音乐理论家田青老师，跟大家一起漫谈这个大家非常关心的话题。

又到了佛教音乐漫谈节目。上次节目里，田青老师谈了很多佛教方面的知识，尤其佛教对中国音乐的影响。它的影响确实很广泛，田青老师列举了多个例子，如“佛教就像活化石，又像冰箱”这种生动的比喻。另外田青老师谈到了寺院文化对保护中国文化遗产，特别是我们今天谈的这个话题，对音乐遗产的存续起到了很重要的作用，诸多现已听不到的音乐都在那儿保存了下来。但由于很多人缺乏佛教相关的知识，对庙里演奏的音乐，就像听热闹一样，像赶庙会一样去赶了，却不知其中的深刻内容。

这次节目，我们想继续请田青老师为我们介绍这方面的知识，继续这个有意思、有意味的话题。佛教本身从传入以来一直与音乐有着密切联系，也可以说，音乐一直伴随着佛教的各种仪式、庆典，所以我想请教田青老师，佛教音乐的历史究竟是从什么时候开始的？是不是跟佛教一起兴起的？进入中国以后，是从什么时候开始发展起来的？

田　青：佛教音乐是从什么时候发展起来的？你提的这个问题，也是我在最开始研究佛教音乐的时候所接触的，或者说想解决的第一个问题，即佛教音乐的起源。

佛教是一个外来宗教，从印度传进来，这一点大家都知道。那么第一个问题就是现在的佛教音乐里，有没有从印度传来的东西？现在的佛教音乐是不是也像佛教一样，从印度传来？起码现在从耳朵上听起来都是中国的东西。

佛教传进中国的时间有几种不同的说法，大致在公元前后。佛教音乐的起源现有两种不同的说法。第一种比较大胆，认为在佛教传入中国之前，佛教音乐就已经传入中国了。

嘉　实：这个很新鲜。

田　青：持这种观点的人，是在《汉书》上看到张骞出使西域，《汉书》记载他曾两次出使西域，其中一次就从西域带回一首曲子，叫《摩诃兜勒》，近来有人考证张骞带回来的这首《摩诃兜勒》，是一首佛曲。对此也有学者提出不同看法，理由是张骞当时从西域回来，并非我们现在想象的衣锦荣归。他几乎是丢了性命逃出来的，很狼狈！很难想象他在逃命时还带着音乐，在公元前 2 世纪到公元前 1 世纪，不可能有磁带或者通过飞机带回来，谱子也很难带回来。这也是一种大胆假设，还需要更小心地论证才行。

第二种是一般接触佛教音乐的人都会接触到的观点，尤其佛教徒之间，佛教书籍当中所记载的，曹植在鱼山制梵的故事。大家都知道曹植的《七步诗》。这个故事很有名，佛教书上就认为曹植是中国佛教音乐创始人，是梵呗的创始人。这个传说流传很广，不单中国佛教徒这样认为，日本佛教徒也这样认为。日本的《大藏经》里有几册关于佛教音乐的经典，其中有《鱼山声明集》。把所有佛教音乐的唱诵，都称作“鱼山”“鱼山呗”，把曹植在鱼山创造梵呗的故事，是作为一个信史来看的。

嘉　实：学术界认同这种说法的是不是居多？

田　青：学术界对这个问题没有展开过讨论，有人持怀疑态度。因为我曾经持这种观点，有一个学者写文章反驳我。他的根据是，据史书上记载，慧皎的《高僧传》里讲过这样一句话：说曹植创造了梵呗以后，有一句话叫：“传声则三千有余，在契则四十有二。”我曾经写文章，探讨过这个“契”字，“契”是“契约”的“契”。这个“声”我认为是三千首乐曲，而“契”就是刻写下来的意思，即乐谱。学者曾就此反驳我。他有一个理由，说曹植在鱼山制梵有多少年，他又死得很早，是个早逝的人，他不可能创造三千首曲子。

当初我也觉得这个反驳很有力。因为现在一些人是作曲系毕业，包括我本人也是，我写一首曲子都困难，曹植怎么可能创造三千首呢？可是后来我也想这件事情借用佛经里面的一句话，叫

"不可思议"这个词。

嘉　实：不可思议，对。

田　青：我想有很多事情是不可思议的。如果怀疑曹植创造三千首曲子的话，我劝这种持怀疑态度的人可以看一看莫扎特的传记。莫扎特也死得很早，他创作的交响乐、歌剧，各种形式的曲子绝对不止三千首，同样不可思议。交响曲就几十首，是吧？每一部歌剧里又会有多少曲子呢？如果把每一个曲子都按单曲来算，恐怕莫扎特他创作了几万首。有时候历史上的一些事情是悬案，他有他的看法，我有我的看法。今天我们就谈一谈，学术界都认可的一些观点，并不强调我的这个观点。

嘉　实：这个确实非常的有意思。也是一个大家都很想知道的问题。如果说是张骞，从印度，在佛教传入之前就把音乐带进来了，那么现在听起来呢，就像您刚才说的听不出印度味儿来。有没有这种可能，即佛教传进来了，但是音乐是滋生在这边。因为有这么一说：佛经现在还存在，但是梵呗无存了。

田　青：对对，你说的这句话，就是南朝梁代，一个僧人叫作慧皎，他在《高僧传》里曾有这样一段论述："金言有译，梵响无授。"现在一些音乐学家包括我的导师杨荫浏先生，从这句话里得出一个结论：不是说佛教音乐从印度没有传过来，有很多记载，记载着当初印度或者西域僧人到中国来传授了当时印度或者西域的佛教音乐，是有这样的记载的。

但是你知道我们的中国文化有一个很大的特点，就是有一种包容性。任何一种文化，到中国来，它都要把它“化”掉，“化”成中国的。

嘉　实：变成我们自己的，中国化了。

田　青：现在也是这样，你在北京吃肯德基我相信是中国味儿的，不是美国味儿的，比萨饼我相信，也不会是意大利味儿的，到了中国一定会变味，带着中国味儿。

嘉　实：就是说不能以现在的佛教音乐是中国味儿的，就来否定它是从印度跟佛教一起传入的这个可能性。

田　青：是这样的，不光佛教音乐，连佛教都是这样的。佛教传入中国之后，也有一个中国化，“华化”的过程。我们现在所说的中国佛教就已经和印度佛教不同了，尤其是禅宗、净土宗，这是产生于中国的宗派。禅宗就是最好的代表，完全是在中国这块土地上产生的。

还有，我想讲东晋建立的一种唱导制度。“唱”就是“唱歌”的“唱”，“导”就是“导师”“引导力”的“导”，唱导就是，由当时的唱导师，出家人用唱和说相结合的方式，把中国老百姓不熟悉的佛经，讲给大家听，编的押韵的词，还配上音乐，要听起来就非常容易。

东晋确立的唱导制度到唐代就发展成俗讲，俗讲在唐代是非常兴盛的一种艺术形式。除了出家人、和尚，也有在家人，俗人也有俗讲。东晋的唱导到唐代的俗讲，一直发展到明清，这种宝卷发展到近代的弹词等，这是一脉相承的。实际上就是中国的曲艺音乐。

嘉　实：就是那种说唱形式。

田　青：对，唱一段，然后讲一段。唐代佛教音乐是最兴盛的，在唐代，佛教音乐已经基本上华化了，有一首诗就是："街东街西讲佛经，撞钟吹锣闹宫庭。"从宫廷到民间，佛教音乐非常兴盛。宫廷里，唐代的燕乐很出名，《九部乐》《十部乐》里头，很大部分是佛教音乐。

这里我还要加一句，因为讲到佛教音乐的历史，唐以前的梁武帝，他在佛教音乐中起到了一个很大的作用。

嘉　实：他信佛。

田　青：他在位四十八载，做了很多事情。其中在音乐上最重要的一件事儿，所谓"名为正乐，皆述佛法"，他在正乐时，在制定梁代的音乐时，他写了十部佛教音乐，加到雅乐里面去。所以中国的宫廷音乐中，在梁代以后，就有了佛教音乐。

嘉　实：由于皇帝他本身就喜欢，亲自作乐。

田　青：对，到了唐代，《十部乐》里头就有佛教音乐，民间更是这样。当时长安的戏院，我们上次讲的庙会，戏院大部分都在寺院里。不单老百姓天天去。听俗讲，公主有时候还跑去听，皇帝也去听，所以当时是非常盛行。

在寺院里面，佛教的梵呗也已经华化了。在唐代，有个日本的和尚叫圆仁，他曾经到中国来求法，回到日本后写了一本《入唐求法巡礼行记》，里面就记载了他当时在山东的一个赤山院，听一个新罗（即朝鲜）僧人在中国佛庙里面的法事。里面讲到他们依唐风，就是按照唐代的风格，用唐语所唱的《戒香》《定香》《解脱香》。《戒定真香》这个梵呗一直流传到现在，我们可以想象，这个梵呗从唐代，即圆仁听到的时候，就已经存在了。

嘉　实：日本那位和尚听到的时候，那么现在这首乐曲是否保留了下来？

田　青：这首梵呗是所有中国和尚都会唱的。

嘉　实：那么这首曲子的名字叫什么呢？是哪几个字？

田　青：叫《戒定真香》，“戒”是“受戒”的“戒”，“定”是“禅定”的“定”，“真”是“真假”的真，“香”就是“上香”的“香”。这种曲子一般是上香的时候，或者初一、十五上晚课之前要唱。下面我们就听一下这首曲子。

（播放乐曲《戒定真香》）

嘉　实：田青老师，这首乐曲确实比较耳熟，经常是到寺庙里去参观时，会听到这首乐曲。那么我想到一个问题，他们现在演唱的这种方法，和他们演唱的曲调，是不是从唐朝一直沿革下来的？中间有没有改变?

田 青：你问的这个问题也是一个很重要的问题。从曲调来讲，你听这个曲调，它既和中国现在的民间音乐不同，又和印度的有不一样。也就是说，你在中国的民间音乐里找不到与它相似的东西，所以我相信这个曲调是唐代就有的。

嘉 实：它很有特点，好像跟现在的不一样。

田 青：不一样，是唐代就有的。我有一个论据认为，空间上的一致性可以证明时间上的延续性。这首曲子，从五台山到峨眉山，从南到北，甚至到了中国台湾地区及新加坡，他们的僧人唱的都是一样的。虽有细微差别，但大致的轮廓是一样的。这种空间，广大地域里流传的这种一致性，我相信可以说明它时间的延续性，就是说曲调我相信是唐代的。

嘉 实：就是说可以证明它是真化石，是很古老的，真古董。

田 青：但是有一点，唐代僧人的唱法是不是这样，我觉得不是这样。因为中国佛教的唱念，过去讲雷音、梵音海潮音，就是一种像海潮一样，像雷一样的声音。现在我们听到的这个声音和唐代恐怕是有变化的。我可以给你放一段日本的《声明》，因为日本的《声明》是从中国传过去的，他们很好地一直保留着原来的样子。我觉得日本的《声明》，他们的这个唱法和现在藏传佛教唱法是一样的，非常低沉，发音的位置比较靠下，不像汉传佛教的发音那么靠前。音非常低沉，就像雷音和海潮音一样。这个实际上是唐风。我们可以听一段日本的《声明》。

（播放日本《声明》音乐）

嘉　实：田青老师，听了日本这段佛教的音乐，叫《声明》，很像我之前听到过的，日本的雅乐团到中国来演出，雅乐的唐乐。

田　青：对，日本在这些方面是一直保存着中国一些古代的东西。当然，中国的音乐界对于日本所保存的这些中国古老的音乐，究竟是不是唐代的音乐，是有不同看法的。我认为从《声明》的唱法来讲，更接近于唐代。我的观点是，现在的这些唱念，大部分是明清时代的一种风格。

明清时候，中国正是戏剧音乐空前繁盛的时候。从昆曲一直到后来发展的皮黄，就是京剧，包括各种地方戏。明清是戏剧音乐的天下，戏剧的这种唱法，这种发音的方法影响了中国佛教音乐。

嘉　实：就是您刚才说的，他的发音比较靠前。

田　青：对，你现在听到的这种唱法，其实很像昆曲的发音方式，所以我始终怀疑这是受了戏剧的影响。这里我要讲到了明清，尤其到了近代以后，佛教的音乐是非常通俗化、大众化，深入民间的各个角落，而且和地方上的民族器乐曲也结合起来了，像五台山的佛教音乐非常有特点，而且影响了整个山西的吹管乐。

（播放吹管乐）

录音整理：别承红

第三讲

嘉　实：各位朋友，你们好！我是嘉实，很高兴有机会能和田青老师一起主持《佛教音乐漫谈》这个节目。佛教音乐是中国传统音乐的重要组成部分，是中华民族共同的文化遗产。随着我国经济的繁荣、物质生活水平的提高，人们更加关心和珍惜祖国几千来年灿烂的传统文化。近年来，佛教文化也是人们关心和议论的文化热点之一。作为佛教文化重要组成部分的佛教音乐自然也成为大家希望了解的一种文化现象。我邀请了佛教音乐研究方面著名的学者田青老师，跟大家一起漫谈这个大家非常关心的话题。

上几次节目，请田青老师谈了佛教音乐的历史，还有发展方面的情况，今天，就想问一些佛教音乐具体的表现形式方面的问题。田青老师，为了了解佛教音乐，我也曾经去寺庙里参观过，发现僧人们的音乐活动大概也分为这么两大类，有声乐演唱与器乐演奏的这两种形式。用乐器演奏的那种音乐好像还比较好理解，它的音调更接近于吹打乐，和我们常见的那些表现方式都比较相似。但用声乐形式表现（就是唱的）的这部分就比较独特了，它有时候好像有音高，我说的音高是乐音的音高，有时候又好像没有，就像说话了。

田　青：你指的这是庙堂里边的早晚课，或一些法事当中有唱念的部分，我们统称叫佛教音乐，唱念的部分有唱、念两种形式，我们听的梵呗就是“唱”。

嘉　实：那种唱的东西，不知道奥妙在哪儿，有时感觉它像是音乐，有时候像说话，但是给人的总体感觉非常庄严。就是也有点像有很多调，各调之间也不是很固定，有的调音高不太一样，但是在一起呢又会出现很多调，像现代派多调式的感觉。

田　青：你研究和声的起源，就可以到寺庙里去听，就是早期和声是怎么产生的。因为僧人们经常在一起唱，他有时候在有意无意之间就出现了一种和声的现象。

嘉　实：嗯，非常庄严。

田　青：你刚才提到有一种“念”，就是我们所说的老和尚念经的“念”，用我们现在世俗的说法就是诵，朗诵的这部分也是有的。拿我们这个寺庙里最常见的早晚功课来说，因为所有的出家人早晨、晚上都要上殿，上殿都要念一些经。

嘉　实：都要唱。

田　青：这叫早晚课，我们说的“功课”，学生做“功课”，“功课”这个词就是从这儿来的。

嘉　实：也是借用了佛教语言。

田　青：它也叫早晚课。

嘉　实：那么田青老师今天您是不是能够侧重地给我们讲一讲，这种“唱”叫什么呢？叫梵呗？

田　青：梵呗。

嘉　实：给我们讲一讲这方面的形式。

田　青：它是这样，这个早晚课呢，它是一个出家人每天必须要做的一个事情，是很重要的一种修行。

嘉　实：做功课。

田　青：对，做功课。一般早晚课，现在我们用的这个《朝暮课诵》的本子，就是经本，其实都是一样的，是一致的。而现在这个《朝暮课诵》的本子基本是在明代定型的，其中有些内容，从宋代就已经有了，像这个“回向偈”，它就是一个宋代的僧人叫真歇清了，他作的词。还有一个“赞佛偈”，这是择瑛写的，还有像晚课中的“蒙山施食仪”，也是宋代的一个僧人叫不动，他所撰写的。那么这些现代的出家人念的这个早晚课，历史也很悠久，我刚才提到宋代的一些东西，但本子的定型大约在明代。这里边就包含两部分，一部分是唱，就是赞呗，比如早课第一首叫《宝鼎赞》。宝鼎，就是佛教殿堂里烧香的那个鼎。这首赞呗也是一种“香赞”，用这种“赞”来表达佛教徒虔诚的心情，就完全是唱，就是你说的，就是歌唱。还有一种朗诵，比如早课唱了《宝鼎赞》之后一般要有几个咒，《大佛顶首楞严咒》，简称《楞严咒》，下面还有《大悲咒》，然后有《十小咒》，这都是咒。所谓“咒”呢，就是没有翻译的梵文，我们现代念的这个咒，是按照古代传下来的梵文音念的，那么咒的意思是不能翻译的。除了这些咒，比如说，他们要念一个《心经》，还要唱《祝愿偈》《三皈依》《韦陀赞》等，后面都是唱的。所以这一个早课，有唱、有诵，诵里面又有咒、又有经，它是很丰富的一堂功课。那么，我们是不是下边要听一段？

嘉　实：好啊！我来欣赏欣赏。

田　青：对！听一段早课里边的《三皈依》。

嘉　实：田青老师，这个《三皈依》是什么意思呢？

田　青：三皈依，就是作为佛教徒，他要皈依佛、皈依法、皈依僧，这是三皈依。皈依佛、法、僧“三宝”，这是佛教徒的一个誓言。

嘉　实：那现在就让我们听听。

（播放《三皈依》音乐）

嘉　实：田青老师，这种早晚课的演唱形式，确实很有寺庙里的那种气氛。

田　青：对。

嘉　实：很有意思，那我们经常到寺庙里去听到的这种音乐是不是都属于早晚课里的？

田　青：早晚课就是一早一晚。那么你如果到寺庙里听到一些唱诵，不一定是早晚课，因为早晚课上殿才唱。我想，你到寺庙里听到的，可能是其他的一些佛事。

嘉　实：就是说除了早晚课有音乐的演唱，还有其他一些佛事也有。

田　青：对，有，比方说一些最常见的佛事，像超度亡灵的，叫“放焰口”。

嘉　实：什么叫“放焰口”？

田　青：焰口是为了超度亡灵所做的一个法事。这个焰口是来源于《救拔焰口饿鬼陀罗尼经》，这个焰口里边有一个故事，释迦牟尼有两个大弟子，一个叫迦叶，一个叫阿难，就是我们有时到庙里看到释迦牟尼像，前边有两个立着的和尚，一个老一点的那个是迦叶，那个年轻的就是阿难。这个经里边就说阿难有一次入定打坐的时候，他看到一个饿鬼，这个饿鬼就叫焰口。阿难见到饿鬼很恐怖啊，他就去找释迦牟尼请求有一个解的方法，那么释迦牟尼，就教了他这部经。这个经的意思，实际上表达了佛教的一种大悲，大的慈悲，不光是对人慈悲，对众生慈悲，而且对死了的饿鬼也发一种慈悲心，就给他甘露水，给他吃的东西，让这些饿鬼也能够得到解脱。这个经的意思就是这样。那么这个焰口，在汉传佛教流行地区是很普遍的，一般人过去家里死了人，都要请和尚放焰口。那么这个焰口，现在流传的焰口有两种，一种叫《天机焰口》，一种叫《华山焰口》，也有说法叫什么老版焰口等，北方和南方还不太一样。我们北方焰口叫音乐焰口，就是除了唱、念，还要用器乐。

嘉　实：器乐演奏的？

田　青：我们下面先听一段五台山的焰口。

（播放五台山《五方结界》音乐）

嘉　实：田青老师，这个焰口，“焰”是火焰的“焰”？

田　青：对，就是火焰的“焰”。口，就是嘴巴的那个“口”。

嘉　实：这音乐倒是很热闹的。

田　青：这个音乐很丰富。这个焰口一般是这样，现在放焰口，如果真正照本宣科，如法的话，怎么也要四五个小时以上，一般要在日落的时候。

嘉　实：这种仪式是很大规模的一种演奏活动。

田　青：规模不一定大，但是很严肃。一般放焰口，主法，也就是金刚上师，要戴五佛冠、毗卢帽，拿着金刚杵，还要有一个焰口台，金刚上师在中间，两边有僧人。焰口里也有很多真言，就是咒，因为这个焰口实际上是密宗的东西。从唐代三大士传进焰口，在中国唐代就很流行，宋以后曾经有一段时间失传，到了元代，喇嘛教盛行，又重新在中国恢复。现在的焰口，各个地方都能放，但是北方的焰口比较有特点，因为它有器乐曲，它可以念一段，吹一段，也是一种休息。过去在农村或在城市，家里有死人放焰口的时候，这些和尚的吹打，那是非常吸引人的。我认识的许多有名的音乐家，都能回忆起小时候最早的音乐启蒙，实际上就是和尚放焰口。

嘉　实：对，大家跑着跟着听，你说这个呀，确实我也有点印象，就是在参观寺庙，赶上做这种佛事，而且主法的法师还有很丰富很好看的手上动作。

田　青：对对，那叫手印。那是从印度传来的，手印和唱结合在一起，非常丰富。那么这个焰口除了有音乐、有手印，这个手印在艺术上可以说成是一种手的舞蹈，宗教的意义今天我们不谈，我们光看它的形式，文学性非常强。有的人曾经把这个焰口比喻成是一个大的清唱剧，它里面有情节、有人物，有音乐、有手印，还有文学。焰口里有一段《一心召请》文学性非常强。

嘉　实：《一心召请》？

田　青：就是召请各种各样的鬼魂，因为佛教非常慈悲，而且它是众生平等；从帝王到乞丐，所有死去的人，不管你生前什么职业、尊荣，富贵和贫贱，它都一视同仁，都把他们请来。《一心召请》里的唱词，将来有机会的话，你可以找一个焰口本子看一看，绝对是大手笔。我认为在中国的文学史上，像焰口本子里《一心召请》的这一段，绝对在中国文学史上都是说得出的上好的文章，有的人曾经说这段词是苏东坡写的。

嘉　实：苏东坡？

田　青：我曾经考证过，《苏东坡全集》里没有，但是不管是不是苏东坡写的，这一段肯定是大手笔！

（播放焰口《一心召请》音乐）

嘉　实：田青老师，这个焰口确实是很丰富，像您说的清唱剧，有那么多情节，有那么多内容，表演也很丰富。除了这种焰口，还有类似的很丰富的表演形式、表现形式吗？

田　青：还有类似的，更大型的法会，就是水陆。水陆也叫水陆法会，水陆道场，南方讲做道场，水陆在南方很流行。我们前一次讲到梁武帝，水陆就是梁武帝创造的。那么梁武帝还有其他别的创造，像盂兰盆会，现在日本人还过盂兰盆节。

嘉　实：盂兰盆会可是很热闹的。

田　青：对，水陆法会、水陆道场做起来就更热闹，那就不单有音乐、有手印的这种舞蹈，而且还有美术。水陆法会上有一种水陆画，就是做法事的时候要布置一个很大的坛，分内坛、外坛。内坛里挂上许多非常好看的水陆画，包括地狱中的情景，内容非常丰富。

嘉　实：那么水陆这种形式有什么内容呢？

田　青：一样的。这个水陆也是为了祭奠亡灵的。它分内坛、外坛。外坛要念很多经，外坛要拜《梁皇宝忏》，还要有法华坛，念《法华经》，还有华严坛，念《华严经》等，晚上还要放焰口。我们今天听的就是内坛里的，内坛有主法，有正表，有副表，他们唱的一段。那么，下面就请听水陆。

嘉　实：田青老师，现在要听的这一段录音，是在什么时间录制的？

田　青：这是在前年，在九华山（地藏菩萨的道场）的百岁宫。

（播放《九华山水陆法会》音乐）

嘉　实：田青老师，这个水陆音乐确实很有特点。但是现在我们听到的都是声乐的表现，怎么没有器乐曲？

田　青：其实是这样，现在佛教的唱念，包括这些法事唱念，一般不用乐器，只用法器。

嘉　实：法器？

田　青：对，法器。像磬、鼓，还有引磬，就是手里拿一个小磬，像一个小铜铃一样，一根棍支着，又拿一个签子来敲，就是引磬。还有铛子，就像一个小圆锣，有一个曲尺型的框子，叫铛子，还有木鱼，这些东西都叫法器。

嘉　实：这个像我们通常所说的打击乐器。

田　青：对，唱的时候是用法器伴奏，非常的静穆，肃远，尤其是引磬和木鱼敲起来，立刻让人心静下来。那么除了法器以外，在北方的佛教音乐里面，还有一个很大的类别，佛教的器乐曲，今天恐怕没时间听了。

嘉　实：那么下一次呢，我们就请田青老师讲一讲佛教音乐里的器乐曲。

录音整理：张黎黎

第四讲

嘉　实：各位朋友，你们好！我是嘉实，很高兴有机会跟田青老师一起主持《佛教音乐漫谈》这个节目。佛教音乐是中国传统音乐的重要组成部分，是中华民族共同的文化遗产。随着我国经济的繁荣、物质生活水平的提高，人们更加关心和珍惜祖国几千年灿烂的传统文化。近年来，佛教文化也是人们关心和议论的文化热点之一。作为佛教文化重要组成部分的佛教音乐自然也就成为大家希望了解的一种文化现象。我邀请了佛教音乐研究方面的著名学者田青老师，跟大家一起漫谈这个大家非常关心的话题。

嘉　实：上几次漫谈，田青老师给我们讲了佛教音乐的历史，还有许多表现形式。中国的地域非常辽阔，南北东西各有其不同的风俗，那么我想寺庙里的音乐是否也会各有特点？

田　青：对对，是这样，这得分两方面说：一方面，中国的佛教音乐有这么一类，尤其像寺庙里的唱念，被称为“十方韵”，就像“八大赞”“四大祝延”，全国所有的庙都是一样的。不单全国，所有汉传佛教，包括新加坡及中国台湾、香港地区，只要有咱们汉传佛教的僧人，他们都唱的一样，但是大同小异。

嘉　实：哦！有统一的一方面。

田　青：这就是我们戏称，开个玩笑说，把这部分叫作“全国粮票”“通用粮票”。还有一种所谓“地方粮票”，那就是还有一部分，而且是更大部分的佛教音乐，是和各地的地方音乐联系非常密切的。这部分音乐，像我们过去听到过的一些器乐曲，包括一些民间的佛曲，像陕西的《劝善》，像南方的《佛歌》等，都是和地方音乐结合得非常密切。

嘉　实：和地方的戏曲、曲艺……

田　青：对对，有密切的联系。

嘉　实：田青老师，能不能给我们举点儿这方面的例子？

田　青：那好，这方面例子很多。刚才讲的这种佛教音乐风格的多样性，也不是从现在才开始。从唐代的时候，《续高僧传》里就讲“地分郑卫，声亦参差”，地有郑国、卫国之分，“声音”也就不一样。在那个时候，唐代道宣写《续高僧传》时，就已经有佛教音乐的这种不同风格了。即使是“全国粮票”这部分也有一个南北之别，南方和北方不大一样，包括焰口，北方焰口和南方焰口就不太一样。北方焰口叫“音乐焰口”，就是有纯器乐夹在里面。那么在南方，我们把它叫作“禅焰口”，就是只有法器，没有乐器。

嘉　实：法器就是您说的全部是打击乐器，像木鱼、磬。

田　青：对，那么讲到器乐曲这部分，北方是非常发达的。我们过去曾听过五台山佛乐的《白马驮经》，五台山的佛教音乐可以说是北方佛乐的一个代表。

（播放《白马驮经》音乐）

田　青：五台山你去过吗？

嘉　实：五台山，很遗憾还没有机会去。

田　青：现在还没缘分，希望你有机会能够去。因为中国的四大名山，以五台山为首，五台山又叫清凉山。中国的佛教之始是洛阳的白马寺。建白马寺的第二年，在清凉山，也就是五台山建了寺，五台山的佛教在历史上是很繁盛的。

嘉　实：那么最繁盛的是在哪个年代？

田　青：恐怕也是唐代。在敦煌壁画里专门有一个五台山的壁画，就是描绘当时的人朝拜五台山。

嘉　实：敦煌壁画，那就是唐代的时候？

田　青：对，唐代的时候。五台山的影响不单在汉地，包括对尼泊尔、西藏，因为五台山是文殊菩萨的道场。五台山用当地的语言讲，又分青庙和黄庙。青庙就是指汉传佛教，就是汉地的和尚，黄庙就是藏传佛教，我们俗称喇嘛教这样的庙。青庙和黄庙都有音乐。

嘉　实：田青老师，青庙和黄庙的音乐，它们在风格上是不是区别很大？

田　青：是，有区别。不单风格有区别，他们所使用的乐器，包括使用乐器的调高都不一样。青庙使用的乐器，调高要比黄庙低一个大二度，青庙即汉传佛教的音乐，它更宁静、更平稳、更低沉，追求一种肃穆、素雅的感觉。那么黄庙的音乐，在绝对音调上高一个大二度，音调也比较热烈，比较欢快，更接近民间的色彩。另外黄庙的寺院里，早晨有《迎太阳》，晚上有《送太阳》，像这样的仪式当中用了一些法器或者乐器，像海螺、藏传的大号，藏语叫“刚洞”，等等，这些东西青庙里是没有的。

嘉　实：那很庄严啊！

田　青：对，很庄严。那么主要的乐器，管子、笛子、笙，这都有。还有其他的，像青庙里还有一些青庙里的法器——铛子、云锣等。有相同的地方，也有很大的不同。我们今天是不是先听一段五台山佛教音乐里一个比较著名的乐曲，叫《秘魔岩》。

（播放《秘魔岩》音乐）

嘉　实：田青老师，你刚才介绍了五台山的音乐，北方的佛教音乐是很典型的，但我听说北京还有智化寺？

田　青：对，智化寺也很著名的。

嘉　实：很著名。它与五台山的音乐有什么不同？都是属于北方的。

田　青：都是北方的。它们所用的乐器有很多相似之处，但是智化寺和五台山不同。智化寺是在北京禄米仓胡同，现在还有。智化寺有几绝，其中很著名的一绝就是智化寺庙顶上的藻井。现在据说是在美国的一个大的博物馆，被运到那里去了，就是房顶上雕刻的装饰，叫作藻井，是非常著名的。

还有一绝，就是智化寺的音乐。智化寺和其他的庙不太一样，智化寺是明代一个很有名的太监叫王振，有很多的钱，他自己盖的一座家庙。当时王振是权倾一时，他就招了一些艺僧，实际上是把明代的一些宫廷音乐，从宫廷里移到寺庙里。他盖庙的时间好像是 1446 年，1449 年王振被杀了，之后，家庙里的僧人们衣食无着，逐渐流落到民间，在庙里保留的宫廷音乐也就流传到北京其他的一些庙里。

这件事情一直到了新中国成立初期，文艺界、佛教界的一些前辈们发现了智化寺的音乐，非常古老，有保留价值。它的乐谱是古老的，现在我们知道的智化寺最早的乐谱是抄谱，能够肯定的就有 17 世纪的抄谱，它所用的乐谱的谱字与宋代俗字谱是一样的。所用的乐器也很古老，比如筚篥，就是管子，现在我们民间一般吹的管子是八个孔，前面七个孔，后面一个孔。可是过去宋代陈旸《乐书》上记载的管子，是前面七个孔，后面两个孔，只有智化寺的管子还是用九孔管。

嘉　实：那就是说，只有它的艺僧会演奏了？

田　青：对对，保留了这种古老的形制。除了管子还有笙，一般现在民间的笙，有十三簧的、十四簧的，还有十七簧的，旁边有两根管子是没有簧的，不能吹，就当摆设，这叫义管。那么智化寺的笙，就是宋代的十七簧的大笙。

它从字谱、乐器、调式都非常古老，所以当时在 20 世纪 50 年代，音乐界的老前辈，像杨荫浏、查阜西，包括佛教界的老前辈赵朴老，还有一些文化界的像老舍等，包括梅兰芳，都曾经非常关注智化寺的音乐。20 世纪 50 年代还曾经成立一个组织，专门研究智化寺的音乐，叫智化寺研究会，但是后来由于种种原因吧，研究停顿了。

从 20 世纪 70 年代末至 80 年代初，智化寺的“京音乐”又重新恢复。在 20 世纪 70 年代末，智化寺的佛教音乐团曾经到欧洲演出，到过新加坡，他们的音乐也是非常有特点。

嘉　实：田青老师，那我们能不能听一点智化寺的音乐？

田　青：好好。下面就请大家听一段智化寺艺僧们演奏的《小华严》。

嘉　实：田青老师，我再问一个问题，现在演奏的录音，艺僧们所使用的乐器是不是当年那些古乐器？

田　青：对对，是很古老的乐器。

嘉　实：那好，让我们来听这首《小华严》。

（播放《小华严》音乐）

嘉　实：田青老师，刚才听了智化寺佛乐团演奏的这个乐曲，说到佛乐团，刚才听了，感觉演奏水平是很高的，像这种有很高水平的佛乐团咱们国家还有多少？

田　青：咱们现在国内组织的佛乐团有很多了，1990 年时曾经组织过一次佛道教音乐周，当时来的佛乐团就有十几个，有十二个吧。除了北京佛乐团、天津佛乐团、五台山佛乐团，还有辽宁的千山佛乐团，他们的演奏水平也是相当高的。

嘉　实：田青老师，我们听了北方的佛教音乐以后，感觉到一种北方地域的特点。

田　青：对，高亢、辽阔，很雄浑。

嘉　实：那么南方的佛教音乐跟这个差别是不是很大？

田　青：不一样。北方的音乐无论佛教音乐，还是民间音乐，都是比较有阳刚之气的。南方的音乐则显得空灵、淡雅。但是佛教音乐，我们讲到南方，狭义的南方，一般北方人指南方就想到了江南。江浙地区的佛教音乐是不用器乐曲的，它只是唱念。它的唱念是很好的，如果再往南，比如到了潮州，那就不同了，它就又有了各种乐器，以及这样的器乐曲了。

嘉　实：潮州也很奇怪，它在观念上，我们感觉到是很偏离的，一个南方的小地方。

田　青：但它的文化非常发达，古有“海滨邹鲁”之称。因为潮州这个地方，大家都知道，有一个大文学家韩愈曾经被贬到那里，“一封朝奏九重天，夕贬潮阳路八千”。但他到了那里以后，潮州的文化发展得很快，潮州的佛教音乐也很有特色。

嘉　实：能给我们具体介绍一下潮州的佛教音乐吗？

田　青：潮州的佛教音乐分两类：一类是叫“禅和板”，“禅”是“坐禅”的“禅”，“和”是“六和”的“和”，“和平”的“和”。因为僧过去有六和之意，“禅和板”指的是出家修行的那些僧人，它们所演奏的。

还有一类是“香花板”。“香”是“香味”的“香”，“花”是“鲜花”的“花”，“香花板”。有一些应酬僧——专门在民间做法事的僧人被称为“应酬僧”，他们做法事也被称作“做香花”，所以“香花板”和“禅和板”这两者有不同。

“禅和板”因为是修行的僧人们做的，所以它的音乐更典雅、更庄重，也比较慢，而“香花板”比较起来更活泼、更热烈，说得当然没有唱得好听，那我们下面就听一段“禅和板”的一首曲子叫《挂金锁》。

（播放《挂金锁》音乐）

嘉　实：好。

录音整理：别承红

第五讲

嘉　实：各位朋友，你们好！我是嘉实，很高兴有机会跟田青老师一起主持《佛教音乐漫谈》这个节目。佛教音乐是中国传统音乐的重要组成部分，是中华民族共同的文化遗产。随着我国经济的繁荣、物质生活水平的提高，人们更加关心和珍惜祖国几千年灿烂的传统文化。近年来，佛教文化也是人们关心议论的文化热点之一。作为佛教文化重要组成部分的佛教音乐自然也成为大家希望了解的一种文化现象。我邀请了佛教音乐研究方面的著名学者田青老师，跟大家一起来漫谈这个大家非常关心的话题。

前几次，我们请田青老师介绍了佛教音乐的历史、沿革，介绍了佛教音乐的各种表现形式，这使我们了解到许多知识，了解到佛教传入中国以来，为中国文化做出的贡献，并且已经跟中国文化融为一体的过程。佛教音乐在当今社会中仍然作为一种文化现象存在着，而且还将继续存在下去。今后的社会会发展得比较快，而且会发展得更加工业化。佛教音乐作为一种古老的文化形态，是否也会随之去适应这个社会的特征呢？这些问题，我想，很多关心这方面的朋友都会有兴趣，很想请田青老师谈一谈这方面的情况。

田　青：你一上来就提了这么一大堆问题，不过这么一大堆问题总结起来实际上是一个问题。前面四次谈的都是佛教音乐的传统，那么刚才提的问题，实际上就是说，在现在的社会，在今天，也就是在现实生活当中，佛教音乐会不会再向前发展，也就是说在新形势下，佛教音乐会不会有新的形式，是不是这个问题？

嘉　实：对，是这个意思。

田　青：我觉得这个问题提得很好。这个问题也是很多人，包括我自己，在过去的几年里始终在考虑的问题。因为这十来年我在做佛教音乐这方面的研究。最近几年也有很多的人从各种不同的角度，希望我参与，一起搞一些新的、和传统不同的佛教音乐。前些年，我的态度是说当传统的佛教音乐作为一个文化遗产，我们还没有把它彻底弄清楚，没有把它抢救出来，没有录好音，没有记好谱，没有把它作为一个文化的瑰宝，把它挖掘、整理出来的时候，我觉得谈不到发展。

嘉　实：对，先要整理。

田　青：对，先要把旧的家底搞清楚，才能够再发展。

嘉　实：对，因为现在有许多人，不了解佛教音乐是怎么一回事。

田　青：对对。我们现在已经出版了有七种，大约 40 盒的传统佛教音乐的音带。这都是原汤原汁的，没有改变的，由僧人们自己唱奏的。

在新的形势下，创作一些新的佛教音乐，我觉得这个想法本身是符合佛教基本道理的，也就是符合佛法的。

嘉　实：田老师，您刚才这个说法，我现在感觉是比较大胆的。

田　青：很多人这么想，有人说，你搞的佛教音乐是不是传统？是不是违背了佛教的精神呢？是不是这个东西不能变呢？不能改呢？有很多这种考虑。

嘉　实：对，是有这种疑问。

田　青：我过去也有这种考虑，但现在我觉得这个考虑不必要。为什么呢？因为佛教基本的道理，就是佛法基本的道理，是强调诸法无常，就是说佛教之所以是真理，之所以深刻，就是它看到了世间万物没有不变的，这是佛教基本道理，就是诸法无常，世界上一切的一切不可能恒定不变。

嘉　实：诸法无常，也就是说不要因循守旧，老是一种面孔。

田　青：没有，因为世界上不存在一个一成不变的东西，那么佛教音乐当然也是这样。因为我们讲佛教音乐，在传统上，在历史上，被高僧大德们作为一种弘法的舟楫。那么，既然弘法，佛法里讲到，要因机说法，要根据不同的对象，改变不同的说的方式。八万四千法门，不同的对象，用不同的说法方式。那么对佛教音乐，不同的时代，不同的对象，当然也应该有不同的佛教音乐。

嘉　实：过去呀，田青老师，我们一提到佛教音乐，很多人马上想到了很远古、很遥远。前几次，您也讲到了历史上很多著名的僧人，高僧大德，对佛教文化做出了很多贡献，好像一提到这方面，就很遥远，好像在考古。那么近代，跟我们生活有联系的，有没有这样的例子？

田　青：有，我一提你就知道，就是大家都熟悉的弘一法师李叔同先生。

嘉　实：李叔同是著名的教育家，也是音乐家。

田　青：他是我们近代一位非常著名的高僧。同时，在他出家以前，他也是我们近代一个非常有造诣的艺术家。他非常全面，可以说是个全才，音乐、美术、戏剧、书法、金石，几乎无一不擅长，无一不能。他出家以前，大家都知道，他早年曾留学日本，是中国到日本去学习油画、学习音乐的最早的留学生。他 1905 年去日本留学，也就是 20 世纪初，1906 年，他还在日本办了一份中国最早的音乐杂志，叫作《音乐小杂志》。

嘉　实：哦，那真是现代音乐的启蒙导师。

田　青：对。他在很多方面是中国的第一，比如他第一个写了中国的三部合唱，就是多声部音乐，另外还写了钢琴伴奏。他在早期学堂乐歌的时候，也是一个非常著名的歌曲作家。同时，他还在日本和欧阳予倩搞“春柳社”——中国最早的一个话剧团。他在《茶花女》《黑奴吁天录》这些话剧里面担任女主角，反串的，非常多才多艺。我觉得一提到弘一法师呢，不但老一辈人唱过他的学堂乐歌，唱过他的《祖国歌》的人知道他，年轻的人也知道，这里面是有一个缘分，就是前几年中国内地上演过一部片子，叫《城南旧事》，你看过吗？

嘉　实：还记得。

田　青：那里面就用了李叔同填词的一首非常有名的歌，就是《送别》，“长亭外，古道边……”这首歌呢，写得非常的好。

（放《送别》音乐）

田　青：我们知道弘一法师在中国近代的历史上，尤其在他出家以后，对于中国佛学的研究都是非常深的，我们今天只谈他在佛教音乐的这部分研究。我们刚才讲到佛教音乐传统的一些东西，我们谈了几次了。从20世纪开始，中国社会就在经历大动荡、大变化，社会转型啊，从20世纪初一直到现在，都是这样，一直在激烈地变化，激烈地动荡。为了适应这种新的形势，包括像弘一法师这样的高僧大德，都用一种新的音乐形式来创作一些佛教歌曲。比如说弘一法师写的最早的一首佛教歌曲，佛教内容的歌曲吧，也是他填的词。这首歌曲是1905年他去日本这一年写的，离他出家还有很长的一段时间，他就写了一首叫《化身》。这个歌就是一首宣传佛教思想的歌曲，他用的这首曲调，是一个美国作曲家所写的一个基督教的赞美诗。他把基督教赞美诗的曲调拿过来，重新编写佛教的歌曲。这个事情，一方面说明弘一法师，他自己的思想是非常圆融无碍的，他能够包容很多的东西。另一方面呢，就是如何借鉴西方的音乐形式来表现中国佛教的内容。

嘉　实：这个想法非常好，因为从西方音乐发展的情况来看，它也是从宗教音乐发展到后来的浪漫音乐。

田　青：对，是。

（播放《化身》音乐）

田　青：弘一法师自己也创作了一系列的佛教歌曲。他作为一个音乐家，在中国近代影响很大。他的歌曲主要包括三部分：第一部分是爱国歌曲，像用老六板填词的《祖国歌》；第二部分是抒情歌曲，就像我们刚才提到的《送别》；第三部分就是佛教歌曲。弘一法师的歌曲创作也有两种形式：一种是他自己作词，填的曲，这个曲调大部分是西方或日本的现成曲调。一种是他作词作曲。当然也有很少的部分是别人写词，他作曲，谱曲，像太虚法师作词的《三宝歌》，就是他谱的曲，这几种形式都有。今天我觉得我们可以简单地介绍一下，另外听几首。

刚才我们提到的《三宝歌》，这是很有名的，因为这是太虚大师作的词，弘一法师作的曲，太虚和弘一都是中国近代史上少有的高僧，所以他们俩合作的曲子，应该在中国近代的佛教史上是一个很重要的作品。下面我们就先听一下太虚大师作词，弘一法师作曲的《三宝歌》。

（播放《三宝歌》音乐）

嘉　实：刚才听了《三宝歌》，我们也了解到弘一法师除了是文学家，他还是一位音乐家。

田　青：对，他写了中国最早的三部合唱《春游》。除了作词作曲以外，更多的是，很多曲子是他填的词。这里，我想给大家介绍这么一组歌，就是他出家之后，1931 年，他写了五首歌词，由他的一些学生和当时的作曲家们谱的曲，像《清凉》《山色》《花香》《世梦》《观心》，这些曲子。他用了非常浅显、明白的语言，比如山的颜色，为什么远近看起来山的颜色不同呢？像“远近高低各不同”这首诗所说的那样，还有花香也会改变，情况不同，闻起来也不一样。他用这些最生活化的语言，也是用生活当中大家都碰到的这些平常的事情，来讲一个佛教的深刻的哲理。我觉得我们可以从他的创作当中学到很多东西。下面我们听一首《清凉》。

（播放《清凉》音乐）

嘉　实：田青老师，我们从弘一法师创作的歌曲里面确实感觉到它与传统有所不同了，带有很浓的其他色彩。

田　青：近代的意识，现代的思想，我们下面再听一听《山色》。

嘉　实：好。

（播放《山色》音乐）

录音整理：张黎黎

第六讲

嘉　实：各位朋友，你们好！我是嘉实，很高兴有机会能和田青老师一起主持《佛教音乐漫谈》这个节目。佛教音乐是中国传统音乐的重要组成部分，是中华民族共同的文化遗产。随着我国经济的繁荣、物质生活水平的提高，人们更加关心和珍惜祖国几千年来灿烂的传统文化。近年来，佛教文化也是人们关心和议论的文化热点之一。作为佛教文化重要组成部分的佛教音乐自然也就成为大家希望了解的一种文化现象。为此，我特别邀请了佛教音乐研究方面的著名学者、音乐理论家田青老师，跟大家一起漫谈这个大家非常关心的话题。

嘉　实：前几次，我们请田青老师介绍了佛教音乐的历史沿革，介绍了佛教音乐的各种表现形式，这使我们了解到了许多知识。那么今后的社会，发展得比较快，而且会更加工业化，佛教音乐作为一种古老的文化形态，是否也会随之适应这个社会的特征，咱们现在的一些佛教音乐工作者，音乐理论家，是否也在考虑如何把现在的佛教音乐在传统基础上做一些发展？

田　青：对。这个事其实很多人都在做，比如现在我到很多寺庙里去，都看到寺庙里卖一些磁带，放一些磁带，像《观世音佛号》等，几乎每个寺庙里都会放。还有很多像香港、台湾地区，包括我们内地，都有人在做一些磁带，质量不等，但基本上是属于通俗的、比较浅显的。

嘉　实：对，您说到这类磁带，我也听到一些，它比较通俗，有些音乐素材用了佛教音乐本来的音调，有的有创作成分。这些当然很好，但是偏于通俗，整体来讲，或者从发展的角度来看，还没有大的突破。

田　青：对，现在卖的东西是这样，它们里面有很多不能说是艺术作品，做这些带子的人呢，目的也都不同。

嘉　实：哦，就是说比较而言，弘一法师的作品，我觉得确确实实在艺术上有一种发展。

田　青：对，他至少有新的想法。

嘉　实：到了咱们这个时代，作为从事这方面音乐研究的专家们、作曲家们，有没有这种更大的突破？

田　青：对，你说的更大的一步，现在已经迈了一步，但不知道效果怎么样。你上次也去听了，就是在音乐厅的那场音乐会《东方慧光》。

嘉　实：您说的是《东方慧光》，是，这场音乐会我去听了，我觉得非常精彩，中间很多佛教故事，到了最后一个乐章的大合唱非常震撼人心。同时听到了很多熟悉的佛乐音调，直接加上和声、配器之后，同样非常震撼人心。我过去听传统的这些音乐的时候，没有感到有这样的力量，没想到经过作曲家的艺术加工以后，散发出这么大的艺术感染力。

田　青：对对，我们创作这个作品，有一个最早的考虑，作为我这方面的考虑，研究这么多年的佛教音乐，虽然对传统的佛教音乐有很深的感情，但总觉得这些古老的佛教音乐，比如过去听的一根管子、一支笛子、两个笙的组合形式，和西方基督教音乐的那种宏伟的气势没有办法比，所以我们的这个作品实际上就是想填补这么一个空白，就是说我们的佛教音乐也能写得像基督教音乐那么辉煌。

嘉　实：哦，那么现在您说的这个效果，我觉得已经达到了，起码剧场里的观众是很沸腾的。作为我，觉得很受感染，那么这个作品在佛教界是否得到了认可？这种大胆的创作，大跨步的进步，这个问题我想问问。

田　青：我们在创作之前，也有这么一个顾虑，担心出家人不接受。因为我们用了大的管弦乐队——双管乐队、大合唱，还用了交响诗，用了合唱交响诗的形式。结果演出之后呢，首先是佛教界觉得好，音乐界倒是有各种各样的看法，但佛教界一致认为好，许多高僧，比如苏州寒山寺的方丈，当时都给我们题字；北京也有些和尚，比如圆彻法师等，当场都慷慨解囊，捐款赞助音乐会等。佛教界一致认为用这么宏大的气魄来表现佛教，非常好。

嘉　实：就是说咱们这些高僧大德们思想都不保守，这是用了西洋乐队，西洋的方法，对不对？

田　青：当然，佛教讲圆融无碍，他应该是能包容一切的。

嘉　实：那么田老师，从这部作品可以看出，佛教精神它确实是不断进取发展的一种精神。

田　青：倒是很多对佛教一知半解的音乐观众提了一个问题："听你们这交响乐，这么大动静，不是佛教，佛教是安静的。"我说："对，佛教是安静的。但是佛教不是一张纸，不是那么单薄的，佛教包含的内容是非常广泛，非常深刻的。"

大家一般提到佛教，就会想到修行，心灵的宁静，那都是对的。但是佛教还有另外一面，尤其大乘佛教，追求普度众生，包括大乘佛教里讲的"勇猛精进"。这里面的意义是讲佛教不单只是个人的事情，尤其大乘佛教讲的不是追求个人的成佛，而是如何帮助众生摆脱苦难，这是最重要的，大乘佛教的最终目标是这个。你要做到这么宏大的目标，当然要勇猛精进，要有气魄。不是一提起佛教就是往那一坐打坐，光是宁静，不是，佛教还有积极的一面。

嘉　实：是，您说这个，起码解除了我心中的一个疑问，我也是觉得，一般人理解佛教是比较消极的，可是那天听了《东方慧光》音乐会，特别是最后一个乐章，非常振奋。

田　青：对，当时我们创作的时候，就有这么一个想法，就是把佛教古老的文化、优秀的传统，应该变成今天精神文明的一部分，就是我们希望佛教文化不单在历史上曾经给中国的传统文化输进了很多的养料，有很多的贡献。在今天，佛教文化也应该为今天中国的文化，对现代的文化发展起到一个大的作用。尤其是最后一个乐章，一方面有我们这个愿望，还有更重要的就是表现佛教的本质，最后一个乐章叫《祈祝世界和平》。

嘉　实：就是《东方慧光》的最后一个乐章《祈祝世界和平》。

田　青：在最后这个乐章里面，在古老的佛教《大悲咒》声中，天真的孩子们，用他们童稚的声音，用汉语、英语、德语、法语、西班牙语、日语、西藏语等 12 种语言呼出了一个词，一个人类最美好的字眼，就是“和平”。听到这一乐章的时候，不管是演员，是我们这些创作者，还是观众，大家的心都融到一起，而且都很激动，还非常的虔诚。因为这确实是祈祝世界和平，希望社会进步，希望世上所有人都生活在一种幸福之中，这应该说是所有佛教徒的一个最本质的愿望，就是众生都幸福，众生都离苦。世界和平是一个很重要的主题，所以我们最后一个乐章就用了非常宏大的音响表达了这个虔诚的愿望。

嘉　实：下面就让我们听一下交响音乐史诗《东方慧光》的最后一个乐章《祈祝世界和平》，由田青作词，姚盛昌作曲，天津歌舞剧院管弦乐队演奏。

（播放《祈祝世界和平》音乐）

录音整理：别承红